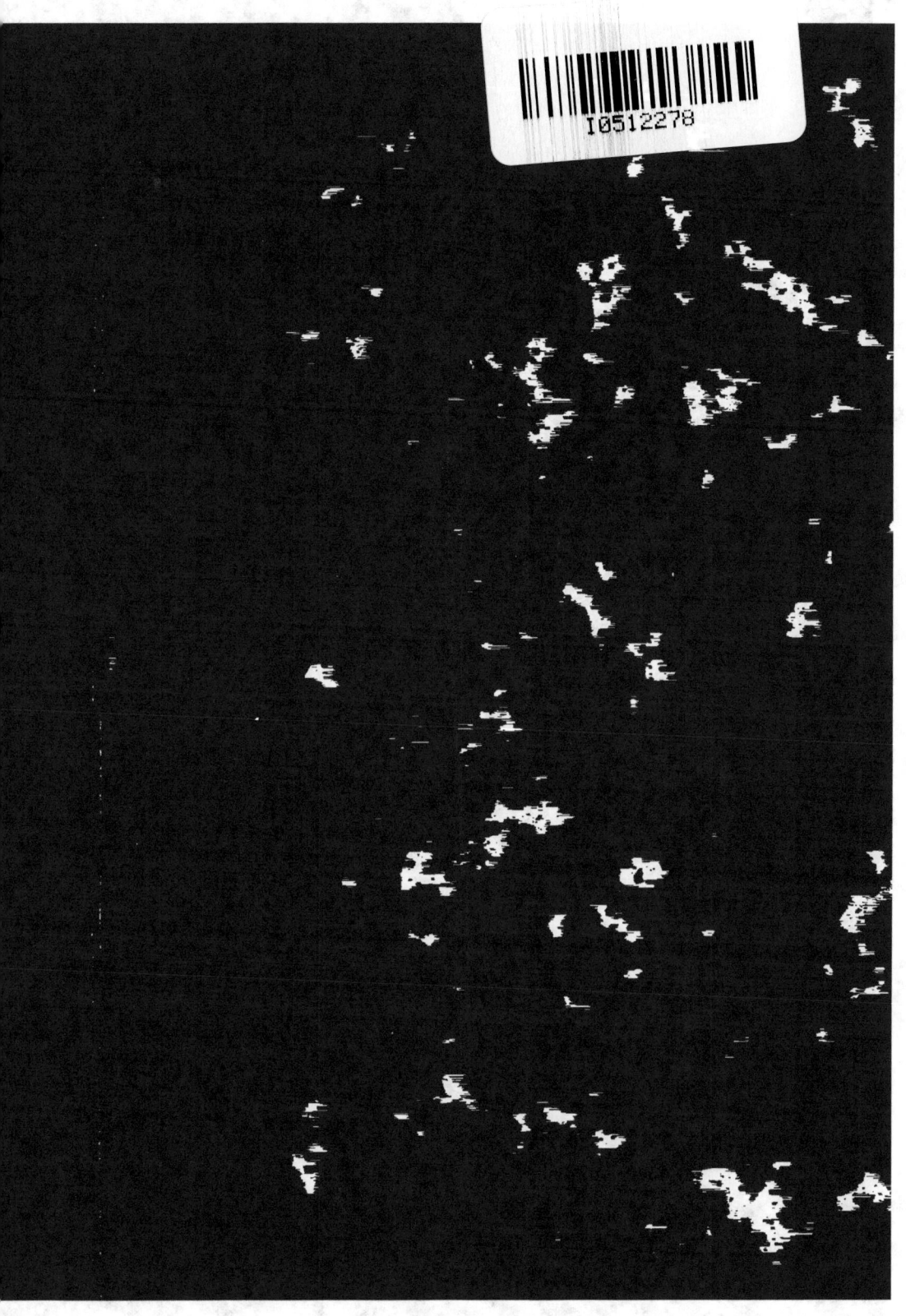

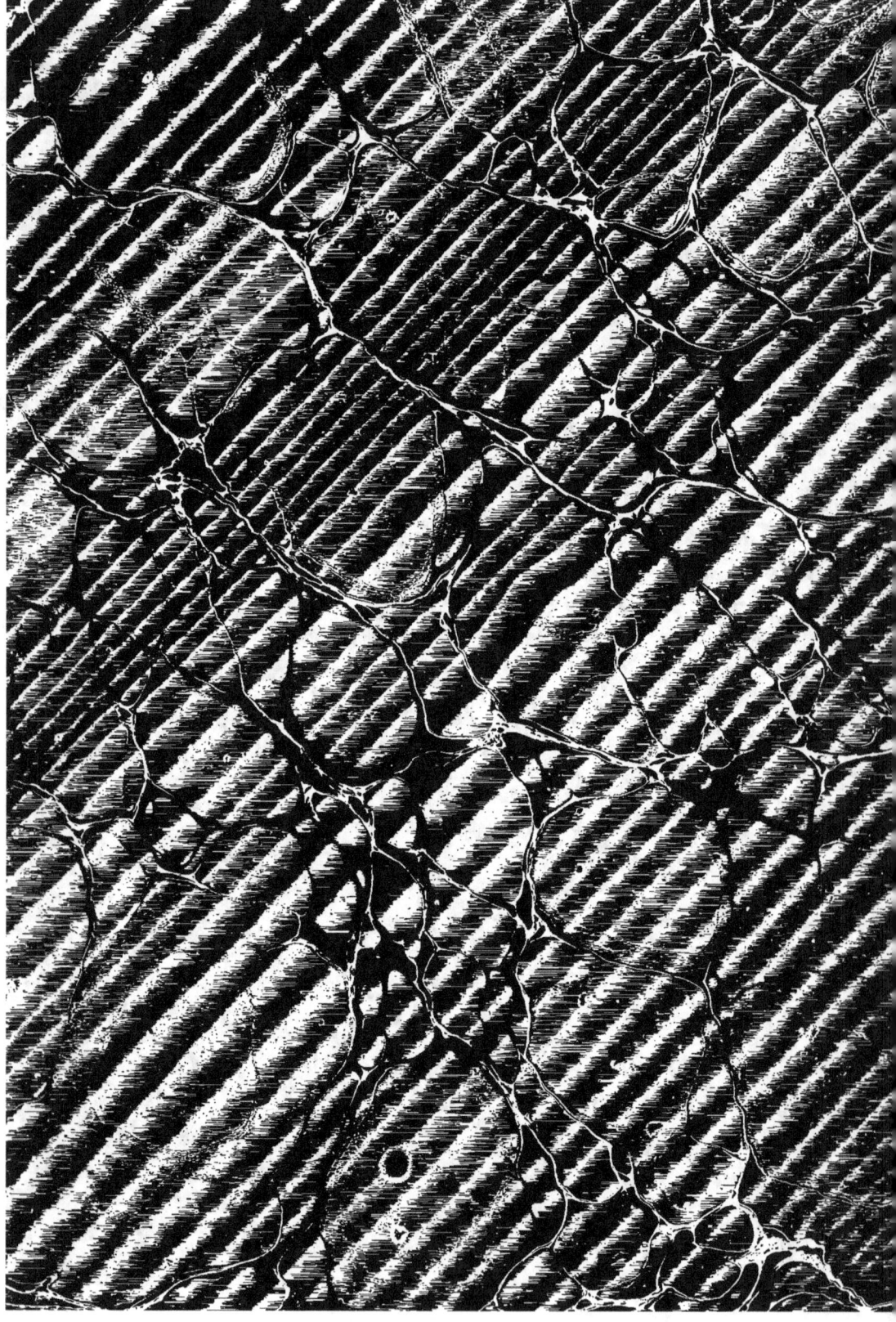

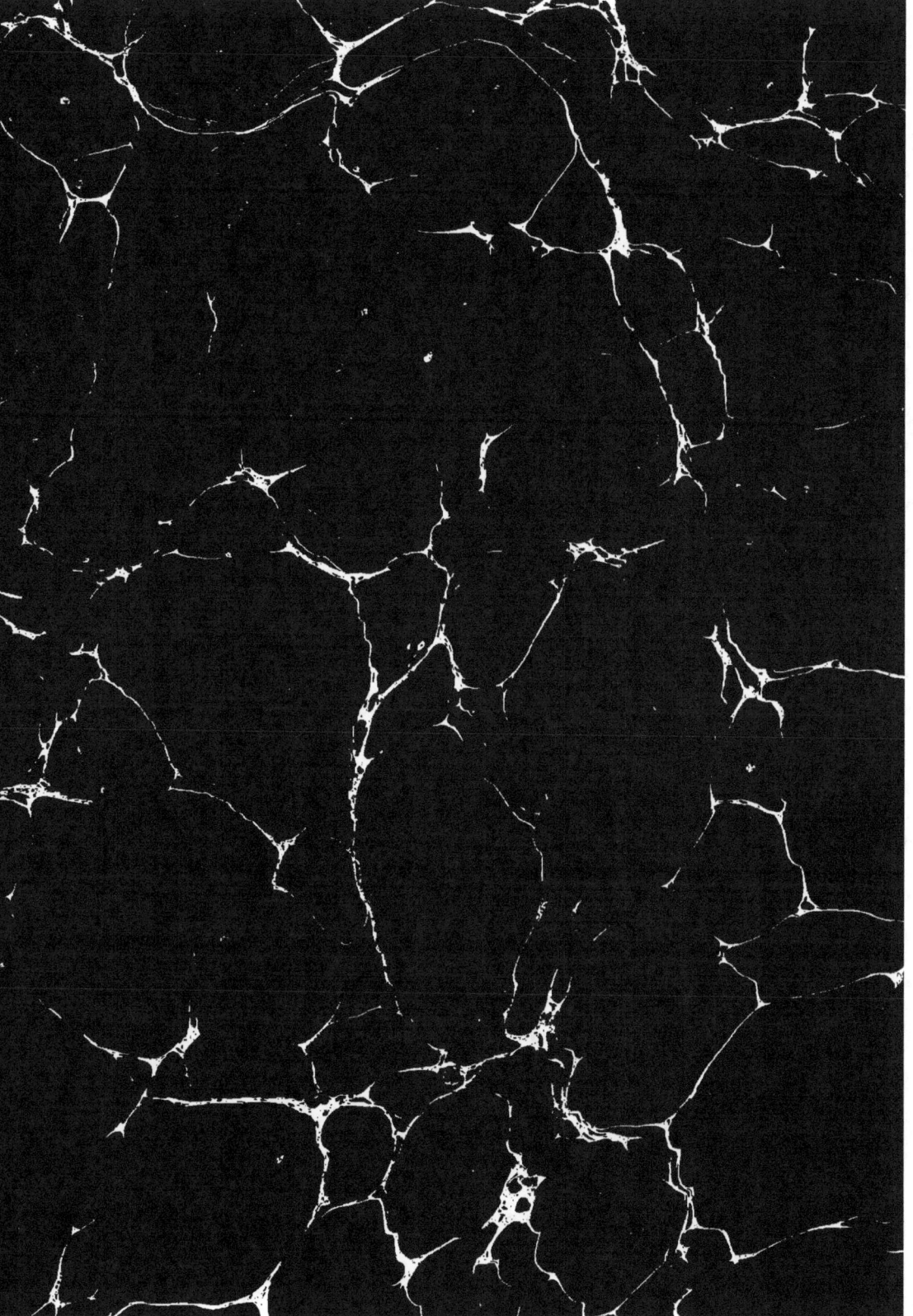

13362.

CHEFS-D'ŒUVRE

DE

L'ART ANTIQUE

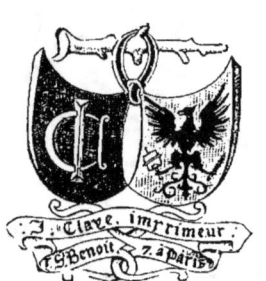

# CHEFS-D'OEUVRE

DE

# L'ART ANTIQUE

ARCHITECTURE — PEINTURE
STATUES — BAS-RELIEFS — BRONZES — MOSAÏQUES — VASES
MÉDAILLES — CAMÉES — BIJOUX — MEUBLES, ETC.

*Tirés principalement du Musée royal de Naples*

DESSINÉS ET GRAVÉS PAR LES PRINCIPAUX ARTISTES ITALIENS

---

*DEUXIÈME SÉRIE*

MONUMENTS DE LA PEINTURE ET DE LA SCULPTURE

TEXTE PAR M. F. LENORMANT

Sous-Bibliothécaire de l'Institut

TOME PREMIER

PARIS

A. LÉVY, LIBRAIRE-ÉDITEUR

29, RUE DE SEINE, 29

—

1867

# LIVRE PREMIER.

COUP D'OEIL GÉNÉRAL SUR LES PEINTURES ANTIQUES.

## CHAPITRE PREMIER.

LA PEINTURE AUX GRANDS SIÈCLES DE LA GRÈCE.

La peinture antique a eu ses chefs-d'œuvre, comme la sculpture & l'architecture. Les écrivains anciens sont pleins de l'admition qu'elle leur inspirait. Son développement, en Grèce, précéda celui de la sculpture, & Phidias dut beaucoup aux chefs-d'œuvre de Polygnote.

Polygnote, le premier en date des grands peintres grecs, était natif de Thasos, mais établi à Athènes, où il jouit de l'amitié de Cimon, fils de Miltiade, & décora plusieurs édifices publics, entre autres le portique appelé Pœcile. Ce fut lui, dit-on, qui donna le premier de l'expression aux visages de ses figures, d'où lui vint le surnom d'*éthographe* (peintre des caractères); on lui attribue également la gloire d'avoir été le premier à peindre des draperies souples & naturelles. Lucien vante la beauté & la grâce de ses figures de femmes, qu'il revêtit le premier, suivant Pline, d'habits éclatants, & qu'il coiffa de mitres aux couleurs variées. Le caractère des compositions de Polygnote paraît avoir été la grandeur & la noblesse, avec le profond & religieux sentiment de la poésie des mythes & des traditions populaires. Certaines peintures de vases, exceptionnelles par leur beauté, peuvent, suivant l'ingénieuse conjecture d'un savant allemand, M. Welcker, donner une idée assez exacte du style de ses œuvres.

Après lui, Apollodore d'Athènes, dit le *Sciagraphe* ou « le peintre de clair-obscur, » s'appliqua spécialement à l'étude de la lumière & des ombres, négligée par les artistes antérieurs, même par Polygnote, & fit ainsi faire un grand pas à son art. Ni lui, ni ses imitateurs ne purent toutefois parvenir à faire préférer sérieusement par le goût des Grecs le charme varié des nuances à la pure beauté des formes. Cimon de Cléones, vers le même temps, perfectionna la peinture des têtes de face ou de trois quarts, dont les anciens maîtres avaient autant que possible évité les difficultés en posant toutes les fois qu'ils le pouvaient leurs personnages de profil.

Apollodore fut le maître de Zeuxis d'Héraclée. Ce nom de Zeuxis préside à la seconde époque de la peinture grecque, époque où régna l'école ionienne, qui succéda à l'école attique représentée par Polygnote & ses élèves. Cette nouvelle école inclina vers une manière de peindre plus facile & plus molle; elle chercha plus la grâce & la perfection de l'exécution, mais moins le grand caractère. Aux vastes & grandioses compositions de Polygnote, Zeuxis fit succéder des figures isolées de dieux & de héros, dans lesquelles il s'appliquait à exprimer tantôt la majesté, tantôt la grâce. Il exerça son art dans la Grande-Grèce, & ce fut pour Crotone, suivant Cicéron, pour Agrigente, suivant Pline, qu'il peignit sa célèbre *Hélène*. On lui attribue d'avoir créé le type de la Centauresse, dont nous trouverons plusieurs exemples à Pompéi.

De son vivant, Zeuxis eut pour rival Parrhasius d'Éphèse, le peintre *asiatique*, dont les mœurs efféminées & luxueuses à la façon des Satrapes s'accordaient avec la mollesse & la subtilité qui régnaient dans ses ouvrages. Un de ses grands mérites paraît avoir consisté dans la manière dont il sut rendre & faire sentir aux yeux les contours des figures.

Doué d'une vanité sans bornes, comme il arrive souvent aux hommes qui excellent dans quelque partie technique de l'art sans en comprendre la vraie grandeur & la vraie beauté, Parrhasius crut avoir atteint les limites de la peinture. Cependant il fut vaincu dans une lutte contre Timanthe. Celui-ci l'emporta avec le fameux tableau du *Sacrifice d'Iphigénie*, dont le volume suivant nous offrira une imitation dans une assez médiocre fresque de Pompéi. C'était un des tableaux les plus vantés de l'antiquité. Les Grecs y admiraient toutes les gradations de la douleur jusqu'à l'expression impossible, figurée par le voile étendu sur le visage du père de la victime.

Dans le même temps, en opposition avec l'école ionienne, & différente également de l'école attique, on vit se développer l'école de Sicyone, fondée par Pamphile, école savante, destinée par la pureté & la correction du dessin à ramener la peinture des voies où elle semblait disposée à s'égarer en négligeant la ligne pour la couleur. Pausias & Mélanthius en furent les maîtres les plus célèbres, tandis qu'Euphranor relevait l'ancienne gloire de la peinture athénienne.

Enfin *Apelle* vint.....

Ce nom résume à bon droit pour nous tous les progrès & toutes les gloires de la peinture antique. Enfant de l'Ionie, il sut unir à la grâce, au charme voluptueux, au coloris brillant des maîtres de l'Asie Mineure, la pureté savante & la sévère correction de l'école de Sicyone. Toutes ces qualités réunies parurent portées au plus haut degré dans celui de ses tableaux qui, bien que perdu depuis des siècles, est demeuré le plus célèbre, la *Vénus Anadyomène*. On y admira surtout ce don suprême de la grâce exquise, qu'on pourrait appeler la fleur de l'art, & qu'un concours de circonstances propices peut seul faire épanouir à son sommet. Les sujets héroïques ne convenaient pas moins au génie d'Apelle. Il peignit pour le temple de Diane, à Ephèse, un *Alexandre lançant la foudre*. Les doigts & la foudre, au témoignage de Pline, sortaient du tableau.

Apelle eut pour contemporains & pour émules Asclépiodore, peintre d'Athènes, Mélanthius, que nous nommions tout à l'heure, & qui avait été, comme Apelle lui-même, élève de Pamphile de Sicyone, enfin le célèbre peintre de Caune, Protogène. De l'aveu d'Apelle, Mélanthius l'emportait sur lui par la bonne ordonnance de ses compositions, dans lesquelles il demeurait fidèle aux nobles & savantes traditions de son maître & de son école ; Asclépiodore par la science ; mais il savait bien que nul ne l'égalait en grâce. Il disait de Protogène, dont le défaut était un soin trop minutieux : « Il m'égale & me surpasse même en tout, hors en un point : il ne « sait pas quitter un tableau. » On raconte en effet que Protogène avait passé sept ans sur sa fameuse peinture destinée à la cité d'Ialysus dans l'île de Rhodes, qui représentait le héros local *Ialysus* sous les traits d'un jeune chasseur ayant son chien auprès de lui & découvrant un satyre endormi. Aussi ses œuvres étaient-elles en très-petit nombre. Protogène n'avait pas eu de maître, il s'était formé lui-même (αὐτοδίδακτος) dans l'étude de la nature, dont tous ses efforts tendaient à se rapprocher le plus possible. On vante la réalité & la vie de ses figures & il semble avoir surpassé tous ses rivaux dans ce qui est de ces deux qualités. Mais elles étaient compensées en ce qu'il n'atteignait ni à la noblesse ni à la grâce d'Apelle.

## CHAPITRE II.

LA PEINTURE DANS LA DÉCADENCE GRECQUE ET A ROME.

« Apelle de Cos, dit Pline, surpassa tous les peintres qui « l'avaient précédé & tous ceux qui vinrent après lui. » Cependant quelques grands peintres lui succédèrent encore.

La palme dans l'époque qui suivit immédiatement Apelle appartient à une femme, Hélène, fille de l'Égyptien Timon. Son œuvre capitale était une *Bataille d'Issus,* que Vespasien fit apporter à Rome & plaça dans le temple de la Paix. Nous en avons une copie dans l'admirable mosaïque de Pompéi que l'on a vue au tome II de la première série de cet ouvrage. C'est la plus importante & en même temps la plus saisissante composition de l'art graphique des anciens qui soit parvenue jusqu'à nous, & elle nous donne une bien haute idée du point où les Grecs avaient atteint dans la peinture historique.

La scène représentée est double : d'un côté c'est le combat, & de l'autre la fuite. A la gauche du spectateur, dans la partie du tableau la plus dégradée, est le groupe des Macédoniens. Alexandre se fait reconnaître à la place qu'il occupe & à la vigueur de son action. De sa longue pique il vient de traverser de part en part le corps d'un Perse au moment où celui-ci achevait à peine de se dégager de dessous son cheval abattu. A droite, c'est le groupe des Perses; Darius y apparaît sur son char, tel que le représente Quinte-Curce, « élevé comme sur un trône. » Il est coiffé de la tiare & a le corps enveloppé d'un large vêtement de pourpre; il tient son arc à la main & semble vouloir aller au secours du Perse expirant. Mais déjà l'aurige a détourné les chevaux du quadrige royal, qui fuient en passant sur le corps des blessés; la déroute des Perses a commencé.

On sait que le génie & la valeur d'Alexandre déterminèrent à Issus le gain de la bataille, au moment où elle semblait perdue pour les Macédoniens. Il eût été impossible de représenter, d'une manière plus frappante que ne l'a fait dans cette composition Hélène, fille de Timon, l'action personnelle du héros macédonien & ses conséquences immédiates. La figure d'Alexandre, dont il ne reste malheureusement que la partie supérieure, respire la fierté & le courage; on croit voir le génie de la guerre fondre sur l'ennemi par une charge foudroyante. L'agonie du Perse blessé & celle de son cheval sont rendues avec la plus grande & la plus pathétique vérité. On trouve dans la tête de Darius l'expression du courage persistant dans la défaite, mais étonné & impuissant; ses yeux sont fixes, ses bras tombent, la fatalité s'empare de lui. La dégradation qui s'étend sur une moitié du tableau n'a laissé subsister que des parties insignifiantes des figures des guerriers macédoniens; mais celles des Perses, à ce moment où commence la défaite, offrent une variété d'attitudes, de mouvements, d'expressions, qu'on ne peut trop admirer. Les chevaux sont magnifiques de vie généreuse; celui d'Alexandre, dont on ne voit que la tête, semble digne, par sa beauté & par son ardeur, du nom de Bucéphale. Celui qu'on voit en avant du tableau, présentant la croupe au spectateur, offre un raccourci dont la beauté égale la hardiesse. Tout, dans cette magnifique composition, est clair & tout y est vivant; la richesse des détails y est égale à la simplicité de l'ordonnance générale; tout y respire à la fois la grandeur & la beauté antiques, poussées au plus haut point de perfection.

Antiphile, Grec d'Égypte comme Hélène, florissait à cette cour des Ptolémées, qui comptait dans son sein les poëtes de la pléiade, & où la vie d'art & d'intelligence du monde hellénique s'était réfugiée pendant l'époque sans cesse troublée des successeurs d'Alexandre. Quintilien vante la facilité de son pinceau, & c'est à lui sans doute que fait allusion Pétrone lorsqu'il attribue la décadence de la peinture à la *présomption égyptienne*, qui, dit-il, avait inventé une manière expéditive de peindre, *Aegyptiorum audacia tam magnae artis compendiarium invenit*. La nécessité imposée aux artistes, devenus des personnages de cour, de décorer avec célérité les palais des princes, dut être en effet pour la peinture une cause de décadence rapide.

C'est également de l'époque des successeurs d'Alexandre que date la *rhyparographie,* ou l'application de la peinture à des sujets de la vie domestique. Tels étaient les tableaux de Pyréicus, le Van Ostade ou le Téniers de l'antiquité, qui représentaient des boutiques de barbiers ou de cordonniers, des ânes, des provisions de cuisine, en un mot tout ce que les modernes ont appelé le *genre* & la *nature morte*. Ce fut aussi l'époque des mosaïques, dont l'usage prit tout à coup le plus grand développement.

Vint la conquête romaine. La dévastation & le pillage de la Grèce eurent pour résultat l'enlèvement d'une foule d'objets d'art de toute espèce. Les temples eux-mêmes furent dépouillés, & un calcul approximatif porte à cent mille le nombre des tableaux & des statues qui, sous les proconsuls & les empereurs, allèrent orner les temples & les palais de Rome. La fameuse Vénus d'Apelle y vint à son tour; Auguste la dédia dans le temple de César, où elle périt de vétusté sous le règne de Néron.

Quant au genre de peinture qui fleurit à Rome, ce fut surtout la peinture murale. Chez les Grecs, la peinture de chevalet, exécutée sur des panneaux de bois, avait été la branche principale de l'art, au moins depuis Zeuxis, car il fallait des murailles à Polygnote pour déployer ses compositions dans leur grandeur. Il en fut autrement chez les Romains, où l'art servit surtout au luxe & à la décoration. La *scénographie,* à laquelle le génie oriental avait donné dans l'Asie Mineure un caractère tout fantastique, fut appelée à orner les murailles de palais aériens, dont l'architecture étrange & la bizarre ornementation, compliquées de formes végétales, semblaient les rêves d'une imagination affranchie de toute règle.

La peinture de paysage prit également à Rome une importance qu'elle n'avait pas eue en Grèce. Sous le règne d'Auguste, un peintre nommé Ludius en fit, par le développement qu'il lui donna, un genre particulier; il la fit servir à la décoration & représenta dans des appartements toutes sortes de vues & de scènes rustiques avec un style brillant & libre. Le grand art n'était plus, mais celui qui lui succédait avait encore de quoi plaire au milieu des jouissances dont s'entourait, dans la capitale du monde esclave, un épicurisme raffiné.

## CHAPITRE III.

### LES FRESQUES DES VILLES DU VÉSUVE.

La découverte des villes englouties sous les cendres du Vésuve dans la grande éruption de l'an 76 nous a seule permis de nous faire quelque idée de la peinture antique. Il fallait une circonstance exceptionnelle comme celle qui surprit tout à coup ces riches & voluptueuses cités, pour préserver jusqu'à nous, au milieu de toutes les chances de destruction, une suite considérable d'œuvres du pinceau des anciens. A Herculanum, à Pompéi, à Stabie, toutes les parois intérieures des habitations sont décorées de peintures que l'on retrouve intactes, & c'est de là que des centaines de fresques ont été transportées au musée de Naples. Partout ailleurs les découvertes de peintures antiques encore préservées ont été des exceptions de la plus grande rareté. Le sol même de Rome n'en a pas fourni vingt, dont le plus grand nombre dans les salles de la Maison Dorée de Néron enfouies sous les substructions des Thermes de Titus. C'est là que Raphaël a été chercher les modèles & les inspirations des délicieuses arabesques de la Loge du Vatican.

Sept, tout au plus, parmi les peintures antiques subsistantes, peuvent être considérées comme des compositions originales & des œuvres de maître. C'est d'abord, à Rome, cet incomparable tableau des *Noces Aldobrandines* que Poussin ne pouvait se lasser d'admirer, qu'il copia avec amour & vénération & qu'il plaçait au rang des plus belles œuvres d'art que possédât de son temps la cité reine. Ce sont ensuite les quatre monochromes sur marbre découverts à Herculanum & signés du nom d'Alexandre l'Athénien, peintures malheureusement à demi effacées, mais où règne encore une adorable vénusté & dans lesquelles on retrouve cette exquise pureté de la ligne que les Grecs prisaient avant tout. Le *Télèphe* & le *Thésée*, les plus justement célèbres parmi les fresques d'Herculanum, doivent être rangés dans la même catégorie. Ce sont deux morceaux qui valent les plus belles fresques des grands maîtres italiens de la Renaissance & qui ne pâliraient même pas dans un parallèle avec la *Galatée* de la Farnésine. Peintes sur le mur dans quelque cité de la Grèce, ces deux fresques, qui se font pendant, en avaient été détachées lors de la conquête romaine, & on les a trouvées enchâssées à la place d'honneur dans la muraille d'un des plus somptueux édifices publics d'Herculanum.

En dehors des sept morceaux que nous venons d'énumérer, toutes les autres peintures murales antiques que nous possédons, & en particulier celles de Pompéi toujours inférieures à celles d'Herculanum, sont l'œuvre de simples décorateurs & non de véritables artistes. Ottfried Müller en a parfaitement résumé le caractère & l'aspect général en quelques lignes que le lecteur nous saura gré de traduire ici.

« L'espace distribué d'une manière pleine de goût, des arabesques d'une richesse de fantaisie digne d'admiration, des scénographies d'un style architectonique léger & badin, les plafonds pour ainsi dire treillissés ou formant des voûtes de feuillage, ou des guirlandes de fleurs suspendues dans les airs & des oiseaux se jouant au milieu des branches, des paysages dans la manière de Ludius légèrement esquissés ; plus loin, des figures de divinités & des scènes mythologiques, quelques-unes dessinées avec soin, le plus grand nombre ébauchées à la hâte, mais souvent d'un charme inimitable (surtout les figures planant librement au milieu d'un champ plus considérable), tout cela, & bien d'autres choses encore, revêtu des couleurs les plus vives, éclairé modérément & simplement, gai & récréatif, ordonné & exécuté avec le sentiment de l'harmonie & l'effet général des couleurs architectoniques : telles sont les qualités les plus saillantes de l'art à cette époque. Sans doute qu'un grand nombre de ces tableaux sont des copies de compositions antérieures, car nous savons que maints artistes s'étudiaient uniquement à reproduire de la manière la plus exacte des peintures plus anciennes. »

« Tels sont pour nous, a dit excellemment M. de Ronchaud dans la *Gazette des Beaux-Arts*, le mérite & l'intérêt des peintures murales découvertes à Pompéi : elles font voir à nos yeux une époque de ce bel art antique qui, même dégénéré, nous étonne encore par son éclat & nous pénètre de son charme ; elles nous permettent d'imaginer que nous saisissons parfois, sur les murailles où brillent des couleurs si miraculeusement conservées, le reflet sans doute pâle & effacé, mais cependant bien précieux, du génie & de l'art d'un grand maître. Ce ne serait encore là que l'ombre de cette peinture antique qui dut tant de lustre aux Polygnote, aux Zeuxis, aux Apelle ; mais ne serait-ce pas le cas de dire à ce sujet ce qu'un poëte a dit de la poésie de Théocrite & de Virgile :

Son ombre même est douce à qui la sait chérir. »

## CHAPITRE IV.

### PROCÉDÉS MATÉRIELS DES FRESQUES D'HERCULANUM ET DE POMPÉI.

Sur ce chapitre, nous serons très-bref, car nous manquons absolument, nous devons l'avouer, des connaissances techniques qui nous permettraient de parler avec compétence en pareille matière. Nous n'avons donc ici qu'une seule chose à faire, rappeler en quelques mots le résultat des observations & des études de ceux qui avaient autorité pour prononcer dans la question.

Au rapport des meilleurs juges, la teinte plate, noire, rouge, jaune, bleue ou verte, qui, posée sur les panneaux, forme les fonds des peintures murales d'Herculanum & de Pompéi, a été appliquée *à fresque,* c'est-à-dire sur l'enduit encore humide; les sujets & les arabesques ont été peints sur le fond sec. Mais les contours principaux en ont toujours été indiqués à l'avance, tandis que l'on peignait les fonds, & tracés sur l'enduit encore frais à la pointe sèche, au moyen de l'outil que l'on appelait *cestre*.

On a cru longtemps que le procédé employé par les artistes qui décoraient les maisons de ces villes, pour fixer les couleurs, était l'encaustique à la cire; mais la découverte d'une fabrique de couleurs, dans le bâtiment que l'on a désigné par le nom de *maison de l'Archiduc de Toscane,* est venue plus tard révéler qu'on se servait de la résine. Ces couleurs, presque toujours d'une étonnante fraîcheur au moment où l'on dégage les peintures du manteau de cendres qui les cachait depuis dix-huit siècles, se sont considérablement altérées dans un certain nombre de tableaux depuis le jour où elles ont été exposées à l'air & à la lumière.

On sait d'ailleurs qu'aucune peinture d'Herculanum & très-peu de peintures de Pompéi sont demeurées à leur ancienne place, où elles se fussent bientôt détruites aux intempéries des saisons. Le plus grand nombre a été transporté au musée de Naples, où tous les soins sont pris pour leur conservation. Quelques-unes, & même de fort belles, données par les rois de Naples à des souverains ou à des ambassadeurs étrangers, ornent les collections du Louvre & du Musée Britannique. Le procédé d'abord employé pour les détacher de la muraille a été de scier tout autour de la peinture l'enduit solide & de l'enlever ainsi avec précaution. Ce mode d'enlèvement était celui même qu'on pratiquait dans l'antiquité, puisqu'on a trouvé dans les fouilles un tableau déjà détaché par une opération de ce genre. C'est aussi celle à laquelle avaient été soumis le *Télèphe* & le *Thésée* & par laquelle on les avait transportés de la Grèce à Herculanum. Cependant un tel procédé est sujet à bien des inconvénients. On assure qu'un nouveau mode, qui consiste à transporter les tableaux sur toile, commence à être employé avec succès.

## CHAPITRE V.

DIVISIONS ADOPTÉES DANS LE PRÉSENT OUVRAGE.

Vitruve partage les peintures murales en plusieurs classes : les vues architectoniques ou la *scénographie;* les paysages; les sujets familiers ou la *rhyparographie;* les scènes tragiques, comiques & satiriques; enfin la *mégalographie*, c'est-à-dire ce que nous appellerions la peinture d'histoire, les sujets empruntés aux traditions sur les dieux & les héros.

Nous nous sommes conformés à cette division, parfaitement claire & logique, dans les trois volumes du présent ouvrage consacrés aux monuments de la peinture.

La mégalographie est la forme la plus élevée de l'art du peintre; c'est à elle que le pas devait naturellement appartenir. Nous en avons mis les compositions au premier rang; elles remplissent entièrement ce volume & le suivant. Une division toute naturelle & imposée par la nature même des sujets nous les a fait répartir en deux classes, les peintures empruntées à la mythologie & celles qui retracent des faits de l'histoire héroïque. Mais les compositions mythologiques étant trop nombreuses pour tenir dans un seul volume, nous avons été obligés d'y introduire une nouvelle division, mettant d'une part les peintures qui ont trait aux divinités du ciel & de la terre, & de l'autre celles qui se rapportent aux dieux de la mer & des enfers.

Quant aux scènes tragiques ou comiques, à la rhyparographie, au paysage & à la scénographie, chacune de ces variétés de peinture formera le sujet d'un livre spécial dans notre tome III.

Nous nous attacherons à être aussi bref que possible dans l'explication des planches & à éviter tout étalage d'érudition, aussi bien que toute digression inutile, en nous efforçant cependant en même temps de ne rien omettre de nécessaire & de remplir la véritable destination de ce livre, qui ne s'adresse pas aux savants, mais aux artistes & aux gens du monde. Mais avant d'aborder ce commentaire, nous croyons nécessaire de jeter un coup d'œil rapide & d'ensemble sur la manière dont les différentes classes de peintures murales, admises par nous d'accord avec Vitruve, se présentent dans nos planches, empruntées pour la plupart aux collections du musée de Naples. Seulement, dans cette revue sommaire, procédant en sens inverse de celui que nous avons adopté dans le classement des planches, nous remonterons, en partant des simples caprices décoratifs de la scénographie, jusqu'aux compositions de la peinture d'histoire, qui constituent le sommet de l'art.

## CHAPITRE VI.

### COMPOSITIONS D'ARCHITECTURE OU SCÉNOGRAPHIE.

Nous avons déjà, dans le chapitre II, dit quelques mots de cette variété de peinture, de son caractère habituel & de l'époque où elle fait son apparition. Le caprice & la fantaisie s'y donnent libre carrière, & dans ces produits d'une imagination charmante qui s'abandonne à tous ses rêves, la règle principale paraît avoir été d'éviter toute imitation trop fidèle de la réalité.

Dans les palais fantastiques que retraçait un pinceau capricieux, à la manière des décorations de théâtre, toutes les lois semblent violées à plaisir, aussi bien celles de la nature que celles de l'art architectural. Les objets naturels qui figurent dans les arabesques y sont représentés le plus souvent avec des couleurs de fantaisie & des formes singulières. Les colonnades, les entablements, les frontons, les toits des édifices n'ont pas un moins étrange aspect. Ici c'est une espèce d'arc de triomphe avec des colonnes d'une élévation extraordinaire, garni de couronnes & de guirlandes & surmonté du char de la Victoire; là, ce sont des galeries aériennes; plus loin, un tholus ou coupole supportée sur des colonnes, au milieu de morceaux d'architecture incohérents; ailleurs, des portiques aux minces colonnes qui se succèdent & se croisent avec toutes sortes d'accidents bizarres; partout le jeu d'un pinceau facile & brillant, qui prodigue les formes & les couleurs, & ne demande à la réalité qu'un motif à développer en fantaisies impossibles. Quant à la perspective, il semble vraiment que les décorateurs se soient plu à se jouer de tous ses principes & à y contrevenir systématiquement. Quelquefois la figure humaine apparaît au milieu de ces capricieuses arabesques ; tantôt c'est une gracieuse cithariste, tantôt une prêtresse tenant d'une main un vase destiné aux libations & de l'autre des pavots ; ou bien c'est une danseuse, une Psyché, un génie ailé qui plane au milieu du champ comme l'apparition d'un rêve. Des couleurs de pure convention, le rouge, le vert, le bleu, le jaune, sont réparties de la façon la plus arbitraire sur les différents membres de cette architecture qui rappelle les visions de la Fata Morgana. On peut le dire hardiment, le seul but & la seule règle des peintres de scénographies était de récréer les yeux par la divagation des lignes & la bigarrure des tons, qu'ils avaient toutefois le secret de ramener toujours, même dans leurs plus capricieuses & leurs plus bizarres fantaisies, à un ensemble harmonieux.

## CHAPITRE VII.

### PAYSAGES.

Les écrivains anciens ne se sont jamais élevés à cette abstraction pittoresque, si nous pouvons ainsi parler, qui caractérise à grands traits la physionomie d'un pays tout entier ; rien chez eux qui ressemble à la description des régions tropicales par Bernardin de Saint-Pierre, des savanes par Buffon, & à la sublime peinture de la campagne romaine par Chateaubriand. Ce sont là des beautés, il faut en convenir, que les anciens n'ont pas connues. En fait de descriptions, ils se bornent en général à une indication précise, rapide, qui se résume dans une épithète expressive. Du reste, ils préfèrent les détails à l'ensemble ; c'est sur un détail qu'ils s'arrêtent avec complaisance & qu'ils épuisent la magie de leur pinceau. Ils sont à mille lieues du panorama ; ils ne traitent pas même le grand paysage historique ; leurs descriptions partielles sont comme ces études que les peintres font d'après nature ; seulement ces études sont des modèles achevés. Ils aiment à représenter un rocher, une grotte, un arbre auprès d'une fontaine. Quelques vers leur suffisent pour donner un sentiment complet de tout ce qui fait le charme de leur pays : la beauté de la solitude, des arbres, des eaux, la douceur de l'ombre sous un ciel brûlant ; tout cela peut se trouver exprimé & comme concentré dans un vers de l'Iliade ou dans une petite pièce de l'Anthologie.

Les caractères particuliers de la nature de la Grèce ont beaucoup contribué à déterminer cette face du génie antique. La nature hellénique procède comme l'art a procédé ; elle vise plus au détail qu'à l'ensemble. Telle chaîne aride renferme des vallées & surtout des parties de vallée délicieuses. Qu'un filet d'eau coule entre les âpres sommets de l'Argolide, & ce filet d'eau qui s'appelle l'Inachus (son nom ne gâte rien à ses bords) fera naître une oasis de myrtes & de lauriers-roses. Au milieu des campagnes stériles de l'Attique, au sein des gorges de la Phocide, il suffira de quelques oliviers, de quelques pins, de quelques lentisques, d'un beau platane, pour créer dans un coin du paysage un petit tableau qui sera complet comme une comparaison d'Homère. En somme, ce qu'il y a de plus beau dans la nature de la Grèce, ce sont les accidents & ce qu'on pourrait appeler les épisodes. Et ne sont-ce pas les accidents naturels que les poëtes grecs excellent à peindre?

Il en est de la peinture des anciens comme de leur poésie. Nous avons réuni dans nos planches un certain nombre de paysages provenant d'Herculanum & de Pompéi. Quelques-uns reproduisent des sites agrestes, tels que celui où une bergère est assise au pied d'un arbre pittoresquement jeté entre deux pilastres, tandis que son troupeau paît autour d'elle : peinture remplie de fraîcheur & de naïveté. Quelquefois un arbre est représenté entouré de buissons & de petites plantes, ou s'enlaçant à une colonne au pied de laquelle un hermès s'élève sur un autel. On le voit, c'est toujours l'épisode de la nature, le détail restreint, que les peintres de l'école de Ludius se sont plu à reproduire dans leurs compositions. On chercherait vainement dans leurs fresques un vaste paysage, une vue d'ensemble, un panorama de la campagne, un horizon étendu. Je ne connais guère que les curieuses fresques découvertes à Rome & représentant l'histoire d'Ulysse & des Lestrygons au milieu du paysage exactement reproduit de Terracine, qui fassent exception à cette règle. De plus, fidèles à la tradition du génie grec, qui avant tout & par-dessus tout était humain, les paysagistes de Pompéi n'ont jamais représenté la nature seule, en la séparant des œuvres de la main de l'homme. L'architecture tient toujours une place importante dans leurs tableaux.

Une peinture monochrome ou, comme nous disons aujourd'hui, *en camaïeu,* nous offre la vue d'une pierre de forme conique dans laquelle on a reconnu la fameuse Vénus de Paphos. Les habitants de cette ville conservaient dans leur temple une antique image de Vénus en forme de borne (*metae modo*) qui était l'objet des adorations des pèlerins. La pierre, de forme pyramidale, est entourée d'un demi-monoptère formé par un mur à hauteur d'appui, que surmontent cinq colonnes doriques supportant une corniche.

D'autres peintures représentent des jardins ou *viridaria*. On en voit un formé de treillis verts & d'arbustes taillés aux ciseaux, dans le goût de nos jardins du temps de Louis XIV.

Un certain nombre de tableaux nous montrent des villas romaines au bord de la mer. Les plus humbles sont charmantes & semblent résumer en un coin du paysage toute une vie poétique. Un bouquet d'arbres, un toit rustique, une statue de marbre, un escalier dont les degrés, plongeant sous les vagues, sont heurtés par les barques qui viennent y prendre ou y déposer les passagers d'une heure, que fallait-il de plus pour l'habitation d'un Virgile finissant ses jours sur les rivages napolitains (*tenet nunc Parthenope*)?

Les anciens n'ont pas chanté la mer à la manière rêveuse des poëtes modernes, mais ils en comprenaient aussi la poésie, ils aimaient à la contempler aux belles heures de calme. C'est des Grecs qu'est venue cette passion pour la mer qui possédait encore les riches Romains quand ils garnissaient de leurs voluptueuses demeures d'été les rives du golfe de Naples.

Je ne crois pas qu'il y ait dans le monde un pays aussi insulaire que la Grèce; elle se compose en partie d'un archipel & d'une péninsule; le reste est entamé, pénétré par une foule de golfes sinueux. A chaque pas qu'on fait dans l'intérieur du pays, on rencontre la mer; « avec une coquetterie gracieuse, a dit Ampère, elle vient partout chercher le voyageur, & semble à chaque instant lui dire : Me voici, arrête-toi, regarde comme je suis belle. »

Aussi la mer est partout présente dans les œuvres des poëtes grecs; tous ont traité avec une complaisance particulière & un charme infini ce qu'on pourrait appeler la poésie de la mer. Les aventures de l'Odyssée se passent presque entièrement sur les flots; la scène de l'Iliade est constamment sur une plage. La mer fournit aux poëtes grecs des comparaisons fréquentes. Quand on vogue sur les mers de Grèce, chaque coup de rame fait jaillir de la mémoire un vers empreint du charme infini de ces flots. En les voyant blanchir, on se souvient de la gracieuse expression d'Alcman, qui appelle l'écume *fleur des vagues*. Si le vent s'élève, on murmure avec le chœur des Troyennes captives : « O brises, brises de la « mer, où me conduisez-vous? » Si le vent est tombé, on dit avec Agamemnon : « Les oiseaux & la mer se taisent, les silences des « vents tiennent l'onde immobile. »

Quelquefois, dans les fresques antiques retraçant des paysages maritimes, un petit temple (*sacellum*) s'élève sur le rivage, comme on voit encore aujourd'hui s'élever des chapelles sur les côtes des pays méridionaux. C'est à des temples pareils que les matelots sauvés du naufrage consacraient leurs vêtements humides.

Enfin certaines peintures représentent des ports antiques avec les diverses constructions qui les entouraient, môles, phares, temples, maisons, avec les statues des divinités protectrices de la navigation, élevées sur de hauts pilastres & couronnant le rivage.

## CHAPITRE VIII.

GENRE ET NATURE MORTE OU RHYPAROGRAPHIE.

Les sujets empruntés à la vie familière, auxquels s'appliquait spécialement le nom de *rhyparographie*, se sont rencontrés assez fréquemment dans les fouilles de Pompéi.

Sur les parois d'un cabaret était une fresque qui représentait des buveurs à table. Malheureusement si ce tableau, qu'on trouvera dans notre troisième volume, est curieux comme reproduction de mœurs & de costumes populaires, le style n'en est guère propre à nous donner l'idée de ce que les artistes romains avaient su faire dans ce genre dédaigné par les Grecs.

Il y a plus de talent & un meilleur style dans la curieuse composition découverte à Résine, qui représente un repas romain & nous initie aux voluptueux mystères des *triclinia;* car le jeune homme qui y figure buvant dans un rhyton est accompagné d'une courtisane à demi nue, assise sur le bord de son lit. Cette fresque, très-intéressante par les renseignements qu'elle fournit sur la manière dont les Romains se plaçaient pour manger, est également comprise dans nos planches.

Deux tableaux d'un genre différent ont été trouvés à Pompéi dans un atelier de foulons. Ils représentent toutes les opérations de leur métier. Un ouvrier est occupé à carder la laine; d'autres foulent aux pieds les étoffes dans les cuves, avec ces mouvements auxquels Sénèque a comparé ceux des prêtres saliens dansant avec les boucliers sacrés.

Ces sujets tirés des occupations des métiers étaient très-affectionnés des antiques Égyptiens, qui les multipliaient dans les peintures & les sculptures de leurs tombeaux, à tel point que nous connaissons jusqu'au moindre détail les procédés industriels en usage dans la terre des Pharaons. Chez les Romains, au contraire, les fresques de la *fullonica* de Pompéi sont les seules représentations directes de travaux de ce genre. Mais une série intéressante de peintures trouvées à Herculanum retrace un certain nombre d'opérations manuelles & industrielles accomplies, non par des hommes, mais par de petits génies. Les uns font l'office de forgerons ; on en voit deux occupés à faire entrer à coups de marteau des coins de bois dans les intervalles laissés entre les traverses mobiles d'un pressoir, lesquelles sont placées horizontalement entre deux piliers perpendiculaires ; un troisième fait cuire la vendange dans un vase, sur un fourneau. Les génies ouvriers se livrent, dans une autre fresque, au métier de cordonnier ; d'autres sont menuisiers & manœuvrent la scie, d'autres encore tisserands.

Les peintures dont nous venons de parler font entrer la fantaisie poétique dans le domaine de la rhyparographie. Par l'introduction de cet élément, auquel le génie antique avait bien de la peine à renoncer, la frontière de ce genre de peinture & de la mégalographie arrive à être bien difficile à fixer, surtout quand il s'agit de ces figures isolées que le caprice des décorateurs antiques fait planer librement dans un champ étendu comme au milieu des airs. Certaines de ces figures, en effet, bien qu'empruntées à la vie familière, atteignent en réalité les sommets du grand art.

Qui ne connaît ces danseuses ravissantes, dont les draperies, qui glissent le long de leurs membres, nous laissent contempler les formes pures dans une demi-nudité? L'une, qui danse en frappant sur un tambourin, semble se livrer avec ardeur à son exercice habituel; les cheveux dénoués voltigent autour de la tête, les vêtements flottent autour du corps, soulevés par le vent; la beauté de la tympanistria se déploie dans la danse comme celle d'un cheval de race se déploie à la course; une vive musique accompagne d'un rhythme saccadé des mouvements rapides où triomphe une grâce provoquante. En pendant s'en montre une autre, dont les mouvements doucement mesurés sont empreints d'une adorable volupté. Celle-là n'a dans les mains ni tambourin ni cymbales; on ne l'entend pas venir, mais elle apparaît soudain comme une étoile, ὥσπερ ἀστήρ, à la façon de cette Atalante dont Élien a tracé le portrait. Des perles sont dans ses cheveux; un collier & des bracelets d'or ornent son cou & ses bras. De quel geste gracieux elle relève autour d'elle ses draperies flottantes, découvrant à tous les yeux l'opulente beauté de son torse! Cette figure est une des œuvres les plus parfaites qui nous soient parvenues de la peinture antique, tant sous le rapport du coloris que sous celui du dessin, la suavité de l'un égalant la pureté de l'autre.

Plusieurs de ces figures aériennes apparaissent portant à la main un rameau, des plats, une boîte à parfums. Quelques-unes sont sans doute les servantes des *triclinia*. Il en est qui sont enveloppées de draperies transparentes, au travers desquelles on aperçoit toutes leurs formes. On dirait que les caresses de l'air ont formé autour d'elles ces étoffes légères auxquelles Pétrone donnait le nom si souvent rappelé de *ventus textilis*, « un vent tissu. » « Bien que d'une beauté inégale, a dit M. de Ronchaud, toutes ces figures ont leur charme & semblent autant d'apparitions du monde idéal dessinant sur le rideau mouvant de la réalité des ombres fugitives. »

La *nature morte*, nous l'avons déjà noté plus haut, avait été introduite par Pyréicus en même temps que le *genre* dans le domaine de la peinture antique. On la comprenait également dans la *rhyparographie*, mais cependant on l'en distinguait aussi quelquefois sous le nom spécial de *rhopographie*. Les décorations d'Herculanum & de Pompéi en ont fourni de nombreux exemples, qui montrent avec quel degré de talent & de vérité les artistes romains du siècle d'Auguste pratiquaient ce genre inférieur. Nous en avons choisi les plus remarquables pour les reproduire dans cet ouvrage. La *rhopographie* avait trouvé à Rome un succès qu'elle n'eût jamais eu chez les Grecs de la grande époque. Parmi les peintres qui la cultivèrent on cite jusqu'à un empereur, le célèbre protecteur des arts en décadence, Hadrien, qui ne dédaignait pas d'employer son pinceau & les loisirs que lui laissait le gouvernement du monde à copier des citrouilles d'après nature.

## CHAPITRE IX.

SUJETS DRAMATIQUES.

Parmi les diverses classes de peintures distinguées par Vitruve, celle-ci est celle dont on a jusqu'à présent trouvé le moins d'échantillons dans les ruines des cités du Vésuve.

Quelques fresques d'Herculanum & de Pompéi retracent cependant des scènes de tragédie ou de comédie. Mais par malheur on n'est point parvenu à déterminer à quelles pièces du théâtre antique elles se rapportent. On a seulement reconnu dans un personnage d'une de ces peintures le soldat fanfaron qui jouait dans les anciennes comédies un rôle aussi grand que le parasite, & dont Plaute nous offre un exemple dans son *Miles gloriosus.* Ce qui rend cette peinture plus précieuse, c'est la présence de deux vieillards que l'artiste a représentés assis aux deux côtés de la scène, demi-nus, enveloppés de grands manteaux blancs & tenant à la main des branches de vigne. Ces deux vieillards sont certainement des poëtes comiques. Visconti, avec son tact iconographique habituel, y a reconnu Ménandre & Speusippe.

La caricature touche de près aux sujets comiques; son histoire dans l'antiquité a été récemment esquissée par M. Champfleury dans un livre spécial avec infiniment d'esprit, sinon toujours avec une érudition bien expérimentée. Herculanum & Pompéi en offrent quelques exemples. Toutes sont conçues dans le même principe & d'après le même procédé, substitution de l'animal à l'homme.

C'est précisément la manière que Grandville a renouvelée de nos jours avec tant de talent.

Ici nous voyons des animaux revêtus de costumes humains qui parodient des scènes de l'histoire ou de la légende héroïque, comme dans la peinture où le groupe, tellement multiplié par l'influence des poésies de Virgile, d'Énée fuyant l'incendie de Troie, emportant sur ses épaules son père Anchise & emmenant par la main le petit Ascagne, est reproduit par une troupe de chiens habillés comme dans une baraque de la foire. Ailleurs ce sont des animaux bizarrement réunis & groupés dans une intention satirique. C'est ce que l'on appelait des *grylles*. Le plus curieux est celui qui montre une sauterelle montée dans un char de triomphe que traîne un perroquet. La critique ingénieuse des Académiciens d'Herculanum, guidée par quelques expressions sarcastiques des écrivains du temps, y a reconnu une allusion à Néron, cet empereur dilettante en même temps que boucher, si fier de sa voix, qui entre deux exécutions se plaisait à paraître sur le théâtre pour remplir les emplois de ténor, & à son précepteur Sénèque, le philosophe rhéteur, qui lui faisait complaisamment ses discours & ses mots, & se consolait de sa servitude de cour en limant dans son cabinet des déclamations ampoulées sur la liberté & la dignité humaines.

## CHAPITRE X.

#### PEINTURE D'HISTOIRE OU MÉGALOGRAPHIE.

« Un tableau trouvé à Pompéi, dit un critique ingénieux, représente l'atelier d'un peintre faisant un portrait. L'artiste est à son chevalet; près de lui est la table de marbre dans laquelle un certain nombre de trous contiennent les diverses couleurs dont il doit faire usage. Son modèle est devant lui. Mais peintre & modèle ne sont que des pygmées. N'y a-t-il pas là comme une intention ironique dans la pensée de l'artiste, une allusion à la décadence de l'art? Les peintres de l'époque de Pline pouvaient s'avouer à eux-mêmes qu'ils n'étaient que des nains auprès des géants de l'art. »

La peinture antique, depuis le temps de sa première floraison en Grèce jusqu'à celui où nous transportent les fresques d'Herculanum & de Pompéi, avait parcouru le cercle entier de ses progrès & de sa décadence. D'abord épique & religieuse dans la grande école athénienne, elle avait retracé sur les murailles des monuments avec une sorte de symétrie architecturale les histoires des dieux & les grandes traditions nationales. Plus tard, avec l'école ionienne, elle s'était détachée des murailles pour suivre une voie indépendante, &, en même temps, elle avait commencé à se préoccuper davantage du détail des formes & des effets du coloris; elle avait cherché la grâce, le côté séduisant de l'art, & aussi l'expression dramatique. Aux grandes compositions, traitées dans un style sévère & encore hiératique, avaient succédé des tableaux d'un effet plus concentré, offrant à l'imagination & aux sens des sujets plus intéressants, d'une exécution plus vive & plus brillante. Enfin la peinture avait atteint sa perfection chez Apelle, qui résuma les qualités des écoles diverses, mais qui semble avoir consacré les ressources de son génie & de son art plutôt à produire des figures d'une beauté achevée & d'un caractère saisissant que des compositions dramatiques. Après Apelle la décadence avait commencé.

L'école alexandrine avait reporté la peinture sur les murailles, d'où, depuis Zeuxis, elle était descendue sur les chevalets; mais, au lieu de monumentale qu'elle était d'abord, elle s'était faite décorative. C'est sous cette forme qu'elle passa des palais de l'Égypte & de l'Asie aux édifices publics & privés des Romains. Les diverses peintures murales exécutées en Italie depuis le règne d'Auguste jusqu'au temps des Antonins paraissent, d'après les échantillons qui nous en restent, avoir eu une valeur à peu près égale; ce qu'elles montrent surtout, c'est une faculté de production & une variété dont la source ne peut être que dans un fonds inépuisable d'anciennes créations, où les artistes allaient puiser leurs modèles & leurs inspirations.

L'exécution en est lâchée, uniquement entendue dans le sens de la décoration, enlevée au bout du pinceau avec une prestesse & une liberté vraiment extraordinaires, pleine d'incorrection dans le détail. Mais au travers de ces défauts les compositions mégalographiques d'Herculanum & de Pompéi offrent un goût d'ajustement, un sentiment de dessin puisé à la meilleure école, une foule d'intentions heureuses, de motifs pittoresques, de détails vrais & d'expressions naïves, qui attestent une succession non interrompue d'excellents principes & une perpétuité de traditions & de doctrines bien propres à nous donner la plus haute idée de l'art grec dans son état florissant & sur son vrai théâtre, puisqu'elles l'honorent encore à ce point jusque dans sa décadence même & sous un ciel étranger.

Qu'on réfléchisse en effet à l'immense intervalle qui sépare le siècle d'Alexandre de celui de Titus; qu'on mesure par la pensée toute la distance d'un homme comme Apelle aux décorateurs inconnus des maisons d'Herculanum & de Pompéi, & que l'on apprécie, d'après ce double élément de comparaison, la puissance d'un art qui, dans une si longue succession d'hommes & de travaux, dans ses applications les plus subalternes, &, pour ainsi dire, à la dernière extrémité de sa carrière, produisait encore des ouvrages empreints du même goût, & qui nous offre, à travers l'éloignement du temps & des lieux, sur le plus petit théâtre & de la main la plus vulgaire, des réminiscences si dignes encore de notre intérêt & de notre étude. Il y a là, si nous ne nous trompons, un phénomène bien remarquable, & qui n'appartient qu'aux Grecs, entre tous les peuples du monde. L'imitation avait jeté sur ce sol heureux de si profondes racines; elle y était cultivée par tant de mains habiles & sous des influences si favorables; les doctrines d'art & de goût s'y étaient si fortement unies à tous les autres éléments de l'organisation sociale, que même après la chute des mœurs & des institutions politiques, même dans un siècle de décadence & dans un coin de l'Italie, l'art, déchu de tous ses avantages, se maintenait encore, par la seule force de son principe, par la seule autorité de ses traditions, dans le même esprit & dans la même direction; toujours il tendait à la vérité, à la noblesse, à la beauté, avec un sentiment juste & sûr, qui se trahit jusque dans l'insuffisance de ses efforts, jusque dans la médiocrité de ses travaux; & c'est ce qui donne aux peintures de Pompéi, derniers fruits d'un art expirant, retrouvés après dix-sept siècles dans le tombeau d'une ville antique, un intérêt qui tient à la fois au sentiment d'un pareil mérite & au respect d'une telle destinée.

On peut donc l'affirmer, toutes les peintures des cités du Vésuve appartenant au domaine de la mégalographie sont des réminiscences, quand elles ne sont pas des reproductions fidèles des œuvres des grands maîtres. Malheureusement nous savons si peu de choses de la peinture antique, les témoignages des auteurs sont si brefs & si incomplets, que le plus souvent il est impossible de déterminer à quelle source a été puisée telle ou telle composition. Cependant quelques-unes peuvent être ramenées à leur origine première, & tous les grands maîtres de la Grèce sont représentés à Herculanum & à Pompéi par des imitations que l'on est parvenu à reconnaître & qui permettent du moins de juger de quelle manière ils entendaient la composition d'un tableau, exactement comme on parviendrait à se faire une certaine idée du style & de l'esprit des peintures de Raphaël si on ne les connaissait que par les imitations que les faïenciers d'Urbin, de Pesaro & de Faënza en ont faites pour la décoration de leurs vases.

Le groupe de Marsyas & Olympus reproduit à la pl. 21 de ce volume paraît bien être une imitation affaiblie de celui que Polygnote avait placé parmi ses célèbres fresques de la Lesché de Delphes. Et, en effet, sous les incorrections & les négligences de l'exécution, cette peinture conserve un style simple & noblement expressif qui n'est pas indigne du plus ancien des grands maîtres grecs. La figure du satyre assis est largement modelée, & son expression est celle d'une tendre sollicitude pour les progrès de son élève. L'éphèbe rappelle par son élégance & même un peu par son attitude le jeune Triptolème du célèbre bas-relief d'Éleusis; il est debout, entièrement nu, & semble écouter avec attention la parole du satyre, qui pose en lui parlant la main sur son épaule.

C'est au même maître qu'il faut rapporter l'origine d'une autre composition, fort admirée des artistes, qui a été découverte à Résine en pendant avec celle-ci, & que l'on trouvera dans notre second volume. Elle est en effet exactement conçue dans le même style & d'après le même principe. C'est celle qui représente l'éducation d'Achille par Chiron. Le Centaure est figuré dans l'attitude décrite par Stace :

> . . . . . *imos submissus in armos.*

Il tient à la main le *plectrum* avec lequel il enseigne à Achille, debout devant lui, à faire vibrer les cordes de la lyre.

Zeuxis fut l'inventeur du type de la Centauresse; aucun artiste avant lui n'avait encore imaginé de fondre en une seule figure la beauté de la femme avec celle du cheval. Les groupes dans lesquels il avait fait entrer cette conception nouvelle de son imagination & de son génie étaient demeurés célèbres, & les écrivains en parlent avec admiration. Nous en avons des réminiscences impossibles à méconnaître dans les deux peintures réunies sur la pl. 115 de ce volume. La seconde est surtout une vraie merveille de poétique fantaisie. Où va cette Vénus quadrupède qui passe devant nos regards éblouis,

> Fendant l'air de *son* front & de *ses* seins altiers,

comme si elle voulait demander au vent de la féconder à la façon des cavales de la Scythie? Où emporte-t-elle, dans son vol à travers l'espace, ce bel adolescent, qui, le bras passé autour du cou de la Centauresse, jouit, bercé sur son sein, de la triple ivresse de l'amour, de la musique & d'une course aérienne? Car, en même temps qu'elle frappe d'une main avec une cymbale contre une autre cymbale que lui présente son compagnon, de l'autre main elle tire des sons d'une lyre. L'antiquité seule a eu le secret de ces doubles formes qui inquiètent & charment l'œil à la fois; elle a su, à force de poésie & de naïveté, donner droit de cité dans l'art aux violations les plus hardies des lois de la nature. Nous sommes aujourd'hui trop savants pour ces créations monstrueuses; pour leur donner la vie & la grâce, il fallait une époque où l'imagination, maîtresse encore dans le domaine de la science comme dans celui de la poésie, fût admise à expliquer les mystères de la nature & pût en raconter à sa façon les métamorphoses.

C'est encore une composition de Zeuxis que retrace la fresque si dramatique, comprise dans notre second volume, qui représente Hercule au berceau étouffant les serpents que la jalousie de Junon avait envoyés pour le faire périr. Si les Centauresses nous ont fait voir quel degré de poésie le chef de l'école ionienne savait mettre dans ses figures isolées, cette peinture nous montre en même temps à quelle hauteur d'expression pathétique il s'élevait dans des compositions plus étendues, & quelle belle & claire ordonnance il y introduisait.

Pour ce qui est de Parrhasius, il semblerait que l'on dût conclure d'un passage de Pline que le *Télèphe* & le *Thésée*, ces deux fresques que nous avons signalées plus haut comme étant les plus belles du musée de Naples, les seules dues au pinceau d'un vrai maître grec & non d'un simple décorateur romain, seraient des imitations de deux tableaux du peintre d'Éphèse, faites sans doute par quelque artiste de cette école d'Alexandrie qui commençait à négliger complétement le serré de l'exécution pour chercher avant tout la prestesse & la rapidité. Parrhasius est, du reste, le maître auquel les décorateurs d'Herculanum ont dû emprunter le plus de sujets, car Pline nous apprend qu'il existait de lui des recueils de compositions au trait, qui étaient le guide le plus habituel des peintres de son temps.

Le chef-d'œuvre de Timanthe, le *Sacrifice d'Iphigénie,* se reconnaît, avons-nous dit plus haut, dans une fresque de Pompéi qui figurera dans notre troisième volume. Malheureusement on n'en a guère dans cette réminiscence que la composition générale, car la fresque est une des plus faibles d'exécution que l'on connaisse. Et cependant, sous cette imitation grossière, on y retrouve encore, à côté de ce que Raoul-Rochette appelle très-bien l'*ingénuité du goût antique,* un reflet de beauté pathétique qui laisse deviner dans une certaine limite ce que pouvait être la peinture originale & combien elle devait mériter la réputation exceptionnelle dont elle a joui dans toute l'antiquité.

Un fait dont on a peine à se rendre compte & dont il est impossible de pénétrer la cause, est celui-ci, qu'aucune réminiscence de la fameuse Vénus Anadyomène d'Apelle ne s'est rencontrée dans les peintures d'Herculanum & de Pompéi. L'inimitable perfection du modèle avait-elle découragé les imitateurs? Le chef-d'œuvre de la peinture antique était-il considéré comme une chose sacrée qu'aucun artiste n'osait essàyer de copier? Au reste, d'après ce qu'en disent les écrivains antiques, unique source à laquelle nous puissions emprunter les données d'un jugement sur son compte, les merveilleuses qualités propres à Apelle étaient celles mêmes dont il devait rester le moins de traces dans une imitation vivement enlevée au bout du pinceau. Aussi semble-t-il qu'Apelle soit de tous les grands artistes de la Grèce celui que les décorateurs des villes du Vésuve aient le moins reproduit. Dans toutes les fresques de ces villes une seule composition peut lui être rapportée avec certitude, c'est celle du groupe si charmant des trois Grâces (pl. 62 du présent volume).

Jusqu'à Apelle la peinture grecque ne paraît pas être sortie des mêmes données de composition que le bas-relief & avoir cherché d'autres qualités. C'est l'école alexandrine qui tenta de racheter ce qu'elle perdait du côté de l'exécution, du dessin & du style, en ordonnant de vastes compositions où les personnages étaient disposés sur des plans divers avec une grande variété d'attitudes. Sous ce rapport elle se rapprocha davantage des conditions de la peinture moderne. On peut prendre comme un type de sa manière & de ses œuvres la mosaïque de la *Bataille d'Issus*, décrite par nous un peu plus haut, qui reproduit, comme nous l'avons dit, la plus célèbre composition d'Hélène fille de Timon. Le modèle premier de la fresque, gravée dans notre second volume, qui représente Briséis enlevée à Achille par les hérauts d'Agamemnon, la plus riche en figures après la *Bataille d'Issus* & aussi clairement ordonnée, devait être aussi quelque œuvre originale de l'école alexandrine, d'Hélène ou peut-être d'Antiphile.

Somme toute, malgré leurs défauts & leurs imperfections, les peintures murales d'Herculanum & de Pompéi, tout en confirmant l'idée qu'on avait dû se faire de la peinture antique en général d'après les textes, témoignent d'une nature de progrès & d'un genre de ressources qui ne semblaient pas devoir lui être attribuées. Sur la perfection de la peinture antique au point de vue du dessin & de la beauté des formes, il n'y avait aucun doute. Mais nous savons maintenant qu'au moins à une certaine époque les artistes grecs ont su aussi concevoir & ordonner de vastes compositions aux nombreuses figures. Le tableau des *Noces de Zéphyre & de Flore* (pl. 118 de ce volume) montre qu'ils connaissaient l'emploi *dramatique* du paysage, car, dans cette peinture si curieuse, le caractère sauvage du site & la façon dont la lumière y descend sur les figures concourent d'une manière remarquable à l'effet général. Le *Sacrifice d'Iphigénie* atteste la puissance d'expression pathétique qu'ils donnaient aux figures. Quant au défaut de perspective, volontaire ou non, qu'on a relevé dans quelques paysages, on ne saurait de bonne foi rendre la grande peinture antique responsable des fautes ou des caprices des décorateurs de la décadence.

Néanmoins, si les peintres anciens n'ont pas ignoré les effets que la peinture peut tirer du groupement des personnages, de l'expression des visages, de la couleur, du clair-obscur, il ne paraît pas qu'ils aient fait de ces connaissances un usage comparable à celui qu'en ont fait les modernes. Leurs tentatives dans cet ordre de ressources, d'où la peinture tire ses effets les plus dramatiques, ont été des exceptions que permettait l'état de leurs connaissances & que produisait le sentiment individuel, mais vers lesquelles le goût général de l'antiquité ne poussait pas les artistes. Le génie de l'antiquité grecque, sur laquelle se forma le goût romain, la ramenait toujours vers la plastique & lui faisait trouver, aussi bien en peinture qu'en sculpture, la perfection de l'art dans la reproduction savante & idéale de la beauté humaine.

# LIVRE DEUXIÈME.

## PEINTURES A SUJETS MYTHOLOGIQUES.
### DIEUX DU CIEL.

---

## CHAPITRE PREMIER.

#### RÉUNIONS DE DIVINITÉS.

Ce livre n'est point un livre de science & d'érudition. C'est principalement aux artistes qu'il s'adresse. Telle est la pensée qui ne doit point nous abandonner en abordant l'examen des compositions mythologiques empruntées aux peintures d'Herculanum & de Pompéi que renferme le musée de Naples. Nous n'avons pas à faire ici une étude approfondie des religions de l'antiquité, à rechercher le sens intime des fables & des personnages divins. Nous devons nous en tenir à l'écorce, à la mythologie poétique & pour ainsi dire extérieure.

Dans cette mythologie on admet douze grands dieux, autour desquels se groupent les personnages secondaires qui leur forment cortége & personnifient leurs attributs. Ce sont : *Jupiter*, *Junon*, *Neptune*, *Cérès*, *Apollon*, *Diane*, *Vulcain*, *Minerve*, *Mars*, *Vénus*, *Mercure* & *Vesta*. Plusieurs monuments de sculpture, entre autres un célèbre autel du musée du Louvre, nous offrent la réunion des douze dieux. Mais jusqu'à présent ce sujet ne s'est point encore présenté dans les peintures murales des villes englouties par le Vésuve.

En revanche, une série de médaillons qui décoraient les parois d'une chambre à Pompéi nous montre les sept divinités auxquelles étaient consacrés les jours de la semaine : *Apollon-Soleil*, la tête entourée d'un nimbe rayonnant; *Diane-Lune*, nimbée; *Mars*, avec le casque, la cuirasse & le bouclier; *Mercure*, coiffé de son pétase ailé; *Vulcain*, remplaçant Jupiter, d'après un usage spécialement italique, comme patron du jour consacré d'ordinaire au roi des dieux & appelé encore chez nous jeudi, *Jovis dies; Vénus*, avec l'*Amour;* enfin *Saturne,* sans attributs.

Il y avait chez les anciens diverses manières de diviser & de classer les dieux. Nous avons adopté ici, à l'exemple de Millin dans sa *Galerie mythologique,* celle qui nous a paru la plus simple & la mieux appropriée à la destination du présent ouvrage, la division en dieux du ciel, dieux de la terre, dieux des eaux & dieux des enfers. Nous joignons à chaque divinité principale celles d'un ordre inférieur qui ont avec elle des rapports marqués, & nous terminons par les divinités allégoriques.

## CHAPITRE II.

### SATURNE ET RHÉA-CYBÈLE.

Les premiers événements de la mythologie, constituant ce que l'on appelle la *théogonie* ou l'origine des dieux, se confondent avec la *cosmogonie;* en d'autres termes ils voilent sous des fables les conceptions abstraites que s'étaient faites les anciens sur l'origine du monde. On a voulu y exprimer par des images les idées métaphysiques qu'on s'était formées sur la création & l'arrangement de l'univers & les notions indigestes d'une physique grossière.

D'après les légendes cosmogoniques dont Hésiode s'est fait l'écho, le *Chaos* était le plus ancien des dieux & l'*Érèbe* était donnée pour épouse à cette personnification de la confusion des éléments. *Uranus* (le Ciel), fils de *Chaos*, épousa *Gé* (la Terre). Ces dieux antiques ne sont figurés sur aucun monument.

*Uranus* eut de *Gé* une nombreuse postérité, les *Hécatonchires* (êtres à cent mains), symboles des forces de la nature, les *Cyclopes* & les *Titans*. Jaloux de son pouvoir, il enferma ses premiers enfants, les *Hécatonchires* & les *Cyclopes,* dans le Tartare aussitôt après leur naissance. *Gé* excita ses autres fils à les venger & remit à son fils *Cronos* ou *Saturne* la faucille ou *harpé* dont il devait s'armer; *Saturne* osa porter la main sur son père, & le sang qui sortit des blessures d'*Uranus* donna naissance aux *Érynnies*.

Les *Titans* avaient cédé le trône à *Saturne;* mais son père, pendant qu'il le frappait, lui avait prédit qu'un de ses fils lui ferait éprouver le même traitement. Pour échapper à cet oracle, il dévorait ses enfants à mesure qu'ils naissaient. Cependant *Rhéa*, son épouse, devenue mère pour la dernière fois, sut soustraire *Jupiter* à sa cruauté; elle présenta à *Saturne* une pierre emmaillottée qu'il prit pour le nouveau-né & qu'il dévora.

*Saturne* est le plus ancien des dieux dont les arts nous offrent la représentation. Il est ordinairement voilé, tenant en main la harpé; ses traits expriment une sombre prudence qui ne détruit point la majesté. Les images de *Saturne* sont, du reste, très-rares, & l'on n'en a encore rencontré aucune dans les peintures d'Herculanum & de Pompéi, à part le septième médaillon de notre pl. 1, où il a, par exception, la tête nue.

*Rhéa*, son épouse, dont le culte avait pris naissance dans l'île de Crète, a été systématiquement confondue par les Romains avec *Cybèle*, ou la *Mère des Dieux*, divinité originaire de l'Asie Mineure que l'on adorait à Pessinonte sous la forme d'une pierre noire, apportée plus tard à Rome. Le culte de *Cybèle* avait ses centres principaux sur le mont Bérécynthe, sur le mont Dindymène & sur l'Ida. Elle devint, racontait-on, éprise d'*Atys*, jeune pâtre qui menait ses troupeaux sur cette dernière montagne; mais l'éclat & la puissance de la *Mère des Dieux* ne triomphèrent pas de l'amour que ce jeune homme avait conçu pour la nymphe *Sangaris*, fille du *Sangarius*, fleuve de Phrygie. La jalouse *Cybèle* découvrit ces amours & fit mourir *Sangaris* en coupant un arbre auquel ses jours étaient attachés. *Atys*, dans sa douleur, se mutila de manière à ne pouvoir plus répondre à l'amour d'aucune femme.

*Cybèle*, personnification de la terre, est le plus souvent représentée assise sur un trône, comme reine, ou sur un cube, dont la forme exprime l'immobilité de la terre; ses traits sont ceux d'une majestueuse matrone; sa tête est couronnée de tours, symboles des villes qu'elle nourrit. Quelquefois elle est portée sur un char traîné par des lions, & si ces animaux ne sont pas attelés à son char, ils sont accroupis autour de son siége.

Mais il est en même temps une forme plus gracieuse & plus jeune de *Cybèle;* c'est celle qu'on appelait *Dindymène.* La *Mère des Dieux* est alors représentée sans la couronne de tours, sans les lions, rayonnante de jeunesse & de beauté, comme nous la voyons dans la peinture de notre pl. 2.

## CHAPITRE III.

#### JUPITER.

*Rhéa*, ayant donné naissance à *Jupiter* & l'ayant soustrait par une ruse à la voracité de *Saturne*, songea aux moyens de l'élever avec sûreté. Elle le cacha dans l'île de Crète, dans un antre du mont Ida, où la chèvre *Amalthée* l'allaita, tandis que les *Curètes* ou *Corybantes* empêchaient par le bruit de leurs chants & de leurs danses armées les vagissements de l'enfant de parvenir aux oreilles de *Saturne*. Les *Curètes* étaient des suivants de *Rhéa* qui joignaient à leurs cérémonies mystiques un appareil guerrier. Le nom de *Curètes* leur venait de l'île de Crète, qu'ils habitaient; celui de *Corybantes* de leurs danses rapides & bruyantes au son du tambour de basque. On les appelait aussi *Dactyles Idéens*, parce qu'ils étaient au nombre de dix comme les doigts (δάκτυλοι) & résidaient sur l'Ida. Nos pl. 5 & 6 les représentent tenant le *tympanum* ou tambour, qui était leur principal attribut.

Les *Titans*, ayant appris la ruse qui avait sauvé *Jupiter*, s'armèrent contre *Saturne*, qu'ils enfermèrent avec *Rhéa* dans une étroite prison. *Jupiter*, étant devenu grand, vainquit les *Titans* & délivra son père. Par le conseil de *Métis* (la Prudence), il lui donna un breuvage qui lui fit rendre ceux de ses enfants qu'il avait dévorés & la pierre que *Rhéa* lui avait présentée, laquelle fut adorée sous le nom de *bétyle*.

*Jupiter*, bientôt après, fut forcé de combattre de nouveau les *Titans*, auxquels *Saturne* s'était joint; il s'unit contre eux aux autres *Cronides* (fils de *Cronus*), ses frères, qui reçurent des *Cyclopes* des armes invincibles, *Pluton* un casque, *Neptune* un trident, & lui-même la foudre qui le fit triompher de tous ses ennemis. Il termina heureusement cette seconde Titanomachie (guerre des *Titans*), & *Saturne* fut contraint de fuir en Italie, où il trouva un asile auprès de *Janus*.

Alors *Jupiter* partagea l'empire avec ses frères; il garda la souveraineté dans le ciel & sur la terre; *Neptune* régna sur les flots, & *Pluton* dans les enfers, mais en le reconnaissant pour suzerain. Le calme paraissait rétabli, lorsque les *Géants*, que l'on représente comme *anguipèdes*, c'est-à-dire ayant les jambes terminées en serpents, voulurent escalader le ciel, en entassant les montagnes pour y parvenir. *Jupiter* appela à son aide les dieux & les déesses. *Styx* arriva la première avec ses enfants, la *Victoire*, la *Puissance*, l'*Émulation* & la *Force*. *Jupiter*, satisfait de son zèle, ordonna que le serment consacré par son nom serait le plus redoutable de tous. Les *Géants* lançaient contre le ciel des rochers entiers & des troncs d'arbres déracinés. Tous les dieux se signalèrent dans le combat. *Bacchus*, armé de son thyrse, abattit *Rhœtus* & *Eurytus;* *Mercure* écrasa *Hippolytus;* *Hécate*, un flambeau à la main, renversa *Clytius;* *Diane* perça *Gration* de ses flèches; *Minerve* tua *Typhée* & se fit un bouclier de la peau de *Pallas;* *Mars* traversa *Mimas* de sa lance; *Polybotès* tomba sous le trident de *Neptune*. Les *Parques* elles-mêmes prirent part à cette terrible bataille, & tuèrent *Argus* & *Thaon*. Le *Destin* avait déclaré que les dieux ne pourraient exterminer les *Géants* qu'avec le secours d'un mortel. *Jupiter* reçut celui de son fils *Hercule*, dont les flèches terrassèrent *Alcyonée*. Enfin *Jupiter* mit fin à la lutte en foudroyant *Porphyrion*, chef des rebelles. Ces mémorables combats des dieux & des géants ont été chantés dans des poëmes cycliques & représentés souvent par les artistes. On aimait surtout à figurer la Gigantomachie dans le fronton des temples. Sur les médailles antiques & dans d'autres compositions, la guerre des *Géants* a fréquemment symbolisé la victoire des rois ou des empereurs sur de redoutables ennemis. Cependant on n'en a pas encore rencontré d'exemples dans les monuments de la peinture antique.

Chaque dieu, selon les poëtes, avait dans l'Olympe une habitation séparée, & ils se réunissaient pour délibérer sur les affaires que leur soumettait leur roi, ou plutôt pour recevoir ses décrets. Il régnait avec tant d'autorité que d'un seul regard il ordonnait à l'univers; en agitant seulement la foudre, il ébranlait le ciel & la terre; le froncement de ses sourcils faisait trembler l'Olympe; d'un geste il amoncelait les nuages. Les Olympiens se rassemblaient pour des banquets communs, dans lesquels *Vulcain, Hébé, Ganymède,* leur versaient le nectar & leur servaient l'ambroisie; *Apollon* & les *Muses* charmaient les divins convives par la douceur de leurs chants.

Ces plaisirs continuels ne suffisaient pas à retenir toujours les dieux dans l'Olympe; ils aimaient encore à visiter les peuples qui leur offraient le culte le plus saint, l'hommage le plus sincère. *Jupiter* allait souvent, comme nous le montre Homère, chez les « Éthiopiens irréprochables » respirer la fumée des victimes; *Junon,* dans Samos, où elle avait ses armes & son char; *Minerve* dans Athènes; *Apollon* à Delphes; *Cérès* à Éleusis; *Neptune* à Corinthe. L'intervention active que l'on supposait aux dieux dans les affaires des hommes, a été l'une des sources les plus heureuses & les plus fécondes de l'épopée.

La toute-puissance irrésistible de *Jupiter* devait lui assurer un empire paisible; cependant la tranquillité de l'Olympe fut un moment troublée. *Junon, Neptune* & *Apollon* formèrent le projet d'enchaîner leur frère & souverain. *Thétis,* instruite de cette révolte téméraire, appela au secours de *Jupiter* le géant *Ægéon* ou *Briarée,* qui s'assit sur le marche-pied de son trône. Les conspirateurs n'osèrent l'affronter & chaque dieu reprit paisiblement sa place sur l'Olympe.

Le type de *Jupiter* ou *Zeus,* comme l'appelaient les Grecs, fut fixé par Phidias dans sa fameuse statue chryséléphantine du temple d'Olympie. Il respire à la fois la force, la puissance & la majesté, la sagesse d'un roi & la bonté d'un père. C'est le type le plus élevé jusques auquel la sculpture antique ait atteint vers l'idéal de la conception de la divinité.

Les cheveux de *Jupiter* partent du sommet de la tête comme d'un centre commun, se redressent sur le front où ils forment une touffe, & retombent en crochets & en boucles ondoyantes, en se mariant à une barbe frisée, épaisse & touffue. La tête du roi des dieux est quelquefois nue; le plus ordinairement elle est ceinte du diadème ou couronnée de lauriers; quelquefois aussi il porte une couronne d'olivier, & c'était ainsi que l'avait figuré Phidias. Enfin lorsqu'il est couronné de chêne on le nomme *Dodonéen*, de l'antique forêt de Dodone, où il avait un oracle révéré.

*Jupiter* porte le sceptre royal & le foudre par lequel sa vengeance atteint partout ses coupables. Cette arme avait été forgée par les premiers *Cyclopes;* les artistes lui ont donné la forme d'un de ces traits incendiaires que les machines lançaient dans le siège des villes. Les rayons de vent, de pluie & de feu dont les poëtes la disent composée, sont le plus souvent roulés ensemble, mais quelquefois aussi ils se montrent développés; souvent on donne des ailes au foudre pour exprimer avec quelle rapidité arrivent les châtiments de *Jupiter*. Le dieu est nommé *Foudroyant* lorsqu'il lève le bras pour lancer ses feux; s'il a le foudre roulé dans ses mains ou près de ses genoux, c'est une preuve qu'il est dans une attitude paisible & qu'il ne s'occupe que du bonheur des hommes. L'*égide* est son armure défensive & il lui suffit de l'agiter pour répandre partout la terreur & l'effroi. Il reçoit le surnom d'*Ægiochus* lorsqu'il est muni de cet attribut.

Les images de *Jupiter* absolument nu sont très-rares; son manteau tombe ordinairement sur ses hanches & couvre la partie inférieure du corps, tandis que le torse reste nu.

L'aigle lui est spécialement consacré; c'est son attribut le plus caractéristique avec le foudre. Presque toujours le roi des oiseaux figure au pied des images de *Jupiter*; quelquefois il orne l'extrémité de son sceptre; il plane dans l'espace devant le char du dieu, ou il porte son foudre dans ses serres; il enlève pour lui plaire le beau *Ganymède* (pl. 9). Le jeune Phrygien, devenu l'échanson de l'Olympe, nourrit l'oiseau divin de nectar & d'ambroisie (pl. 8).

Le plus magnifique & le plus célèbre des temples que *Jupiter* avait dans la Grèce, était celui d'Olympie, où l'on admirait la statue de Phidias. Le *Jupiter Capitolin* n'était pas moins renommé; il avait *Minerve* à sa droite & *Junon* à sa gauche. Dans le temple du Capitole était encore la statue de *Jupiter Victor,* sur les genoux de laquelle les triomphateurs allaient déposer la couronne de laurier que la reconnaissance du peuple romain leur avait décernée. C'est ce *Jupiter Vainqueur* que représente la peinture de notre pl. 3. Il est assis sur son trône, dans un repos majestueux & royal; sa tête est entourée d'un nimbe et l'aigle est posé à ses pieds.

La composition reproduite sur la pl. 4 est ingénieuse & remplie de grâce. *Jupiter,* le front ceint d'une couronne de chêne comme revenant de son oracle de Dodone, se repose dans les splendeurs de l'Olympe, accoudé sur les nuages, tandis que l'*Amour* lui montre en bas sur la terre quelque mortelle digne d'attirer ses regards.

La fable prête en effet au maître des dieux de nombreuses amours avec les filles des hommes, & les poëtes sont pleins du récit des métamorphoses qu'il prit pour les séduire. Nous retrouverons ces légendes lorsque nous en serons aux peintures qui retracent des sujets héroïques. Cependant au milieu des sujets relatifs à *Jupiter,* nous avons placé, dans la pl. 7, deux fresques se faisant pendant, où sont retracées ses aventures avec *Léda* & *Danaé,* qu'il parvint à posséder en se déguisant pour pénétrer auprès de l'une sous la forme d'un cygne & auprès de l'autre sous la forme d'une pluie d'or. Le foudre placé dans le coin de l'un & de l'autre tableau révèle la présence du souverain de l'Olympe.

## CHAPITRE IV.

### JUNON.

Les dieux dont nous avons parlé avant *Jupiter* étaient tous *cosmogoniques*, c'est-à-dire des emblèmes de l'origine du monde. *Jupiter* est une divinité *cosmique*, c'est-à-dire le symbole d'une des choses dont le monde est composé; c'est l'*espace*, principalement l'*espace céleste*. *Héra*, que les Romains ont nommée *Junon*, est l'emblème de l'*air*. Considérée comme un être mythologique, elle était fille de *Saturne* & de *Rhéa*, sœur & épouse de *Jupiter*.

Son idéal fut fixé par Polyclète, qui fit sa statue d'or & d'ivoire pour le temple d'Argos, à peu près dans le même temps où Phidias fit son *Jupiter Olympien*. Elle était assise sur un trône, tenant dans une main la grenade, signe de la fécondité, & dans l'autre un sceptre surmonté d'un coucou, parce que c'était sous la forme de cet oiseau que *Jupiter* l'avait séduite sur le mont Thornax. L'antiquité a encore célébré une *Junon* d'Alcamène & deux autres statues de la déesse, l'une à Platées, figurée debout, & l'autre à Mantinée, où elle était assise. Ces chefs-d'œuvre ont établi le type de *Junon*. Comme reine des dieux, elle porte le sceptre. Elle a l'aspect d'une matrone auguste dont la noble beauté commande le respect; son front est large & bien fait; ses yeux sont grands & ouverts, ses bras ont la plus belle forme, pour répondre à l'idée d'Homère, qui l'appelle Βοῶπις (la déesse aux yeux de bœuf, c'est-à-dire aux grands yeux) & Λευκώλενος (la déesse aux blancs coudes).

Elle a ordinairement une longue tunique sans ceinture & un ample manteau. Sa coiffure est un haut diadème de métal, appelé *stéphané,* derrière lequel flotte le plus souvent le voile qui la caractérise comme *Pronuba,* ou protectrice des mariages. Le paon est son animal sacré.

La fameuse statue de *Junon* à Lanuvium différait de toutes les autres images de la déesse par la peau de chèvre dont elle était vêtue, par sa chaussure recourbée & par la lance qu'elle brandissait. On la nommait aussi *Sospita,* préservatrice. Sous le nom de *Lucine, Junon* présidait à l'enfantement, & on la figurait assise, tenant un enfant & une fleur, ou dans la compagnie de *Diane,* qui remplissait les mêmes fonctions.

Les poëtes ont donné à *Junon* une âme altière, jalouse & vindicative ; elle persécuta *Hercule* & sa haine ne cessa de poursuivre les Troyens. Humiliée d'avoir donné le jour à un fils difforme, elle précipita *Vulcain* du ciel sur la terre. Lorsque celui-ci fut rentré dans l'Olympe, il se vengea de cet affront ; il fabriqua un trône d'or, où *Junon,* s'étant assise, se trouva liée par des chaînes invisibles, dont son autre fils *Mars* parvint à la dégager.

Les deux peintures réunies dans notre planche 10, comme elles l'étaient sur les parois d'une habitation de Pompéi, nous montrent les bustes mis en pendant de *Junon* & de *Vénus.* Si nous avions affaire à un monument de la haute époque grecque, de l'époque où les enseignements des grands sanctuaires religieux inspiraient les artistes & guidaient leur main, nous devrions rechercher les liens étroits qui, malgré la dissemblance de leurs physionomies extérieures, rattachaient l'une à l'autre ces deux déesses dans leur conception originaire & étudier le personnage mixte d'*Aphrodite-Héra,* adoré dans plusieurs villes de la Grèce. Mais des intentions d'un ordre aussi profond ne dirigeaient pas les peintres qui décoraient pour de riches Romains les maisons de Pompéi. L'auteur de ces fresques n'a sans doute eu en vue, en plaçant en parallèle *Junon* & *Vénus,* que le piquant contraste de la matrone & de la courtisane, de la déesse protectrice du mariage & de celle qui inspire tous les égarements de l'amour.

Quant à la peinture reproduite pl. 11, elle offre à nos regards *Junon Somnifère*, dispensatrice du sommeil & des songes, portée sur les épaules d'un génie auquel on ne saurait hésiter à donner le nom de *Morphée,* versant ses pavots sur la terre.

## CHAPITRE V.

### APOLLON.

La jalousie de *Junon* n'était point sans causes; *Jupiter* lui donnait de fréquentes occasions de la faire éclater. Un jour il devint épris de *Latone,* fille du Titan *Cœus* & de *Phœbé,* qui devait la naissance à *Uranus. Latone* ne résista point au maître des dieux, & bientôt il ne lui fut plus possible de cacher sa faiblesse. *Junon* s'en aperçut & la chassa du ciel. Non contente de cette rigueur, elle fit sortir de la terre putréfiée le serpent *Python,* qu'elle chargea de sa vengeance. La *Terre* avait promis à *Junon* de ne point donner d'asile à *Latone.* La malheureuse Titanide, sur le point de devenir mère, partout errante & partout poursuivie, ne trouva aucun lieu où elle pût s'arrêter. *Neptune* en eut cependant pitié; il fit sortir de la mer l'île de Délos, qui, cachée sous les flots, n'était point comprise dans le serment de la *Terre. Apollon* fixa dans la suite cette île, qui était flottante. *Latone* eut bien de la peine à cacher à *Junon* le moment précis de la naissance de ses enfants. & elle employa, comme avait fait *Rhéa,* le bruit des armes pour empêcher la jalouse déesse d'entendre ses cris. *Apollon* & *Diane* virent enfin la lumière sous un palmier. Aussitôt après sa naissance, les *Nymphes* lavèrent le nouveau dieu dans leurs ondes, & il chanta lui-même son immortalité. La pl. 12 réunit dans une même représentation les deux jumeaux nés de *Latone.*

*Apollon* avait reçu de *Vulcain* un arc & des flèches inévitables; l'adresse avec laquelle il s'en servait lui avait fait donner le surnom d'Ἑκατηβόλος (qui lance de loin), & son principal attribut est l'arc & le carquois. Il est ainsi armé sur les monuments d'ancien style, où l'on songeait seulement à le représenter comme un homme fait; telle était son antique statue à Amyclées. Les images de ce dieu ont été très-multipliées & il n'y a presque pas de sculpteur célèbre qui n'ait produit un *Apollon*. Les artistes en firent l'idéal de la beauté, & il en devint le dieu. On ignore le nom du premier qui sut lui donner ce caractère, qu'on a encore modifié d'après ses différentes attributions & selon les symboles dont ses images sont accompagnées. Le plus souvent aucun voile ne cache son corps divin, qui étale aux regards sa radieuse nudité. Ses cheveux que le fer n'a jamais touchés (*intonsus Apollo*), flottent en boucles ondoyantes; fréquemment une partie se relève sur le sommet de la tête & y forme une touffe élégante. Presque toujours ils sont attachés avec la bandelette appelée *strophium* ou ceints d'une couronne de laurier.

C'est comme dieu de la beauté virile qu'*Apollon*, dans la peinture gravée pl. 13, figure en compagnie de *Vénus*, le type divin de la beauté féminine. Celle de la pl. 14 a été inspirée par une intention semblable. Nous y voyons, sous une élégante architecture, *Apollon*, assis sur un trône, entre *Bacchus* & *Vénus*, c'est-à-dire la réunion des trois plus beaux des dieux & en même temps de ceux qui président aux différentes sortes d'inspirations.

*Apollon* perça de ses traits le serpent *Python*, qui, après l'avoir poursuivi dès sa naissance, osait lui défendre l'approche de l'oracle de Delphes, lieu primitivement appelé Pytho. C'est en mémoire de ce triomphe qu'il avait, disait la fable, institué les jeux pythiques.

*Apollon Pythien* était donc spécialement adoré à Delphes. La *Terre* y avait d'abord un oracle; *Thémis*, sa fille, la remplaça dans ce sanctuaire, qu'elle céda à sa sœur *Phœbé*, & celle-ci en fit présent à *Apollon*. Après avoir tué le serpent *Python*, le dieu prophète s'assit le quatrième sur le trône fatidique. Le temple qui renfermait cet oracle célèbre était magnifique, & les peuples & les rois

le comblèrent à l'envi de richesses. Là était le trépied sacré &
l'*omphalos*, sorte de motte de terre ronde, recouverte d'un réseau
de bandelettes (pl. 12), qui était censée indiquer le centre du globe
terrestre & dont la présence aux pieds du dieu le caractérise
comme *Pythien*. C'est à titre d'interprète de l'avenir que le laurier
lui était dédié.

*Apollon*, dieu de la lumière, était aussi celui de l'inspiration,
de celle des poëtes & des musiciens comme de celle des prophètes.
La lyre, que *Mercure* avait inventée, & dont le dieu de Délos se
mit à jouer aussitôt après sa naissance, est dans ce rôle son attribut caractéristique, avec le *plectrum*, qui lui sert à en toucher les
cordes. La fresque gravée dans la planche 15 montre ensemble
*Apollon* & *Mercure*, les deux dieux de la lyre, celui qui préside à la
poésie & celui qui préside à l'éloquence. Dans la planche 23, le fils
de *Latone*, couronné de laurier & tenant son carquois, repose sur
les ailes d'un génie féminin, personnification de la poésie ou de la
musique, qui joue de la cithare. Il est vêtu de la longue robe théâ-
trale, appelée *orthostade*, qui se remarque le plus ordinairement
dans les statues d'*Apollon Citharède* ou *Lyricine*, & que porte aussi
le même dieu dans le rôle de *Musagète*, c'est-à-dire de conducteur
des chœurs des *Muses*.

Les *Muses*, dans les poëtes & les mythographes, sont filles de
*Jupiter* & de *Mnémosyne* (la Mémoire), origine qui exprime bien les
fonctions sublimes qu'on leur attribuait. On n'en comptait d'abord
que trois, *Mnémé* (la Mémoire), *Aœdé* (le Chant) & *Mélété* (la
Réflexion); mais les poëtes ont successivement porté leur nombre à
neuf, *Clio, Calliope, Melpomène, Thalie, Euterpe, Terpsichore, Erato,
Polymnie, Uranie,* & les artistes se sont plu à multiplier leurs
images par la peinture & la sculpture. Ces chastes déesses se plai-
saient sur les vierges sommets des hautes montagnes, principalement du Parnasse, mais aussi de l'Hélicon, du Piérus & du mont
Aonien, d'où les surnoms de *Parnassides, Héliconiades, Piérides,
Aonides,* qu'on leur donne quelquefois.

On représente ordinairement les *Muses* vêtues de longues tuniques ; leur sein est toujours voilé. C'est un point important à noter, car souvent on a donné d'une manière impropre le nom de *Muses* à des femmes qui sont figurées sur les monuments avec une partie du corps découverte ; ce sont alors de simples musiciennes, citharistes ou autres.

Nos six pl. 24-29 sont empruntées à la célèbre série de fresques connue sous le nom de *Muses d'Herculanum*, qui fait aujourd'hui l'ornement du musée du Louvre ; elles comptent au nombre des plus belles peintures antiques parvenues jusqu'à nous. En tête de la troupe des filles de *Mnémosyne* est *Apollon* (pl. 24), assis dans une attitude de repos, appuyé sur sa lyre. *Uranie*, qui préside à la science du ciel, à l'astronomie & aux mathématiques, est assise dans une chaire de professeur, tenant la sphère & le bâton appelé *radius*, avec lequel les mathématiciens démontraient leurs figures dans les écoles (pl. 25). *Erato*, l'aimable, Muse de la poésie amoureuse, chante en s'accompagnant de la lyre (pl. 26). *Calliope*, inspiratrice de la poésie épique & de l'éloquence, tient en main le rouleau qui renferme peut-être l'*Iliade* ou l'*Odyssée* (pl. 27). *Clio*, Muse de l'histoire, dont le nom indique la gloire qu'elle répand sur les belles actions, est assise ; elle porte à la main un livre déroulé (*volumen*), celui sur lequel elle a écrit les hauts faits des grands hommes ; auprès d'elle un coffret (*scrinium*) ouvert contient d'autres volumes, encore roulés (pl. 28). Quant à *Melpomène*, qui inspire les poëtes tragiques, elle est vêtue de la longue robe des acteurs ; une de ses mains tient le masque & l'autre une massue (pl. 29).

Les planches suivantes renferment d'autres figures de *Muses*, empruntées à diverses habitations de Pompéi. Dans la pl. 30, c'est *Thalie*, protectrice de la comédie, tenant le masque comique & le bâton du chef des chœurs, debout entre *Clio*, armée de son volume ouvert, & *Euterpe*, la Muse des concerts, qui porte la double flûte. La pl. 31 nous montre *Melpomène* assise & contemplant d'un air sombre le masque tragique qui repose sur ses genoux. La même *Muse*, mais dans une autre attitude, reparaît à la pl. 32. Enfin la pl. 33 nous montre *Thalie*, assise sous le portique d'un théâtre, avec le masque & le bâton que nous lui avons déjà vus, tandis qu'une chanteuse ou musicienne, le sein découvert, s'appuie sur le dossier de son siége.

Malgré ses talents pour la poésie & la musique, *Apollon* rencontra des rivaux. *Minerve*, ayant ramassé l'os de la jambe d'un cerf, le perça de quelques trous & en fit une flûte (*tibia*); mais, comme elle était près d'une fontaine, elle vit que cet instrument lui déformait la bouche; elle le jeta avec indignation & prononça une malédiction terrible contre celui qui oserait le ramasser. Le satyre *Marsyas*, suivant de *Cybèle* & compagnon des chœurs de *Bacchus*, eut le malheur de le faire. Il perfectionna la flûte & en enseigna l'art à son ami, le jeune *Olympus*. Les artistes anciens se sont plu à retracer souvent les leçons données par *Marsyas* à *Olympus;* c'est un sujet qu'ont également affectionné la peinture & la sculpture. Dans la pl. 21, il est tel qu'on le rencontre le plus ordinairement; le peintre a figuré *Marsyas* comme d'âge mûr, & *Olympus* comme un charmant adolescent. La variante de la représentation gravée dans la pl. 22 est plus rare. *Olympus* y figure comme un enfant qui s'exerce sur une énorme *syrinx* ou flûte de Pan, & *Marsyas* comme un jeune satyre qui écoute & dirige ses premières tentatives musicales.

*Marsyas* acquit une si grande célébrité qu'il osa défier *Apollon* à un combat musical. Les *Muses* furent choisies pour juges, & le vaincu dut être à la discrétion du vainqueur. *Marsyas* parut d'abord l'emporter, mais *Apollon* changea tout à coup le mode de sa lyre & défia le satyre d'en faire autant, ainsi que de chanter en s'accompagnant. *Marsyas* dut lui-même s'avouer vaincu, & la vengeance que tira de lui le dieu de la musique fut terrible. La peinture du registre supérieur de notre pl. 20 représente l'infortuné satyre attaché à un arbre où un Scythe va l'écorcher vivant par l'ordre d'*Apollon*, qu'*Olympus* implore en vain pour obtenir la grâce de son maître. L'autre peinture, reproduite au-dessous & qui y faisait pendant à Pompéi, montre une autre scène de sacrifice célèbre dans l'histoire héroïque, *Oreste* & *Pylade*, reconnus en Tauride par *Iphigénie* au moment où elle allait, comme prêtresse, les égorger sur l'autel de *Diane*.

La fable ne représente pas *Apollon*, malgré toutes ses séductions & toute sa beauté, comme heureux dans ses entreprises amoureuses. *Daphné* demanda & obtint d'être changée en laurier pour échapper à ses poursuites trop pressantes. La pl. 16 représente sa métamorphose; la pl. 17 la montre assise dans une attitude d'accablement, tenant à la main une branche de l'arbre qui reçut son nom, tandis qu'*Apollon*, la tête ornée du nimbe, se tient debout auprès d'elle. *Orchamus*, roi de Babylone, fit enterrer vivante sa fille *Leucothoé*, qu'*Apollon* avait séduite, & le dieu la transforma en un arbre qui porte l'encens; *Clytie*, qui par jalousie avait trahi le secret de *Leucothoé*, se laissa mourir de faim & fut changée en tournesol. *Apollon* eut le chagrin de frapper à la tête le jeune *Hyacinthe* en jouant au disque; il le métamorphosa en fleur. Enfin le beau *Cyparisse*, objet de sa passion, qu'un cerf avait tué, fut changé en cyprès. La fresque reproduite dans la pl. 18 nous montre *Apollon* & *Cyparisse;* le jeune chasseur est assis, tenant ses javelots; le cerf, auteur de sa mort, est couché à ses pieds, & le feuillage de l'arbre funéraire qui reçut son nom semble sortir de sa tête, comme si la métamorphose commençait déjà.

Il est une face du personnage d'*Apollon* dont nous n'avons pas encore parlé, c'est celle qui en fait un dieu meurtrier & terrible. On attribuait à ses flèches inévitables les morts subites & prématurées, & celles qui étaient l'effet de maladies contagieuses : ce fut avec elles qu'il frappa *Coronis* & qu'il fit périr tous les fils de *Niobé*. Lorsqu'à la demande de *Diane, Esculape,* fils d'*Apollon*, eut ressuscité *Hippolyte, Pluton* implora la vengeance de *Jupiter* contre celui qui avait osé ravir un mort à son empire. *Jupiter* foudroya

*Esculape*. *Apollon*, furieux, perça de ses flèches les *Cyclopes* qui avaient forgé le foudre avec lequel son fils avait été frappé. Le roi des dieux ne pouvait supporter patiemment une telle audace; il chassa *Apollon* de l'Olympe pour quelque temps, & le dieu de Delphes en fut réduit à s'engager comme pasteur au service d'*Admète,* puis à celui de *Laomédon.* La pl. 19 nous le fait voir gardant les troupeaux du roi de Troie, qui écoute les sons de sa lyre divine.

*Hélios* (le Soleil), fils d'*Hypérion,* était une divinité cosmique très-ancienne; son culte fut ensuite confondu avec celui d'*Apollon,* quand on eut formé l'histoire mythologique de ce dieu, qui reçut alors le nom de *Phœbus* (celui qui éclaire). *Hélios* est représenté la tête entourée de rayons. Il figure à la pl. 35, tenant d'une main la sphère du monde, & de l'autre le fouet avec lequel il pousse les chevaux qui le conduisent dans sa course quotidienne autour de la terre. Au-dessous le graveur a reproduit une autre peinture, fort mutilée, provenant également de Pompéi, qui retrace un mythe dont nous aurons l'occasion de parler lorsque nous en serons aux sujets héroïques. C'est *Pasiphaé,* épouse de *Minos,* à qui *Dédale* amène la fausse vache dans le corps de laquelle elle va se cacher pour attirer les regards du taureau de Crète.

La fresque incomplète qui occupe notre pl. 34 offre aux regards *Hélios* au milieu des *Heures.* Ces filles de *Jupiter* & de *Némésis* ne sont pas les douze parties du jour, mais les saisons de l'année. Les poëtes n'en connurent d'abord que deux, *Thallo* & *Carpo,* la Végétation & la Fructification; plus tard on en compta trois, appelées *Eunomie* (le bon ordre), *Dicé* (la justice) & *Iréné* (la paix). Bathyclès était le premier artiste qui les eût figurées.

## CHAPITRE VI.

### DIANE.

L'histoire mythologique de la déesse que les Grecs appelaient *Artémis* & les Romains *Diane*, s'est formée de plusieurs traditions, & ses différentes fonctions lui ont fait donner un grand nombre de surnoms; toutes ses attributions peuvent cependant se réduire à quatre principales : *Diane* se livre à la chasse; *Séléné* (la Lune) éclaire les cieux; *Hécate* est dans les enfers & préside aux opérations magiques; *Ilithyie* favorise la délivrance des femmes enceintes.

C'est comme chasseresse que la fille de *Latone* est représentée dans la fresque de la pl. 12. Elle a l'arc & le carquois; ses bottines montent à mi-jambe, & sa courte tunique ne descend qu'au genou pour ne pas embarrasser sa démarche dans la poursuite des animaux sauvages.

*Diane chasseresse* est une déesse d'une chasteté farouche; mais comme *Lune*, elle se montre moins sévère. Pendant que, le flambeau à la main & le croissant sur la tête, elle illumine le monde, elle va visiter, sur le mont Latmus, *Endymion*, que *Morphée* a endormi & vers lequel l'*Amour* la conduit (pl. 36). C'est une scène que les décorateurs de Pompéi ont plusieurs fois reproduite. Mais une représentation plus rare est celle que nous offre la pl. 37; le jeune chasseur seul est plongé dans le sommeil, en attendant sa divine amante.

## CHAPITRE VII.

MINERVE.

Nous verrons plusieurs fois, dans le volume suivant, le personnage de *Minerve* ou *Athéné* intervenir dans des scènes des légendes héroïques, par exemple assister *Persée* lorsqu'il tue *Méduse*, ou venir avec *Junon* & *Vénus* se soumettre au jugement de *Pâris*. Mais aucune des fresques jusqu'à présent découvertes à Herculanum & à Pompéi ne nous offre la figure isolée de la fille de *Jupiter* ou des représentations tirées de son histoire mythologique. La scène de sa naissance, lorsqu'elle s'élance tout armée de la tête de *Jupiter*, retracée par Phidias dans un des frontons du Parthénon & particulièrement affectionnée des peintres de vases, paraît avoir été négligée des décorateurs des villes du Vésuve, qui recherchaient avant tout les sujets prêtant à des compositions voluptueuses.

## CHAPITRE VIII.

MARS.

Une des peintures gravées dans la pl. 38 représente le dieu de la guerre, que les Grecs appelaient *Arès* & les Romains *Mars*, debout, nu, avec une simple chlamyde jetée sur l'épaule, le casque en tête, tenant à la main la lance & la courte épée appelée *parazonium*. L'autre est une *Bacchante* tenant le tympanum & couronnée de lierre.

*Mars* était, selon les uns, fils de *Jupiter* & de *Junon*, qui le nourrit de son lait, selon les autres, fils de *Junon* seule, comme *Minerve* du seul *Jupiter*. Les poëtes l'ont représenté comme un dieu cruel, qui s'abreuve de sang & respire le carnage; c'est lui qui préside aux combats. Son image isolée est rare sur les monuments; les Grecs l'ont peu représenté, bien que l'on cite deux statues de lui par Alcamène & par Scopas. En revanche, les peintres de l'époque romaine ont multiplié les scènes de ses amours avec *Vénus*, que nous verrons dans le chapitre suivant.

Le type de *Mars* annonce la force, l'adresse & l'agilité; son corps est robuste, sa poitrine large, ses bras vigoureux; son visage est hardi, sévère & menaçant. On le représente indifféremment barbu & sans barbe, mais toujours armé, le plus souvent dans le costume héroïque; ce n'est que par exception qu'on lui donne quelquefois une cuirasse.

Les Romains honoraient en *Mars* le dieu protecteur de leurs armes, l'auteur de leur race, le père de Romulus.

## CHAPITRE IX.

### VÉNUS.

*Vénus,* déesse de la grâce, des amours & de la beauté, naquit de l'écume de la mer, fécondée par le sang d'Uranus; c'est pourquoi les Grecs l'appelaient *Aphrodite* (née de l'écume). Les *Tritons* & les dieux marins la reçurent & la portèrent en triomphe; elle essuya ses beaux cheveux, les parfuma, se couronna de fleurs & parut dans l'Olympe, où elle fut accueillie par les *Heures,* qui la parèrent & la présentèrent aux dieux, suivie d'*Éros* (l'amour) & d'*Himéros* (le désir).

*Jupiter* lui donna *Vulcain* pour époux. La peinture gravée dans notre pl. 48 représente *Vulcain* & *Vénus,* réunion fort rare sur les monuments. Le dieu forgeron est debout, entièrement nu, près d'un autel chargé du bois qui alimentera la flamme du sacrifice. *Vénus* est complétement drapée dans une tunique & un long manteau; l'*Amour* est près d'elle, debout sur un cippe.

Mais la fille des flots ne devait pas rester longtemps fidèle à son époux. Elle le trahit bientôt pour *Mars. Vulcain,* averti par le *Soleil,* enveloppa les deux amants dans les mailles d'un filet, & rendit tout l'Olympe témoin de la confusion de la belle adultère. Les amours de *Mars* & de *Vénus* sont un des sujets que les artistes qui ornaient de leurs fresques les maisons d'Herculanum & de Pompéi se sont plu à reproduire le plus souvent avec une grâce & une fantaisie de composition indéfiniment variées. Nos pl. 49-52 offrent quatre peintures diverses de cette même scène. Dans la pl. 53 de petits génies ailés préparent les trônes des deux amants divins. Une colombe repose sur celui de *Vénus*, & les deux génies tiennent l'un un sceptre & l'autre une couronne. Sur le trône de *Mars* est posé son casque, tandis qu'un des génies soutient son bouclier.

Mais là ne se bornent pas les aventures que la mythologie prête à *Vénus*. Elle est la courtisane de l'Olympe & se livre à tous les dieux. On lui donne entre autres pour amants *Mercure*, que la pl. 54 nous montre avec elle, & *Bacchus*. Elle s'abaisse même jusqu'à aimer de simples mortels, comme *Anchise*, père d'*Énée*, & le bel *Adonis*, né de l'union incestueuse de *Cinyras* & de *Myrrha*. Les pl. 56-58 reproduisent le groupe voluptueux de *Vénus* & du jeune chasseur cyprien. *Mars*, jaloux de voir que *Vénus* le lui préférait, suscita un sanglier énorme qui le blessa mortellement. La déesse, ne pouvant conserver la vie à son amant, le changea en anémone. La fresque gravée pl. 59 nous la montre soutenant sur ses genoux *Adonis* expirant. On donne le nom de *Vénus du Liban* aux images qui, comme celle de notre pl. 60, représentent la déesse dans une attitude d'affliction, pleurant la mort du fils de *Cinyras*. C'est en effet ainsi qu'on l'adorait au mont Liban, où de nombreux bas-reliefs, sculptés sur les rochers aux environs du sanctuaire d'Aphaca, montrent *Vénus* assise & plongée dans son deuil.

Les anciens artistes grecs, & Phidias encore, représentaient *Vénus* entièrement vêtue. Ce costume plus tard reste caractéristique de la *Vénus céleste,* âme de la nature & source de la vie, que l'on distinguait de la *Vénus vulgaire,* déesse des passions matérielles & de l'amour brutal. C'est cette *Vénus céleste* que nous fait voir la pl. 39 ; son manteau est parsemé d'étoiles ; elle a la haute couronne & le sceptre d'une reine.

Le premier qui ait figuré *Vénus* nue est Praxitèle, dans la célèbre statue du temple de Cnide. Apelle suivit son exemple & peignit d'après la courtisane Phryné sa fameuse *Vénus Anadyomène*.

C'est en se conformant au type créé par ces deux maîtres que les décorateurs des villes ensevelies par le Vésuve ont presque toujours représenté la fille des flots. Nos pl. 40-45 offrent un choix de ses images. Dans la pl. 40, *Vénus,* assise sur de moelleux coussins & enlevant les voiles qui cachaient la partie supérieure de son beau corps, semble une courtisane qui appelle son amant dans ses bras. Dans la pl. 41, l'*Amour* est auprès d'elle & son sein n'est voilé que par une de ces étoffes transparentes de Cos que l'on appelait « un vent tissu » (*ventus textilis*), & dont les courtisanes aimaient à se vêtir. La *Vénus* de la pl. 42 arrange ses cheveux en se regardant dans un miroir; on pourrait l'appeler aussi bien *Laïs*, en se souvenant des vers dans lesquels les poëtes grecs ont si souvent chanté le miroir de la fameuse hétaïre de Corinthe. Le graveur a réuni dans la même planche une autre peinture, représentant une femme assise & drapée, à laquelle on ne saurait assigner de nom précis. Dans la pl. 43, *Vénus* sort des eaux &

> Féconde le monde en tordant ses cheveux.

C'est évidemment un souvenir de la *Vénus Anadyomène* d'Apelle; seulement cette dernière était complétement nue, tandis qu'ici l'artiste a enveloppé dans une draperie le corps de la déesse. *Vénus marine,* mollement couchée dans une conque portée sur les flots, où elle étale aux regards son corps divin sans aucun voile, tel est le sujet de la pl. 44. C'est une des plus gracieuses & des plus charmantes peintures de Pompéi.

Le graveur a réuni deux fresques diverses dans la pl. 45. L'une nous fait voir le beau *Narcisse,* dont nous reparlerons à propos des sujets héroïques, amoureux de lui-même & contemplant sa propre image reflétée dans une fontaine. L'autre représente *Vénus* pêchant à la ligne en compagnie de l'*Amour*. Si nous faisions ici un livre d'érudition, nous pourrions disserter longuement sur cette gracieuse composition, plusieurs fois répétée à Pompéi. Il nous serait facile d'y montrer à l'origine un sens profond & religieux, tenant à la conception première & intime du personnage de *Vénus*. Mais en reproduisant avec complaisance ce sujet créé bien avant eux par quelque artiste de la grande époque, les décorateurs romains y ont-ils cherché autre chose qu'une ingénieuse allégorie des amorces irrésistibles de la passion?

La *Vénus armée* que nous fait voir la pl. 46 était une des plus anciennes formes de la déesse. Son origine venait des religions de l'Asie & elle avait de temps immémorial un temple à Sparte, où on l'adorait comme présidant aux combats. Mais à l'époque romaine cette antique divinité guerrière n'était plus, comme dans notre peinture, que la déesse de la beauté, victorieuse de *Mars* à qui elle a enlevé ses armes.

Le médaillon qui figure entouré d'une élégante & capricieuse architecture dans la pl. 47, retrace une forme très-rare de la déesse. C'est une *Vénus rustique*, vêtue en bergère & tenant le bâton pastoral, mais reconnaissable à l'*Amour* qui l'accompagne. Sans doute on pensait que la mère des Énéades,

*Æneadum genitrix, hominum divumque voluptas,*

avait dû prendre ce déguisement pour séduire *Anchise*, lorsqu'il gardait sur l'Ida les troupeaux de son père.

Dans la plupart des peintures que nous venons de passer en revue, *Vénus* est accompagnée d'*Éros* ou l'*Amour*, que les Romains appelaient *Cupido*. Dans l'origine, *Éros* était une des premières divinités cosmogoniques, & c'est à ce titre qu'il resta le grand dieu des antiques mystères de Thespies. Plus tard il devint un personnage secondaire, à la suite de *Vénus*, dont les poëtes, en formant son histoire mythologique, le dirent fils. *Éros* est représenté adulte sur les monuments d'ancien style ; Praxitèle en faisait encore un adolescent dans la statue célèbre que l'on admirait à Parium en Mysie. A partir de Lysippe, on ne le figura plus que comme un enfant.

Tout le monde connaît le joli roman des aventures de l'*Amour* & *Psyché,* tel qu'il est raconté par Apulée, & dont La Fontaine a imité les récits dans notre langue. Cette ingénieuse allégorie tire évidemment son origine des anciens mystères, mais sous la forme où nous la connaissons elle est de date récente. Les représentations qui y ont trait n'apparaissent qu'à l'époque romaine. *Psyché,* symbole de l'âme, était figurée avec des ailes de papillon, comme nous la voyons dans la pl. 63. La distinction des trois génies *Éros* (l'amour), *Himéros* (le désir) & *Pothos* (la passion), avait amené les artistes à multiplier les *Amours* autour de *Vénus.* Le personnage de *Psyché* subit la même multiplication. De là, dans les fantaisies capricieuses des décorateurs de Pompéi, ces groupes si gracieusement combinés d'*Amours* & de *Psychés* se jouant sous des traits enfantins (pl. 33).

Autour d'*Aphrodite* se groupent bien d'autres personnages d'ordre secondaire. Tel est le *Génie* innommé, peut-être *Himéros* ou *Pothos,* ailé, tenant une corne d'abondance, que nous offre la pl. 61, & sur les ailes duquel repose la déesse elle-même. Tel est encore *Hyménée,* le génie du mariage, figuré dans la pl. 65 avec son long flambeau dans une main & de l'autre la couronne nuptiale.

Les *Grâces,* que les Grecs nommaient *Charites,* filles de *Jupiter* & d'*Eurynome,* étaient regardées dans l'origine comme présidant aux bienfaits & à la reconnaissance. Les poëtes, changeant leur caractère primitif, en ont fait ensuite les compagnes assidues de *Vénus.* Leur nombre a d'abord varié & s'est enfin fixé à trois. Pythagore, Bupalus & Socrate les avaient représentées en sculpture ; elles étaient alors vêtues, comme *Vénus.* Ce fut Apelle qui les représenta nues & fixa le type devenu classique de leur groupe, qu'au xvie siècle Raphaël a reproduit d'après une sculpture conservée dans la sacristie de la cathédrale de Sienne. L'élégante peinture de notre pl. 62 paraît un souvenir & une imitation de la composition d'Apelle.

Les amours de *Vénus* & de *Mercure* (pl. 54) ne sont pas représentés par la fable comme étant restés stériles. On leur attribuait la naissance d'*Hermaphrodite*. L'idée d'un être réunissant dans sa personne les attributs & les propriétés des deux sexes remontait aux âges les plus anciens & venait des vieilles religions de l'Asie, où la conception de l'androgyne divin jouait un rôle de premier ordre. Le goût épuré des Grecs relégua cette conception sur le second plan, & de là naquit la légende & le personnage d'*Hermaphrodite* (pl. 55), figuré comme un être ambigu doué de toutes les grâces de la femme unies à la vigueur de l'homme & dont les images montrent à la fois les mamelles gonflées d'une jeune fille & les signes les moins équivoques de la virilité. Sous cette forme, l'antique & grave conception panthéistique des sanctuaires de l'Asie a revêtu l'aspect d'une des imaginations les plus raffinées & les plus irritantes des âges d'une corruption blasée.

## CHAPITRE X.

#### MERCURE.

*Hermès* ou *Mercure,* fils de *Jupiter* & de l'Atlantide *Maïa,* est peut-être le dieu dont le nom se rencontre le plus souvent dans les fables mythologiques, ce qui vient des nombreuses fonctions qu'on lui attribue. Les monuments du plus ancien style le représentent comme un personnage grave, dont la chlamyde tombe en plis droits & dont le visage est garni d'une barbe triangulaire, ce qui l'a fait surnommé *Sphénopogon* (à barbe en forme de coin). C'est encore sur ces monuments l'antique *Hermès* des Pélasges, dont il était le dieu principal, représentant le principe mâle de la nature.

L'importance de *Mercure* est fort diminuée chez les Grecs de l'époque classique & chez les Romains. Il devient alors le dieu du commerce, de la ruse, de l'éloquence & de la palestre. Son type se modifie complétement & Phidias, Praxitèle, Scopas, le fixent tel qu'il restera jusqu'à la fin du paganisme. On le représente jeune & imberbe; ses traits annoncent la force & la souplesse; ses cheveux sont courts & crépus; ses oreilles & sa bouche petites; son visage a quelque chose de celui qu'on donne à *Hercule* jeune, à *Thésée,* à *Méléagre.* Le plus souvent une simple chlamyde est jetée sur ses épaules. Si on lui donne une tunique, elle est courte & vient à peine aux genoux.

C'est comme dieu de l'éloquence & premier inventeur de la lyre que nous avons vu *Mercure* associé à *Apollon* dans la pl. 15. Comme dieu du commerce, les artistes de l'époque romaine ont fait de la bourse tenue à sa main l'un de ses attributs principaux. Il la porte dans la peinture de la pl. 69, où nous le voyons en compagnie de la *Fortune*. Il l'a également dans la pl. 68, fresque curieuse de Pompéi qui réunit les images de *Mercure* & de *Cérès*, le dieu du commerce & la déesse de l'agriculture.

*Mercure* est aussi le messager des dieux. C'est à ce titre qu'il porte le caducée, baguette autour de laquelle s'entortillent deux serpents. Les hérauts, les envoyés portaient ordinairement une baguette d'olivier; telle est l'origine première du caducée. Les deux serpents qui accompagnent celui de *Mercure* étaient dans le principe un symbole du caractère androgyne attribué par les Pélasges à leur *Hermès;* plus tard on les prit pour une allégorie de la prudence, qui peut seule assurer le succès des négociations. On donne quelquefois des ailes au caducée, pour exprimer la rapidité avec laquelle *Mercure* exécute les ordres de Jupiter. C'est pour rendre la même idée que *Mercure* porte encore d'autres petites ailes, mêlées à ses cheveux ou placées sur son pétase. On lui met enfin aux pieds des ailes que l'on appelle *talonnières*. C'est ainsi que nous le voyons figuré sur la pl. 66, où l'artiste a voulu montrer le messager de l'Olympe se reposant quelques instants à la suite d'une de ses missions.

La peinture, malheureusement en partie détruite, qui est gravée dans la pl. 67, nous fait voir *Mercure* tenant le caducée & ayant à ses pieds le coq, oiseau qui lui était consacré; il est debout & semble parler à une jeune femme assise. C'est sans doute une scène des amours du dieu. La mythologie ne lui prête pas, du reste, beaucoup d'aventures de ce genre; il est trop occupé de servir les amours du maître des dieux pour avoir le temps de penser aux siens propres. Cependant on raconte qu'il séduisit *Hersé*, l'une des filles de *Cécrops*, fondateur d'Athènes. Nous serions assez disposé à donner le nom d'*Hersé* à la femme du sujet retracé dans la pl. 67.

# LIVRE TROISIÈME.

## PEINTURES A SUJETS MYTHOLOGIQUES.
## DIEUX DE LA TERRE.

---

## CHAPITRE PREMIER.

### CÉRÈS.

*Déméter*, appelée par les Latins *Cérès*, fille de *Saturne* & de *Cybèle*, était originairement une personnification de la « terre nourricière, » comme l'indique son nom grec. Le culte de cette déesse était l'un des plus importants, des plus graves & des plus élevés dans la religion des Hellènes, & servait comme de base à leurs institutions politiques. Son histoire mythologique est une magnifique allégorie de la découverte de l'agriculture & de l'invention des lois protectrices de la propriété, lois sans lesquelles la culture des champs ne saurait prospérer. C'est en son honneur que se célébraient les augustes mystères d'Éleusis, destinés à révéler sous une forme symbolique les plus hautes doctrines de la religion, particulièrement celles qui avaient trait à l'immortalité de l'âme, exprimée sous l'emblème du grain de blé qui, confié à la terre & paraissant s'y dissoudre, donne naissance à une plante nouvelle. C'est également en son honneur qu'avaient lieu les fêtes appelées Thesmophories, où on la célébrait comme législatrice.

L'idéal de *Cérès*, dans les œuvres de l'art antique, a de grands rapports avec celui de *Junon;* elle a la même stature, & comme elle l'aspect d'une matrone, mais ses traits ont quelque chose de moins auguste & de moins royal. Son front est moins large, ses yeux sont moins ouverts, son regard est plus doux. Sa tunique tombe avec une noble simplicité en longs plis jusqu'à ses pieds. Sa tête est couronnée d'épis & couverte d'un long voile, sans lequel on la voit rarement.

Nos planches contiennent deux images de *Cérès* empruntées aux fresques antiques du musée de Naples. Dans la pl. 70, elle est assise sur un trône de reine. Une de ses mains soutient la torche des mystères,

... sanctasque faces attollit Eleusis;

l'autre porte un faisceau d'épis; une corbeille, ou *calathus,* remplie d'épis, est déposée à ses pieds. C'est la forme de *Cérès* que les Romains appelaient *Frugifère,* la dispensatrice des biens de la terre. La pl. 71 nous montre la déesse debout, nimbée, tenant le flambeau qui, avant de figurer dans les mystères, jouait un rôle dans sa légende mythologique, puisqu'on racontait qu'elle l'avait allumé aux feux de l'Etna quand elle cherchait par toute la terre sa fille, *Proserpine,* enlevée par *Pluton.* Elle porte en même temps une corbeille plate, pleine d'épis & de fleurs des champs. Elle n'a point d'épis, mais seulement la torche, dans la peinture de la pl. 68, qui l'associe à *Mercure,* & elle est assise sur un siége rond en osier tressé, qui semble un boisseau posé à l'envers.

## CHAPITRE II.

### BACCHUS.

Il faudrait consacrer plusieurs volumes à l'histoire de *Dionysus* ou *Bacchus,* si on voulait remonter à l'origine de son culte, le suivre chez toutes les nations où il s'est répandu, rechercher toutes les modifications qu'il a subies, indiquer tous les phénomènes de la nature qu'il personnifie sous le voile du mythe & du symbole. Mais ici nous devons nous borner à sa légende extérieure, à laquelle les artistes des siècles romains aimaient à emprunter des sujets dans lesquels leur imagination voluptueuse se donnait libre carrière.

Le type de *Bacchus* dans les monuments de l'art a varié comme celui de *Mercure*. Dans les œuvres de l'ancien style, *Bacchus* est toujours représenté âgé & muni d'une longue barbe. Les sculpteurs d'époque postérieure ont quelquefois encore reproduit ce type, auquel on donne alors le nom de *Bacchus indien* ou *Pogon* (barbu). Lorsqu'ils lui ont conservé cette apparence, ils ont évidemment voulu le caractériser comme l'antique *Dionysus* des mystères, fils de *Jupiter* & de *Proserpine*. Mais quant au *Bacchus thébain,* fils de *Jupiter* & de *Sémélé,* depuis qu'Alcamène, Myron, Polyclète, Scopas, Praxitèle & Lysippe, parmi les sculpteurs; Parrhasius, Aristide, Antiphile & Nicias, parmi les peintres, en eurent définitivement fixé le type, on lui a toujours donné des traits juvéniles dans les monuments des plus beaux temps de l'art.

> C'est le dieu de Nysa, c'est le vainqueur du Gange,
> Au visage de vierge, au front ceint de vendange,

a dit notre André Chénier, & ces vers dépeignent parfaitement le type efféminé donné à *Bacchus,* par les peintres & les sculpteurs, en souvenir des traditions qui lui attribuaient les deux sexes. Son visage forme un ovale allongé où l'on ne distingue aucun trait qui annonce la force. Ses lèvres sont pleines & agréables; ses yeux ne sont ni passionnés ni errants; son regard en général est abaissé d'une manière languissante. Il n'est ni robuste ni mince, car ses épaules sont petites, sa poitrine élevée & charnue, ses hanches pleines & arrondies comme celles des femmes. Ses gestes répondent à sa constitution; dans quelque attitude qu'on le représente, ils respirent la langueur & la mollesse.

La pl. 72 nous montre *Bacchus* assis sur un trône. Son front est ceint de pampres; il tient à la main le canthare rempli de vin & le thyrse, deux de ses attributs les plus caractéristiques comme dieu producteur de la vigne. Un manteau est jeté négligemment sur ses épaules & la peau de faon appelée *nébride,* qu'il porte fréquemment & que l'on donne également à ses suivants, est nouée autour de son corps. La panthère, son animal sacré, est assise à ses pieds. Enfin on voit à terre le tambour de basque ou tympanum que les *Ménades* font retentir dans ses orgies.

Dans la pl. 73, il exprime le jus d'une grappe dans le canthare, tandis que la panthère se dresse devant lui pour jouer comme un chat domestique. Au-dessous, le graveur a reproduit une autre peinture qui nous fait voir la danse lascive d'un *Bacchant* & d'une *Ménade* au milieu des fêtes du fils de *Sémélé.*

Dans aucune peinture de Pompéi le caractère indécis entre les deux sexes attribué à la figure de *Bacchus* n'est plus marqué que dans celle que nous donnons à la pl. 74. Le dieu y tend une grappe de raisin à un enfant qui doit être le jeune *Ampélus* (la vigne), objet de sa passion, auquel se rattache une gracieuse légende. Les pl. 75 & 78 nous le font voir ivre & se soutenant à peine, appuyant sa démarche sur son précepteur, le vieux *Silène*, qui joue de la lyre. Une *Ménade* & un jeune *Satyre* aident également à soutenir le dieu dans la pl. 75 & complètent le groupe.

C'est encore un *Satyre* sur lequel s'appuie *Bacchus* dans la belle peinture de la pl. 76, tandis que la pl. 77 le montre debout entre deux *Ménades* ou femmes de son cortége portant différents ustensiles des cérémonies de son culte mystique. Enfin dans la pl. 79, il foule de son pied droit un *Satyre* capripède renversé à terre par l'ivresse & tenant une coupe, dans laquelle le dieu verse le vin du céras dont il est armé.

Nous compléterons cette série d'images de *Bacchus*, empruntées aux fresques de Pompéi & d'Herculanum, en insérant dans notre texte à la page suivante la gravure sur bois d'une remarquable peinture provenant de Pompéi, que possède actuellement un marchand d'antiquités de Paris, M. Delange. La composition en est originale & parfaitement arrangée. *Bacchus*, jeune, couronné de pampres, vêtu de la nébride & accompagné de la panthère sacrée, s'adosse à un cep de vigne qui semble abaisser ses grappes vers la coupe que le dieu tient à la main.

Tout le monde connaît l'étrange fable de la naissance de *Bacchus*. La jalouse *Junon* avait pénétré le mystère des amours de *Jupiter* & de *Sémélé*. Prenant les traits de *Béroé*, elle s'introduisit auprès de la belle Thébaine & lui inspira l'imprudent désir de voir son amant divin dans tout l'éclat qui l'environnait sur l'Olympe. *Jupiter* y consentit, mais les foudres qui étincelaient de toute part autour de lui incendièrent le palais. *Sémélé* périt consumée par les flammes. Voulant du moins sauver son rejeton, *Jupiter* retira du sein de Sémélé le petit *Bacchus* & le cacha dans sa cuisse jusqu'au terme nécessaire à son existence. Plusieurs monuments antiques, principalement des bas-reliefs & des miroirs étrusques, retracent cette singulière & mystérieuse naissance; mais on ne l'a pas

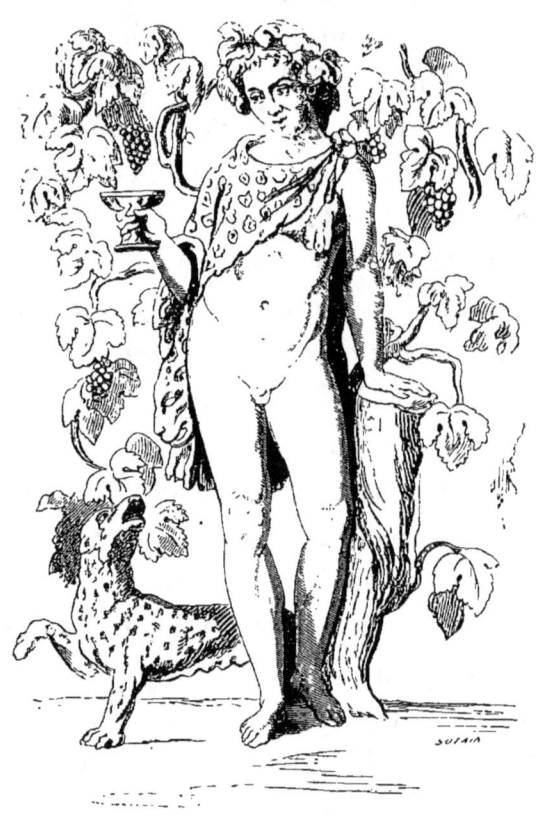

encore rencontrée parmi les sujets des peintures murales jusqu'à présent exhumées.

En revanche, la pl. 80 représente une scène de l'enfance & de l'éducation de *Bacchus* dans la grotte de Nysa, où *Mercure* avait été, par ordre de *Jupiter*, le cacher à l'abri des poursuites de *Junon*. *Silène* élève dans ses bras le petit dieu, qui n'est encore qu'un enfant, tandis qu'une des *Hyades*, ses nourrices, lui montre en l'air une grappe de raisin, vers laquelle il étend ses mains.

La pompe triomphale de *Bacchus* revenant de l'Inde, qu'il a été conquérir & d'où il rapporte la vigne, a été représentée des centaines de fois par les sculpteurs romains dans les bas-reliefs des sarcophages; mais elle ne fait le sujet d'aucune peinture d'Herculanum ou de Pompéi. C'est au retour de cette expédition victorieuse vers l'extrême Orient, que les poëtes lui font rencontrer dans l'île de Naxos *Ariadne,* abandonnée par *Thésée.* Les *Satyres* & les *Faunes* découvrirent les premiers la belle affligée, endormie par *Morphée,* & conduisirent leur dieu vers elle. Il en devint épris, en fit son épouse, & la conduisit dans l'Olympe, où elle partagea son immortalité. Nombre de fresques de Pompéi montrent *Bacchus* s'approchant d'*Ariadne,* avec son bruyant cortége. Nos planches contiennent trois de ces compositions. Dans les deux premières, *Ariadne* est encore profondément endormie (pl. 81 & 82), un *Satyre* ou un *Amour* soulève le voile sous lequel elle était cachée, pour montrer au dieu tous ses charmes. La troisième (pl. 83) la représente se réveillant toute désespérée de l'abandon de *Thésée,* au moment où *Bacchus* arrive auprès d'elle.

*Dionysus* n'était pas seulement pour les Grecs le dieu de la vigne & la personnification du principe humide qui féconde la nature; c'était aussi l'instituteur & le protecteur de l'art dramatique, car la tragédie & la comédie avaient pris naissance dans ses fêtes. C'est dans ce rôle d'instituteur de la comédie que le représente la peinture reproduite pl. 84. Entouré de *Satyres* & de *Bacchantes,* il donne le masque à un acteur qui achève de se préparer à entrer en scène.

Le cortége de *Bacchus,* appelé *thiase,* est très-nombreux & a fréquemment fourni des sujets aux artistes.

Le plus important personnage en est *Silène,* nourricier & précepteur du dieu (pl. 80), que nous avons déjà vu, dans plusieurs peintures, accompagnant & soutenant son élève (pl. 75, 78, 81, 83). On le représente toujours comme un vieillard au front chauve, à la barbe épaisse, au nez écrasé; son corps musculeux annonce son ancienne vigueur, qui cependant a dû céder à l'âge & à l'usage immodéré du vin. Tel nous le montre la pl. 85, où il est figuré se reposant, couché à terre, pendant qu'un petit *Faunisque* lui apporte un céras, ou corne à boire, plein de vin. Quoique les *Satyres* soient quelquefois obligés de soutenir sa démarche titubante (pl. 82), *Silène* n'est pourtant pas un vieillard que l'ivresse a rendu ridicule; c'est un homme éclairé, prudent, qui connaît les causes des événements & prévoit l'avenir; il est habile dans l'art de la musique (pl. 75 & 78), qu'on regardait chez les Grecs comme un des plus essentiels pour l'éducation; en un mot c'est une sorte de maître de la philosophie de la volupté; aussi l'ont-ils souvent vêtu du *tribon* ou manteau des philosophes.

Après *Silène*, nous devons mentionner parmi les personnages de quelque importance qui se groupent autour de *Bacchus*, *Ampélus* (la vigne) & *Acratus* (le vin pur). *Ampélus* s'est montré à nous sous les traits d'un enfant dans la pl. 74. *Acratus* est figuré dans la pl. 86 comme un génie ailé & couronné de lierre, plante consacrée à *Bacchus,* assis sur le dos d'une panthère & portant à ses lèvres un *scyphus* plein de vin. Quant à la pl. 87, elle nous fait voir un autre génie du même thiase, *Comus,* qui préside à la joie bruyante & aux banquets.

Les *Satyres* & les *Ménades* composent la plus grande partie du cortége de *Bacchus*.

On donne quelquefois aux *Satyres* des pieds & des cornes de chèvre, comme à celui qui, dans la pl. 88, lutte à coups de cornes avec un bouc. Cette peinture, découverte à Herculanum, dans le siècle dernier, est évidemment la source où André Chénier a puisé l'inspiration d'un de ses fragments antiques :

> L'impur & fier époux que la chèvre désire
> Baisse le front, se dresse & cherche le Satyre,
> Le Satyre averti de cette inimitié
> Affermit sur le sol la corne de son pied ;
> Et leurs obliques fronts lancés tous deux ensemble
> Se choquent; l'air frémit, le bois s'agite & tremble.

Mais le plus souvent les artistes ont seulement caractérisé les *Satyres* par une queue & des oreilles de cheval, une physionomie bestiale & des cornes naissantes sur le front, comme ceux que représentent nos pl. 89-91. Lorsqu'ils sont ainsi figurés, on a pris l'habitude de leur donner le nom de *Faunes*, emprunté à la mythologie italique. Les *Faunes* ou *Satyres* danseurs de corde, gravés dans les pl. 92-94, ornent une maison de Pompéi que sa situation a fait considérer par plusieurs antiquaires comme pouvant être celle que Cicéron avait possédée dans cette ville de plaisance où les riches Romains aimaient à se reposer en villégiature.

Les *Bacchantes* ou *Ménades* sont toujours figurées dans le délire de l'ivresse (pl. 108-112). Elles sont couronnées de lierre ou de pampre & vêtues de longues tuniques qu'elles laissent souvent flotter dans leur désordre, découvrant leur sein & même leur corps tout entier. Elles tiennent le thyrse du dieu des vendanges, le tympanum ou les cymbales; quelquefois aussi elles portent sur leur tête le van des mystères. Leurs danses & leurs jeux lascifs avec les *Faunes* ou *Satyres* ont été, pour les décorateurs des villes du Vésuve, une source inépuisable de compositions pleines de grâce & de volupté que leur imagination a su varier à l'infini (pl. 95-107).

La fresque reproduite dans notre pl. 113, d'un très-grand intérêt pour l'histoire des arts, car elle est un des bien rares exemples antiques parvenus jusqu'à nous du système de peinture *en camaïeu*, appelé par les Grecs *monochrome*, retrace une scène encore inexpliquée des orgies du culte de *Bacchus*. Un *Bacchant*, vêtu de la nébride, présente à une *Ménade*, qui paraît à cet aspect surprise & effrayée, le serpent de la ciste mystique qui s'enroule autour d'un bâton.

Les *Centaures*, êtres fabuleux moitié hommes & moitié chevaux, font partie, comme les *Satyres*, du thiase de *Bacchus*. Les pl. 114 & 115 contiennent quatre groupes de *Centaures* & de *Cen-*

*tauresses* se jouant avec des *Ménades* & des *Bacchants*. Ces peintures, des premières que l'on ait découvertes à Herculanum, jouissent depuis longtemps d'une juste célébrité. Quant à la pl. 116, elle nous montre les *Centaures* dans les aventures de leur vie sauvage au milieu des bois, combattant les bêtes féroces.

Nous avons clos enfin la série des peintures relatives à *Bacchus* & à son cycle par une fresque d'Herculanum qui représente un sacrifice rustique à ce dieu, fort honoré des agriculteurs (pl. 117). Une femme dépose des offrandes sur un autel devant la statue du fils du *Sémélé,* élevée au milieu de la campagne.

## CHAPITRE III.

PERSONNAGES DIVERS: FLORE, SYLVAIN, FAUNUS.

*Flore,* comme son nom l'indique, est une divinité d'origine italiote; son culte était particulier aux Romains. Les Grecs n'avaient point placé les fleurs sous la protection d'une divinité spéciale. Les légendes latines racontaient l'hymen de *Flore* & de *Zéphire,* le vent tiède du printemps dont le souffle fait partout épanouir les fleurs. Ce sont ces noces que représente la belle & célèbre peinture gravée dans la pl. 118. La divine fiancée est endormie comme *Ariadne,* au bord d'un ruisseau, dans un gracieux paysage. Un *Amour* soulève ses voiles pour la découvrir à *Zéphire,* qui s'avance en volant dans les airs, conduit par deux *Amours,* sans doute *Himéros* & *Pothos. Vénus,* assise sur un rocher élevé, préside à la scène & la contemple.

Le nom de *Sylvain,* dérivé du mot latin *sylva,* suffit pour montrer que ce dieu était né dans les forêts & prouve son origine italique: il paraît avoir été l'antique divinité des premiers habitants de l'Italie, quand ils commencèrent à ensemencer les terres & à en marquer les limites. C'est le protecteur des bois & de l'agriculture, le compagnon de *Pan* & des *Nymphes.* Il avait un grand nombre de surnoms, comme gardien des troupeaux, des arbres, des plantes, & comme dieu domestique. Ses prêtres formaient un collége qui avait beaucoup de priviléges, & on lui offrait des sacrifices dans lesquels on immolait un porc, à cause des dégâts que cet animal cause dans les champs. C'est un de ces sacrifices que retrace la fresque de la pl. 119, entre deux figures plus grandes de *Camilles*, ou ministres de l'autel.

*Faunus* était encore un dieu purement italique, inconnu à la Grèce. Il habitait les bois & y rendait ses oracles au temps où *Saturne* régnait sur les aborigènes de l'Italie. On lui a donné les traits du *Pan* des Hellènes & son bâton pastoral dans la pl. 120, où deux jeunes filles, deux *Nymphes* peut-être, viennent lui demander les secrets de l'avenir.

On connaît la scène qui ouvre le cinquième livre de l'*Énéide*. *Énée* célèbre des sacrifices sur la tombe de son père *Anchise;* il a dressé des autels sur lesquels sont déposées les offrandes. Tout à coup un énorme serpent sort du tombeau, s'enroule autour de l'autel, y dévore les offrandes, puis rentre paisiblement sous le tumulus au milieu de la stupéfaction des assistants. *Énée* reconnaît le *Génie du lieu*, qui a accepté ses prières & ses offrandes, &, encouragé par un tel présage, il poursuit avec plus d'ardeur & de confiance que jamais les projets de son établissement en Italie. C'est en effet sous la forme d'un serpent que l'on croyait que se manifestaient le plus souvent les *Génies locaux*, partout répandus dans la nature. Les deux peintures des pl. 121 & 122 ont trait à cette croyance superstitieuse. Dans l'une, le génie anguiforme est enroulé autour d'une sorte d'*omphalos*, pareil à celui de Delphes, que flanquent deux *Camilles;* dans l'autre, il dévore les offrandes placées sur un autel, exactement comme dans les vers de Virgile :

. . . . . . . Agmine longo
Tandem inter pateras & lævia pocula serpens
Libavitque dapes. . . .

FIN DU PREMIER VOLUME
DE LA DEUXIÈME SÉRIE.

# TABLE DES MATIÈRES.

## LIVRE PREMIER.

### COUP D'ŒIL GÉNÉRAL SUR LES PEINTURES ANTIQUES.

#### CHAPITRE PREMIER.

La peinture aux grands siècles de la Grèce . . . . . . . . . . . . 1
  Polygnote . . . . . . . . . . . . Ibid.
  Apollodore d'Athènes . . . . . 2
  Cimon de Cléones . . . . . . . Ibid.
  Zeuxis . . . . . . . . . . . . . . . Ibid.
  Parrhasius . . . . . . . . . . . . Ibid.
  Timanthe . . . . . . . . . . . . 3
  L'école de Sicyone . . . . . . . Ibid.
  Pamphile . . . . . . . . . . . . Ibid.
  Pausias . . . . . . . . . . . . . Ibid.
  Mélanthius . . . . . . . . . . . Ibid.
  Euphranor . . . . . . . . . . . Ibid.
  Apelle . . . . . . . . . . . . . . Ibid.
  Asclépiodore . . . . . . . . . . 4
  Protogène . . . . . . . . . . . . Ibid.

#### CHAPITRE II.

La peinture dans la décadence grecque et a Rome . . . . . . 5
  L'école d'Alexandrie . . . . . . 5
  Hélène fille de Timon . . . . . Ibid.
  Mosaïque de la bataille d'Issus . Ibid.
  Antiphile . . . . . . . . . . . . 6
  La rhyparographie . . . . . . . 7
  La peinture décorative à Rome . Ibid.
  Ludius & la peinture de paysage . 8

#### CHAPITRE III.

Les fresques des villes du Vésuve . 9
  Peintures antiques conservées jusqu'à nous, que l'on peut regarder comme des œuvres originales de maîtres . . . . . . Ibid.
  Jugement d'Ottfried Müller sur le caractère général des fresques de Pompéi & d'Herculanum . . 10

#### CHAPITRE IV.

Procédés matériels des fresques d'Herculanum et de Pompéi . . 12

## CHAPITRE V.

Divisions adoptées dans le présent ouvrage . . . . . . . . . . . . 14

## CHAPITRE VI.

Compositions d'architecture ou scénographie . . . . . . . . . 16

## CHAPITRE VII.

Paysages . . . . . . . . . . . . . 18
   Le sentiment de la nature dans la poésie antique . . . . . . . . *Ibid.*
   Le charme du paysage en Grèce est essentiellement épisodique . 19
   La peinture de paysage antique reproduit le même caractère. . *Ibid.*
   Sites rustiques. . . . . . . . . *Ibid.*
   Les anciens ne séparent jamais le paysage des œuvres de l'homme. *Ibid.*
   Représentation de villas au bord de la mer . . . . . . . . . . 20
   La mer dans la poésie grecque. . *Ibid.*
   Vues de ports. . . . . . . . . . 21

## CHAPITRE VIII.

Genre et nature morte ou rhyparographie. . . . . . . . . . . 22
   Les compositions de genre dans les fresques d'Herculanum & de Pompéi . . . . . . . . . . . . 22
   Introduction de l'élément idéal dans les compositions de genre. 23
   Les danseuses d'Herculanum. . . *Ibid.*
   Les tableaux de nature morte ou la *rhopographie*. . . . . . . . 24

## CHAPITRE IX.

Sujets dramatiques. . . . . . . . 26

## CHAPITRE X.

Peinture d'histoire ou mégalographie. . . . . . . . . . . . 28
   État de la grande peinture à l'époque où furent exécutées les fresques d'Herculanum & de Pompéi. . . . . . . . . . . *Ibid.*
   Qualités & défauts de celles de ces fresques qui retracent des sujets de grand style . . . . . 29
   Imitations des compositions des grands maîtres. . . . . . . . 30
   Compositions empruntées à Polygnote. . . . . . . . . . . . 31
   — à Zeuxis . . . . . . . . 32
   — à Parrhasius . . . . . 33
   — à Timanthe . . . . . . *Ibid.*
   — à Apelle . . . . . . . 34
   — à l'école d'Alexandrie. *Ibid.*
   Qualités & caractères généraux de la peinture antique, tels qu'ils ressortent de ces fresques. . . 35

# LIVRE DEUXIÈME.

## PEINTURES A SUJETS MYTHOLOGIQUES.
### DIEUX DU CIEL.

### CHAPITRE PREMIER.

Réunions de divinités . . . . . . 37
   Classement adopté pour les représentations mythologiques. . *Ibid.*
   Les dieux protecteurs des jours de la semaine . . . . . . . . . . 38

### CHAPITRE II.

Saturne et Rhéa-Cybèle . . . . . 39
   Les dieux cosmogoniques des premiers âges . . . . . . . . . . *Ibid.*
   Chaos & Érèbe . . . . . . . . *Ibid.*
   Uranus & Gé . . . . . . . . . *Ibid.*
   Les Titans . . . . . . . . . . . *Ibid.*
   Saturne renverse son père . . . *Ibid.*
   Caractères des représentations de Saturne . . . . . . . . . . 40
   Rhéa . . . . . . . . . . . . . *Ibid.*
   La Cybèle phrygienne . . . . . *Ibid.*
   Ses représentations . . . . . . *Ibid.*
   Dindymène . . . . . . . . . . 41

### CHAPITRE III.

Jupiter . . . . . . . . . . . . . . 42
   Enfance & éducation de Jupiter. *Ibid.*
   Les Dactyles idéens . . . . . . 42
   Guerre contre les Titans . . . . *Ibid.*
   Jupiter supplante son père Saturne . . . . . . . . . . . . *Ibid.*
   Partage du monde entre les trois fils de Saturne . . . . . . . 43
   La gigantomachie . . . . . . . *Ibid.*
   La vie de l'Olympe d'après les poëtes . . . . . . . . . . . 44
   Type & attributs caractéristiques de Jupiter dans les œuvres de l'art . . . . . . . . . . . . . 45
   Jupiter vainqueur . . . . . . . 46
   Jupiter & l'Amour . . . . . . . *Ibid.*

### CHAPITRE IV.

Junon . . . . . . . . . . . . . . 47
   Type de Junon dans les arts . . *Ibid.*
   Caractère de Junon dans la poésie. 48
   Junon & Vénus . . . . . . . . *Ibid.*
   Junon somnifère . . . . . . . . 49

### CHAPITRE V.

Apollon . . . . . . . . . . . . . 50
   Amours de Jupiter & de Latone. *Ibid.*
   Naissance d'Apollon & de Diane. *Ibid.*

|  | Pages. |
|---|---|
| Type & attributs d'Apollon dans les œuvres de l'art | 51 |
| Apollon, type de la beauté | Ibid. |
| Victoire sur Python | Ibid. |
| Apollon, dieu prophète | Ibid. |
| Apollon, dieu de la musique & de la poésie | 52 |
| Les Muses | Ibid. |
| Dispute d'Apollon & de Marsyas | 54 |
| Amours d'Apollon | 55 |
| Apollon, dieu meutrier | Ibid. |
| Apollon, pasteur chez Admète & chez Laomédon | 56 |
| Hélios, le soleil | Ibid. |

## CHAPITRE VI.

| Diane | 57 |
|---|---|
| Divers noms de la déesse | Ibid. |
| Diane Chasseresse | Ibid. |
| Diane & Endymion | Ibid. |

## CHAPITRE VII.

| Minerve | 58 |
|---|---|

## CHAPITRE VIII.

| Mars | 59 |
|---|---|
| Type de ce dieu | Ibid. |

## CHAPITRE IX.

|  | Pages. |
|---|---|
| Vénus | 60 |
| Naissance de Vénus | Ibid. |
| Son union avec Vulcain | Ibid. |
| Ses amours avec Mars | Ibid. |
| Ses autres amours | 61 |
| Adonis | Ibid. |
| La Vénus céleste & la Vénus vulgaire | Ibid. |
| Type de la déesse dans les monuments de l'art | Ibid. |
| Diverses représentations de Vénus dans les peintures d'Herculanum & de Pompéi | 62 |
| Vénus pêcheuse | Ibid. |
| Vénus armée | 63 |
| Vénus rustique | Ibid. |
| L'Amour | Ibid. |
| Psyché | 64 |
| Hyménée | Ibid. |
| Les Grâces | Ibid. |
| Hermaphrodite | 65 |

## CHAPITRE X.

| Mercure | 66 |
|---|---|
| L'Hermès des Pélasges | Ibid. |
| Attributions de Mercure à l'époque classique | Ibid. |
| Son type dans les monuments de l'art | Ibid. |
| Mercure, messager des dieux | 67 |
| Amours de Mercure | Ibid. |

## LIVRE TROISIÈME.

PEINTURES A SUJETS MYTHOLOGIQUES.

DIEUX DE LA TERRE.

### CHAPITRE PREMIER.

|  | Pages. |
|---|---|
| Cérès | 69 |
| Caractère auguste du culte de Cérès | Ibid. |
| Type de cette déesse sur les monuments | 70 |
| Cérès Frugifère | Ibid. |

### CHAPITRE II.

|  | Pages. |
|---|---|
| Bacchus | 71 |
| Type de Bacchus dans les œuvres de l'art | Ibid. |
| Ses principales représentations dans les fresques d'Herculanum & de Pompéi | 72 |
| Naissance de Bacchus | 73 |
| Son éducation | 74 |
| Triomphe de Bacchus revenant de l'Inde | Ibid. |
| Il rencontre Ariadne & l'épouse | 75 |
| Bacchus protecteur du théâtre | Ibid. |
| Thiase de Bacchus | Ibid. |
| Silène | Ibid. |
| Ampélus | 76 |
| Acratus | Ibid. |
| Comus | Ibid. |
| Satyres | Ibid. |
| Ménades | 77 |
| Centaures | Ibid. |
| Sacrifice rustique à Bacchus | 78 |

### CHAPITRE III.

|  | Pages. |
|---|---|
| Personnages divers; Flore, Sylvain, Faunus | 79 |
| Flore | Ibid. |
| Ses noces avec Zéphire | Ibid. |
| Sylvain | Ibid. |
| Sacrifice en son honneur | 80 |
| Faunus | Ibid. |
| Son oracle | Ibid. |
| Génies locaux sous la forme de serpents | Ibid. |

PARIS. — IMPRIMERIE DE J. CLAYE, RUE SAINT-BENOIT, 7.

Chefs-d'Œuvre de l'Art Antique — VOL. 1 (2ᵉ Série)   PL. 1

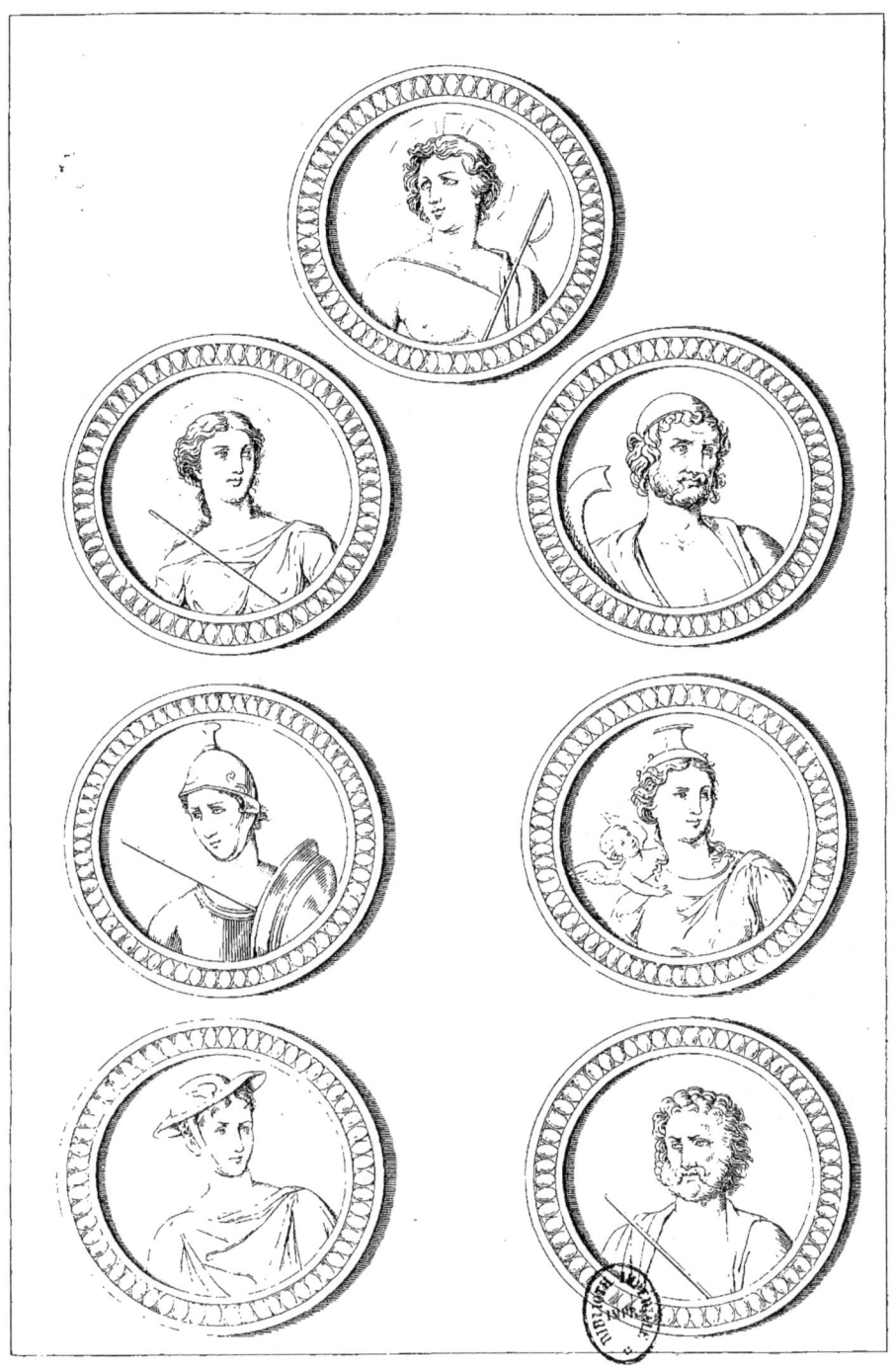

LES DIEUX PROTECTEURS DES JOURS DE LA SEMAINE

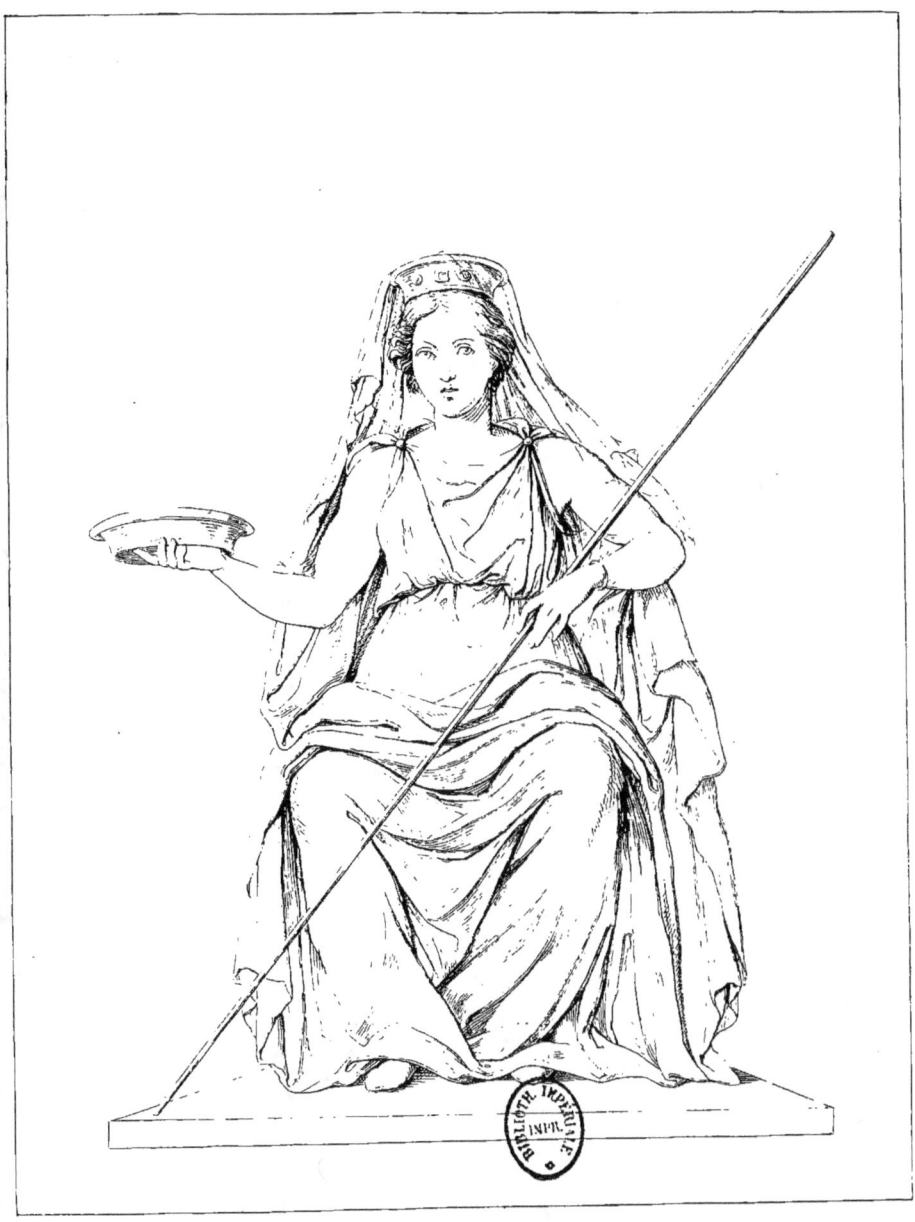

CYBÈLE

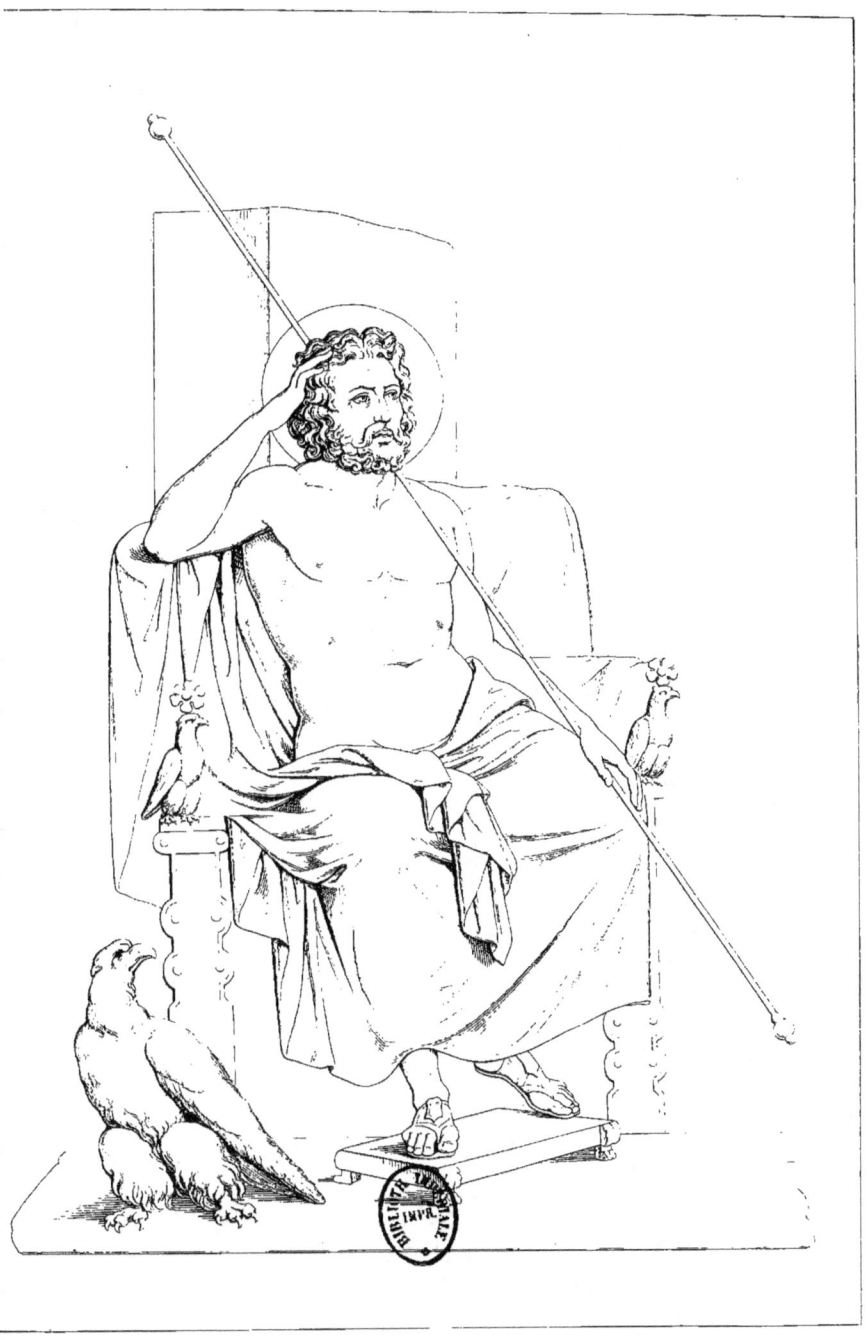

JVPITER

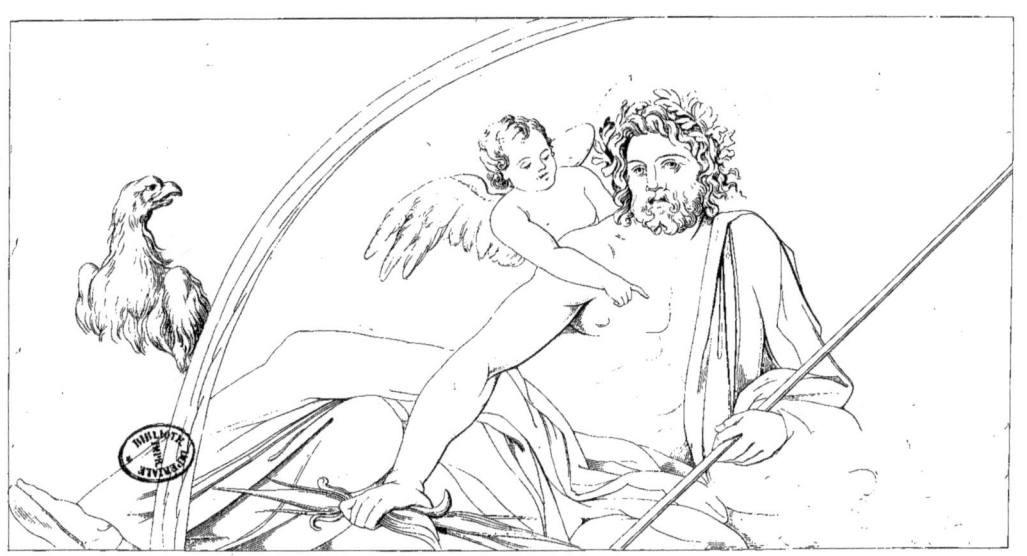

JUPITER

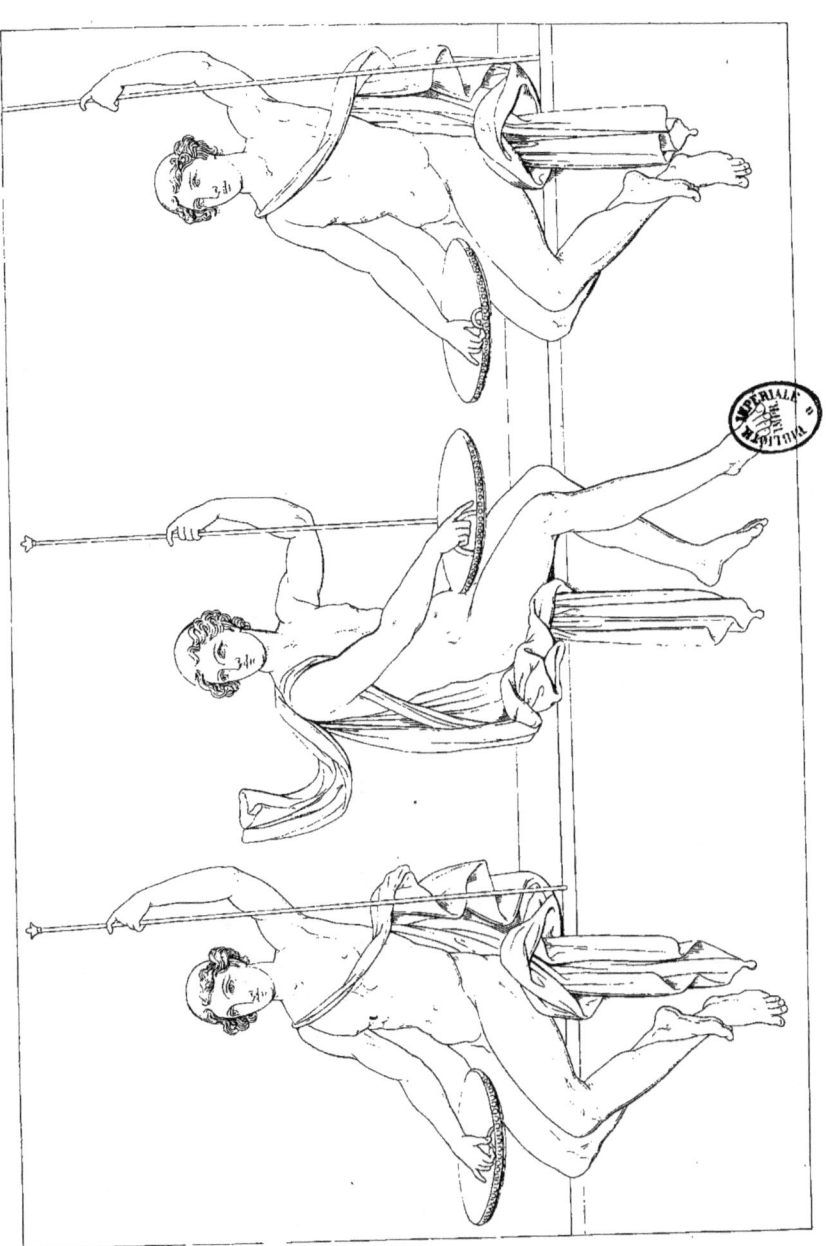

CORYBANTES

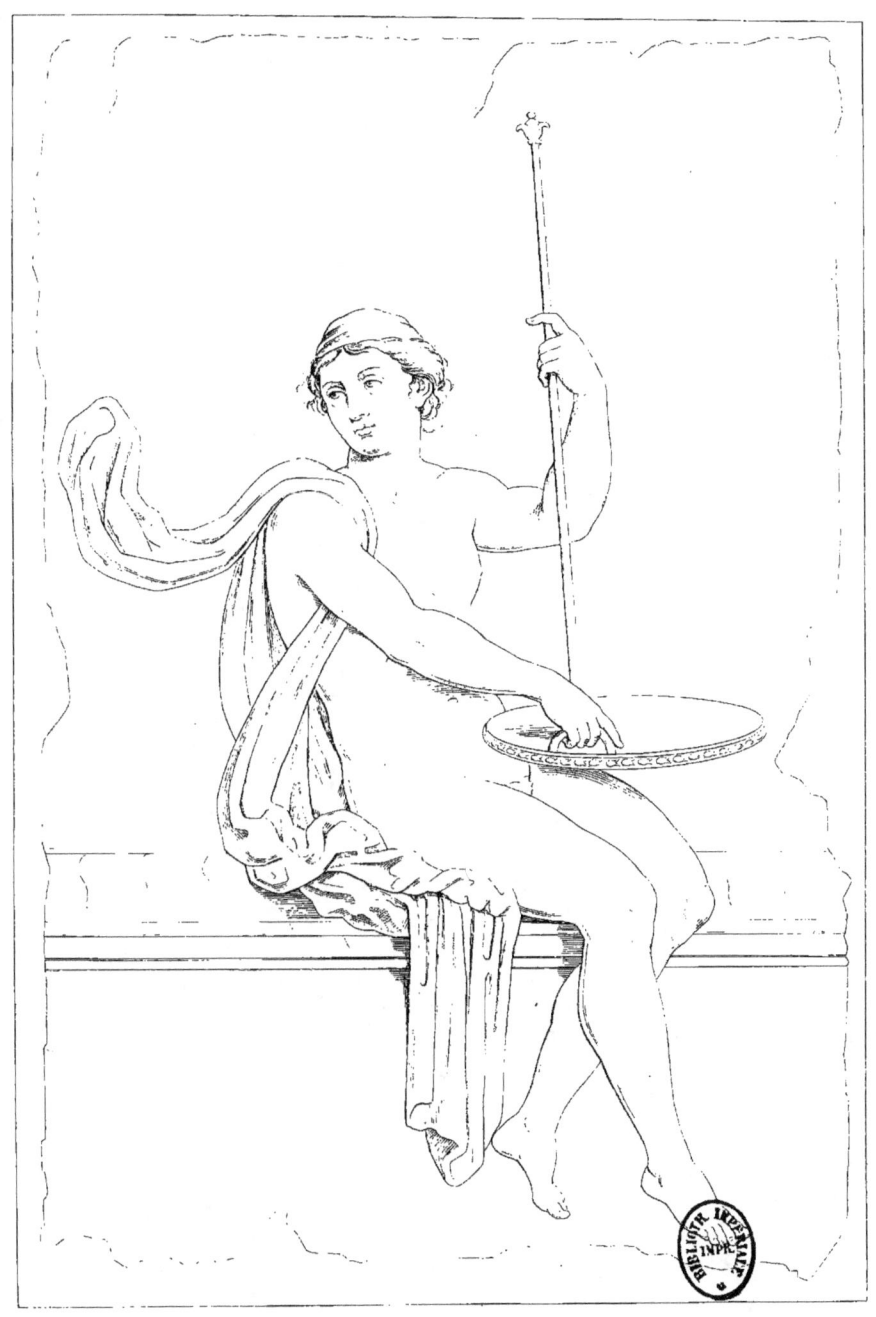

CORYBANTE

Chefs-d'Œuvre de l'Art Antique.VOL 1 (2e Série)     Pl. 7

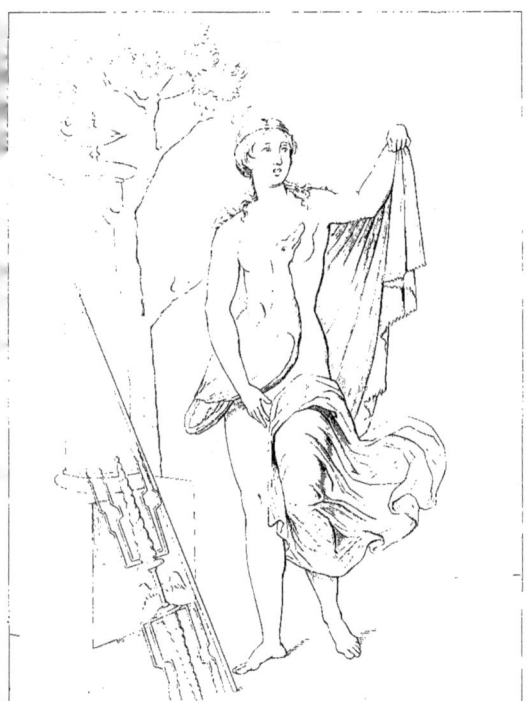
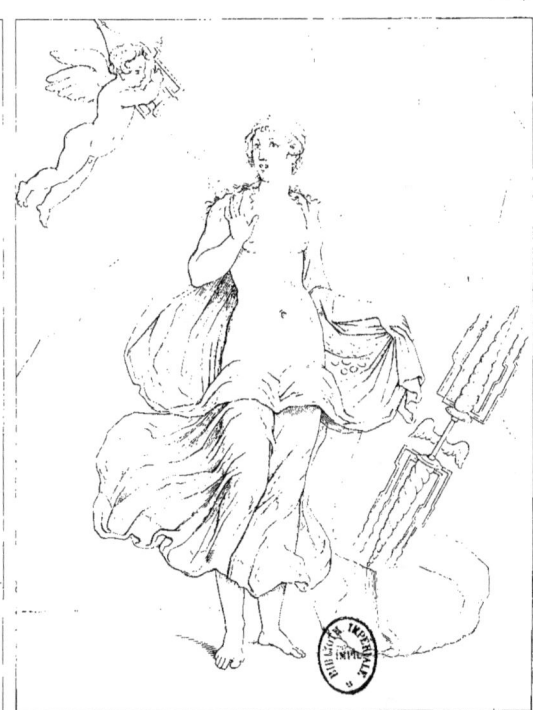

LÉDA ET DANAÉ

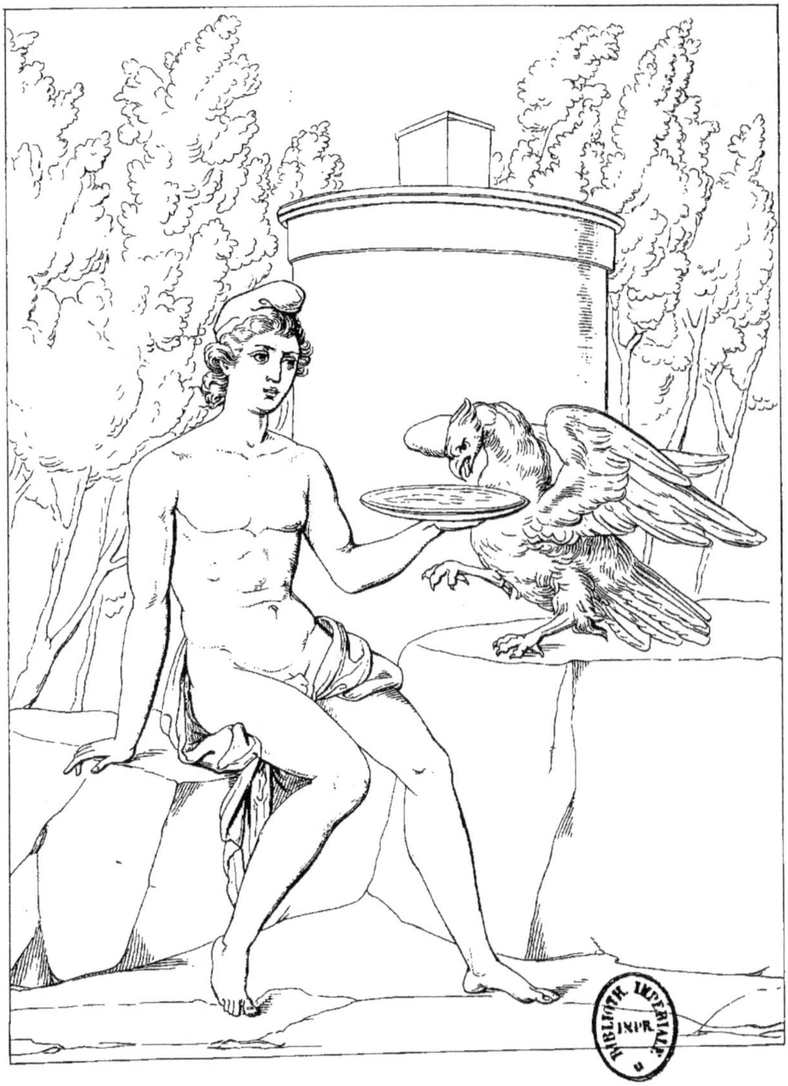

Chefs-d'Œuvre de l'Art Antique. VOL. 1 (2e Série)  Pl. 8

GANYMÈDE

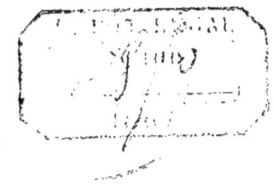

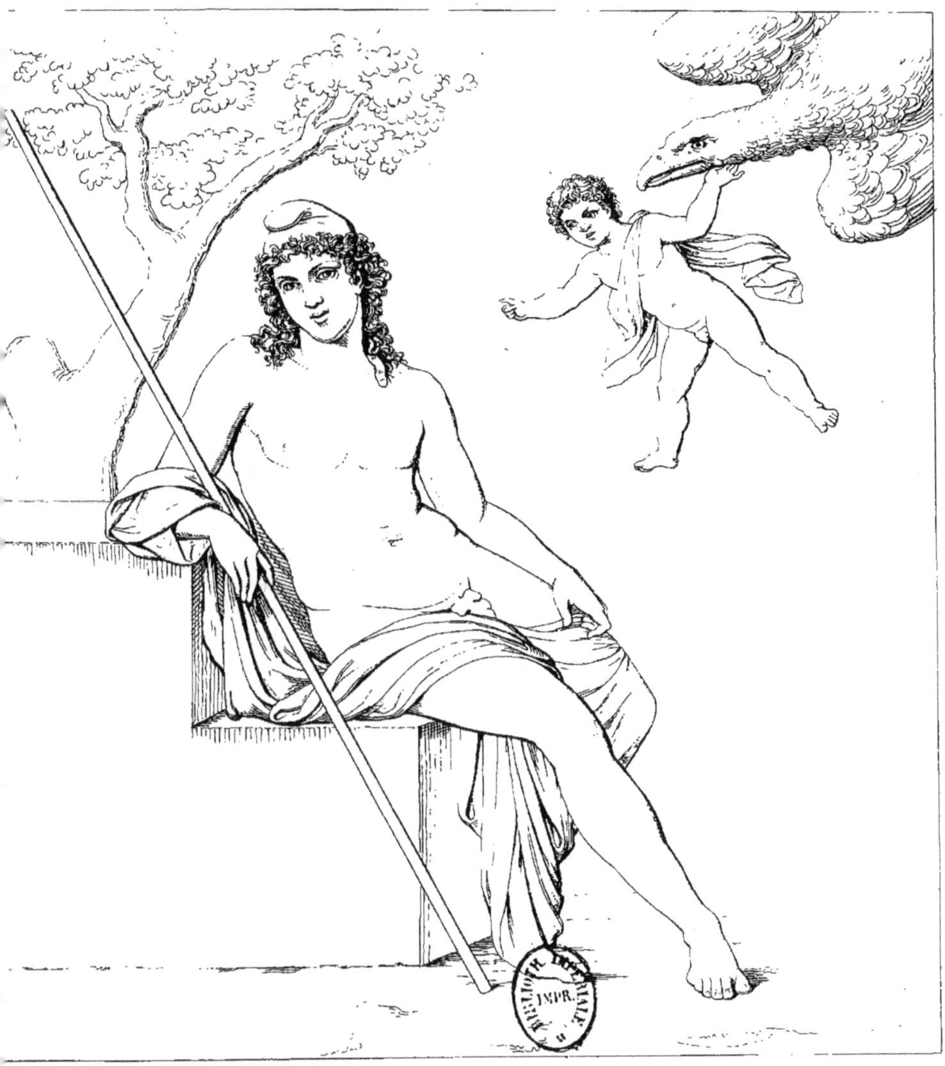

GANYMÈDE

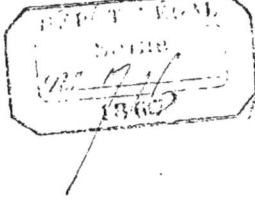

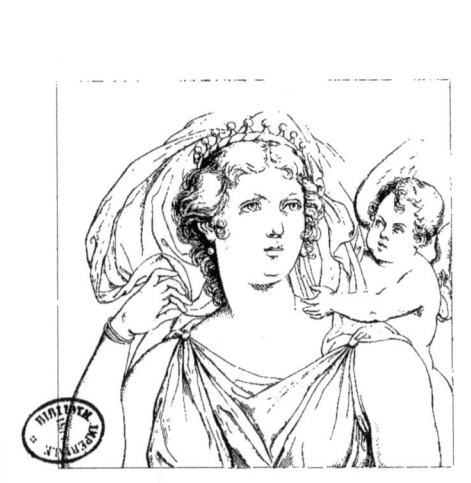
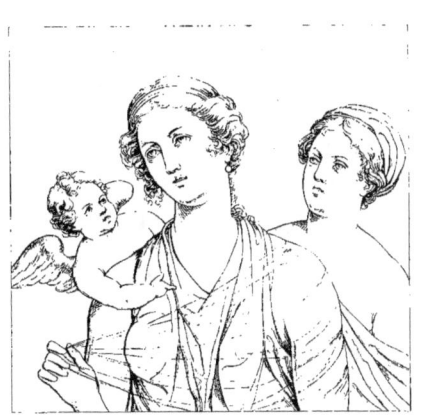

JUNON ET VÉNUS

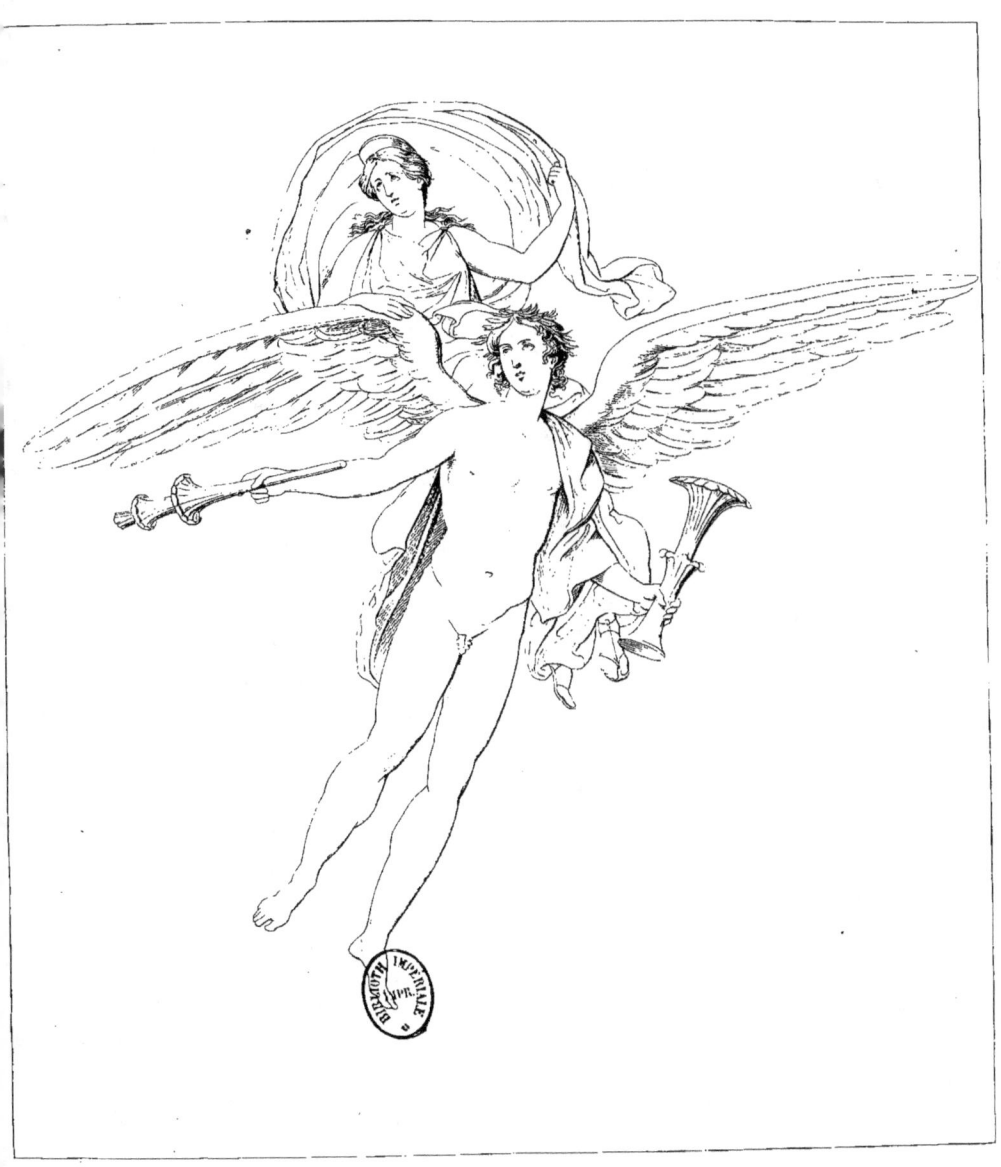

JUNON SOMNIFÈRE

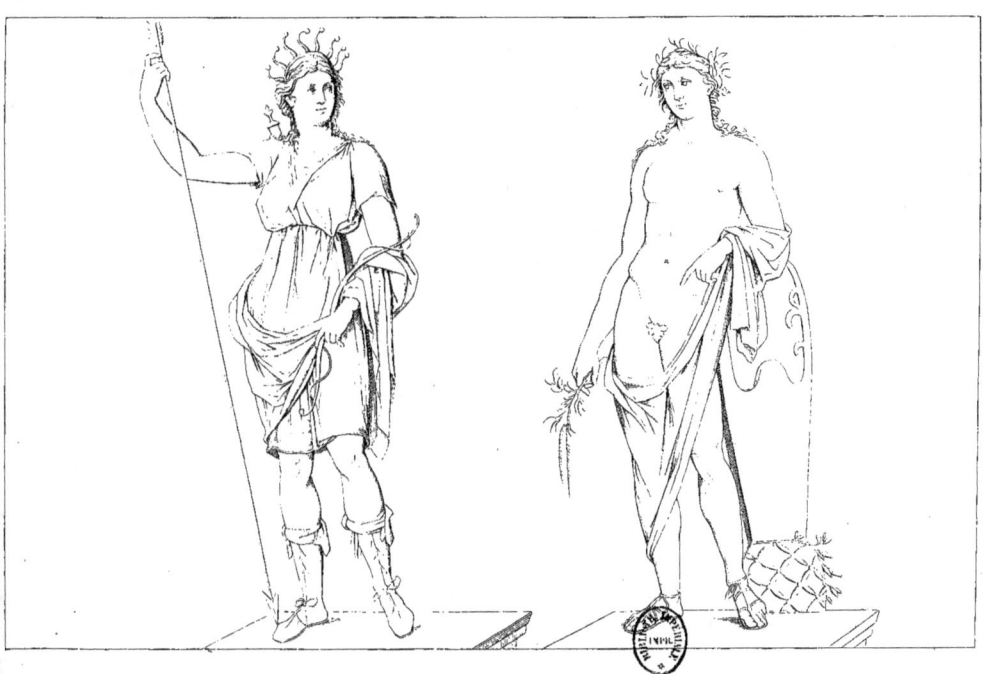

APOLLON ET DIANE

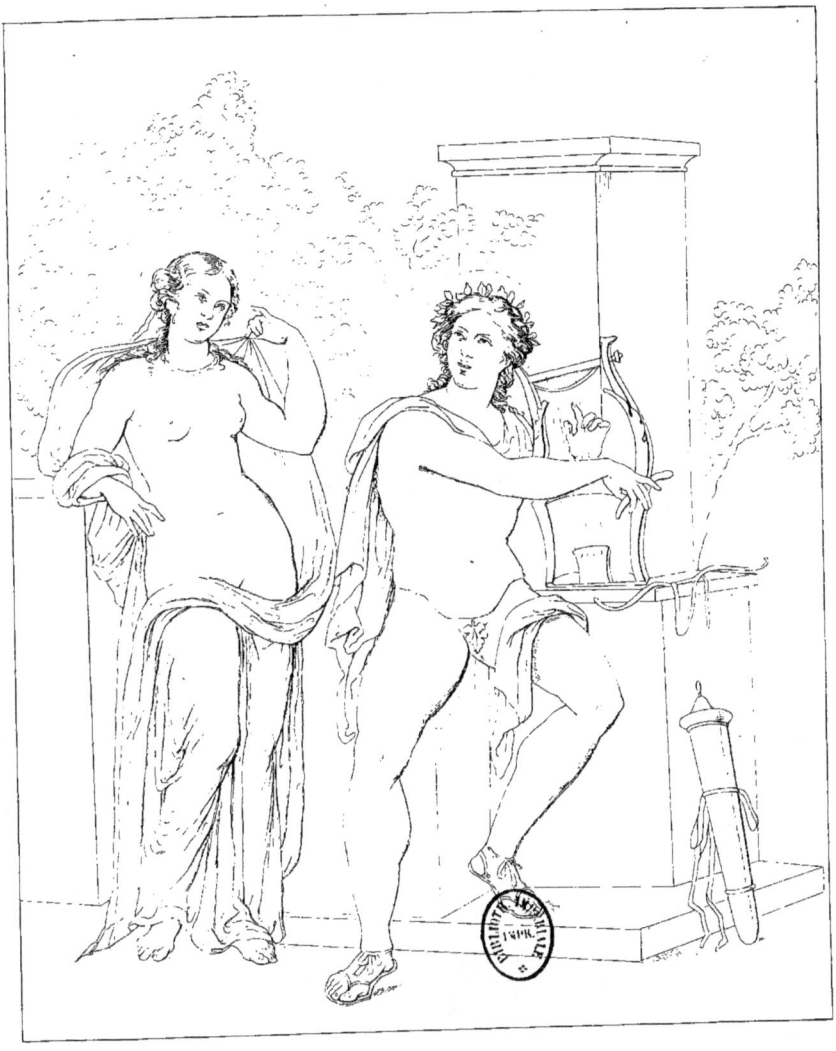

APOLLON ET VÉNUS

Chefs-d'Œuvre de l'Art Antique — VOL. 1. (2ᵉ Série)

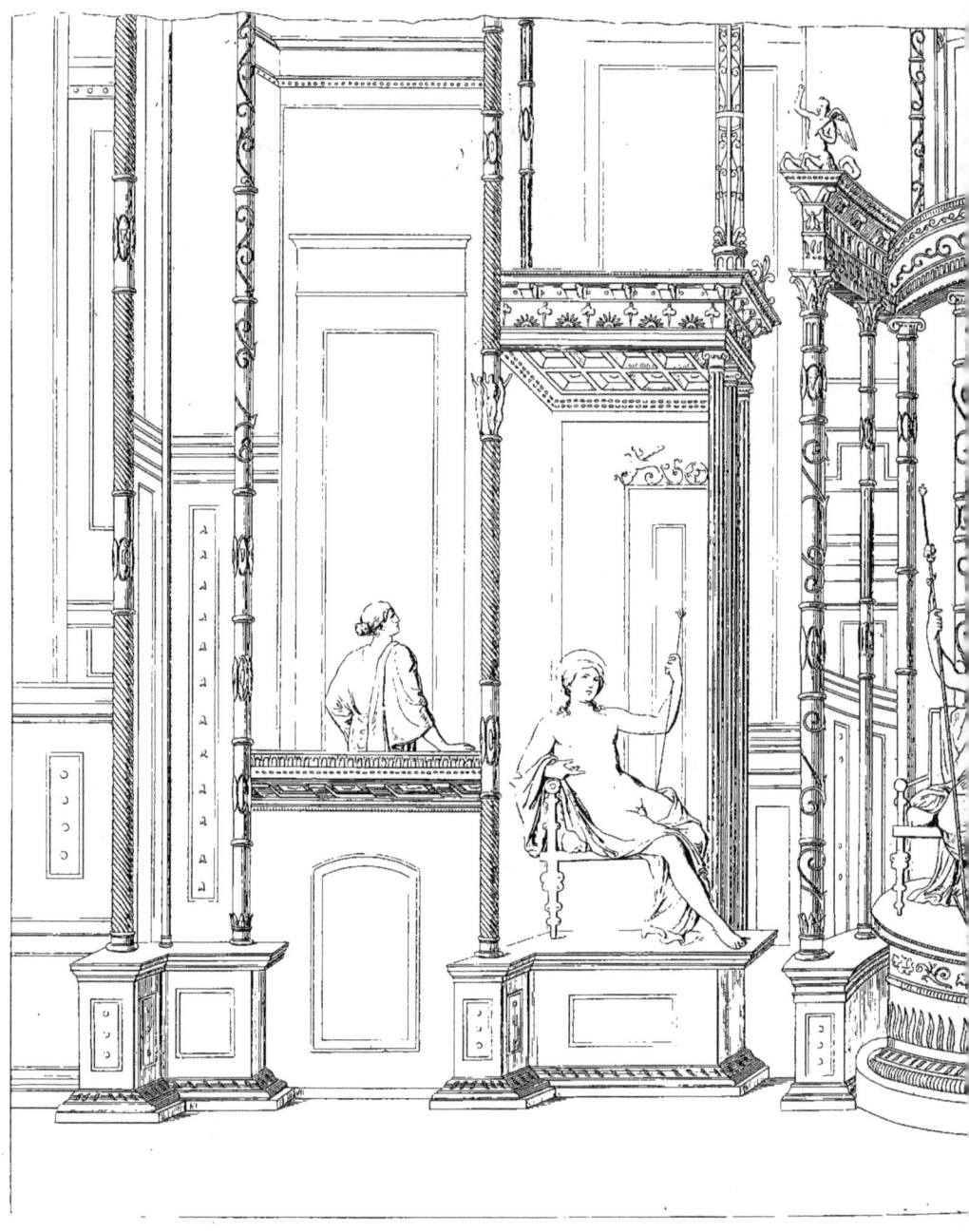

APOLLON VÉ

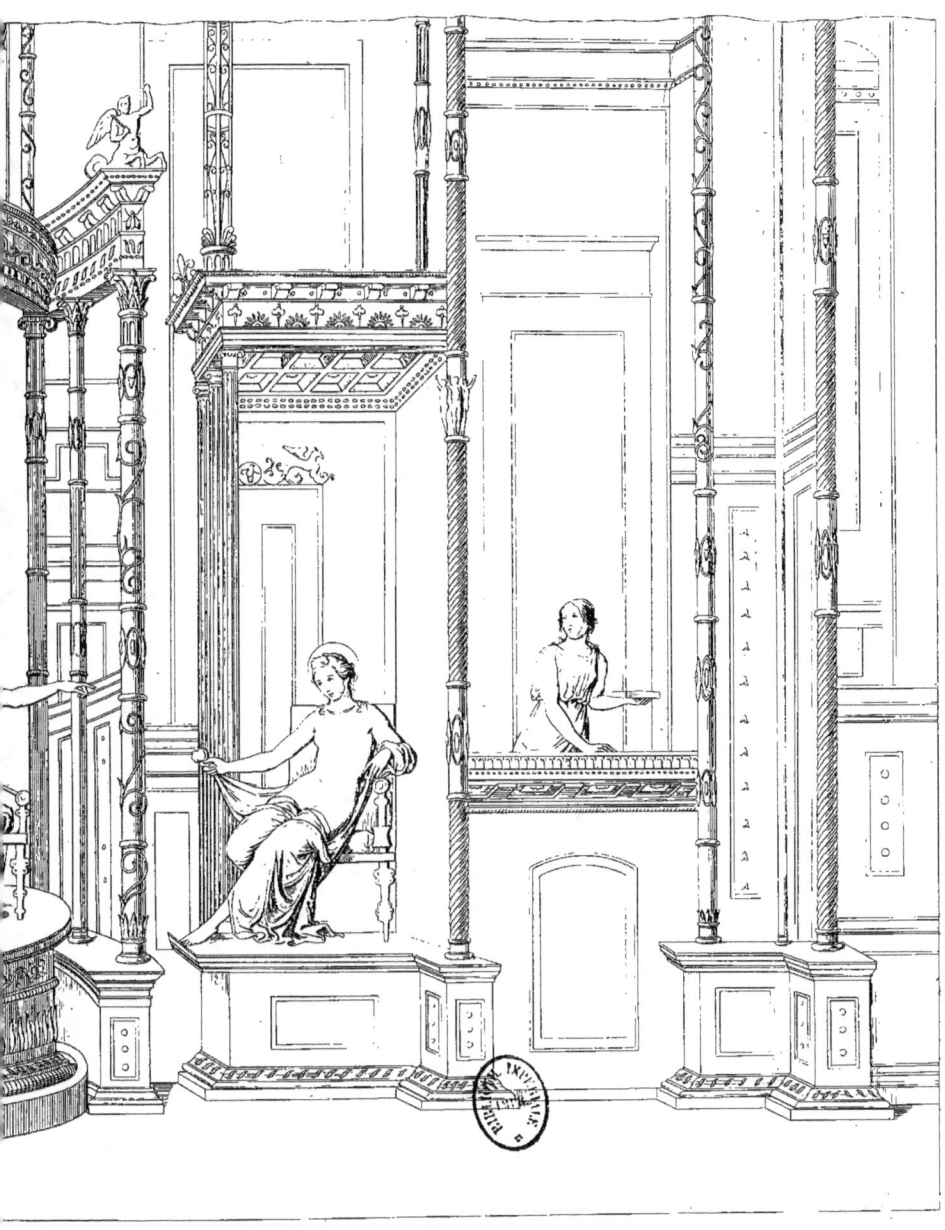

T BACCHVS

Chefs-d'Œuvre de l'Art Antique _ VOL 1 (2e Série)  PL. 15

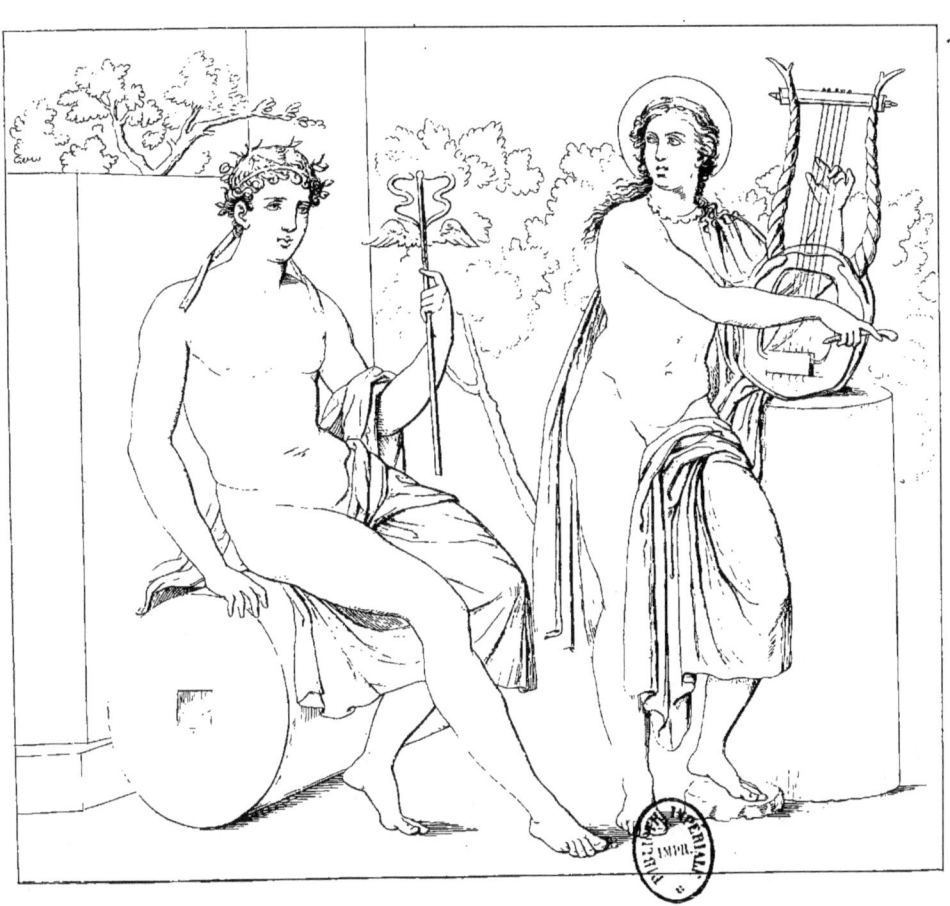

APOLLON ET MERCVRE

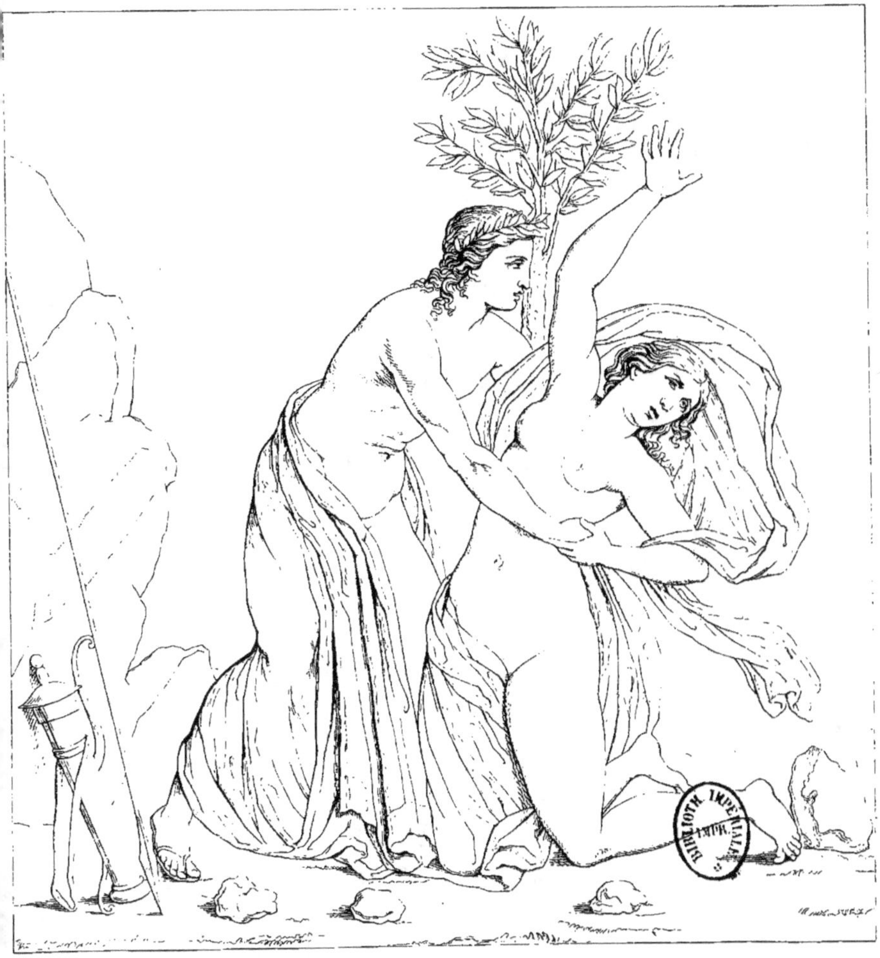

APOLLON ET DAPHNÉ

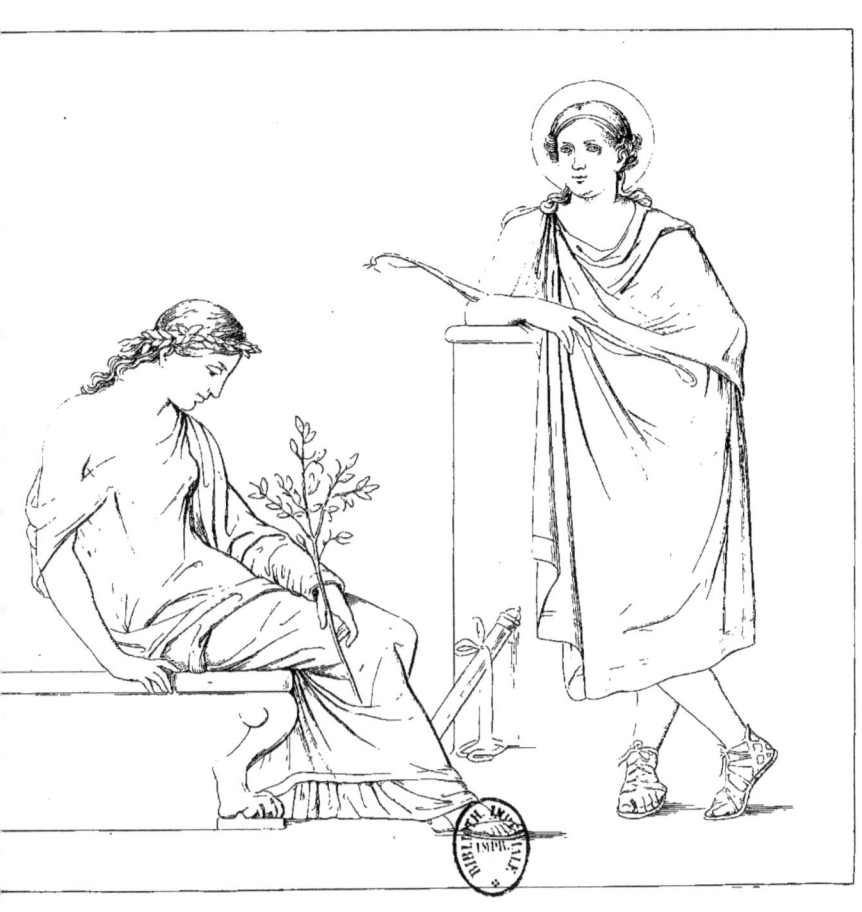

APOLLON ET DAPHNÉ

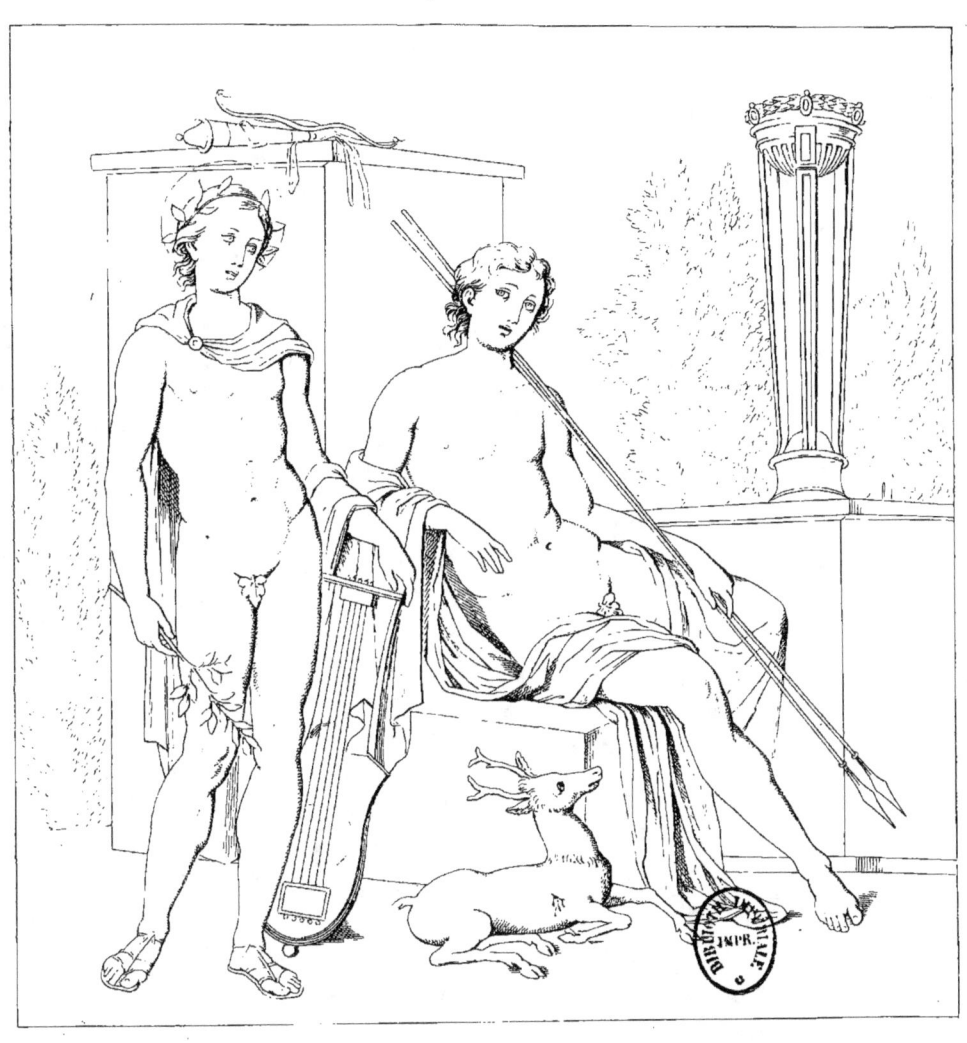

APOLLON ET CYPARISSVS

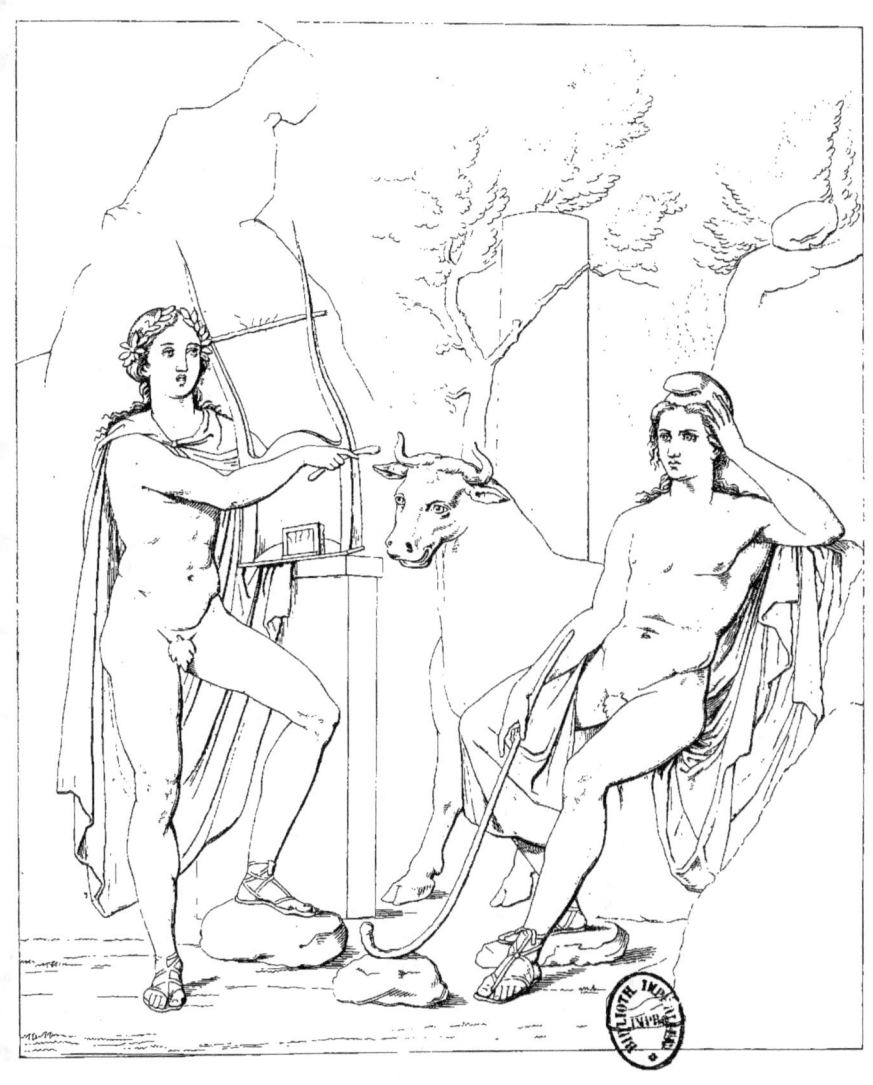

APOLLON PASTEUR CHEZ LAOMÉDON

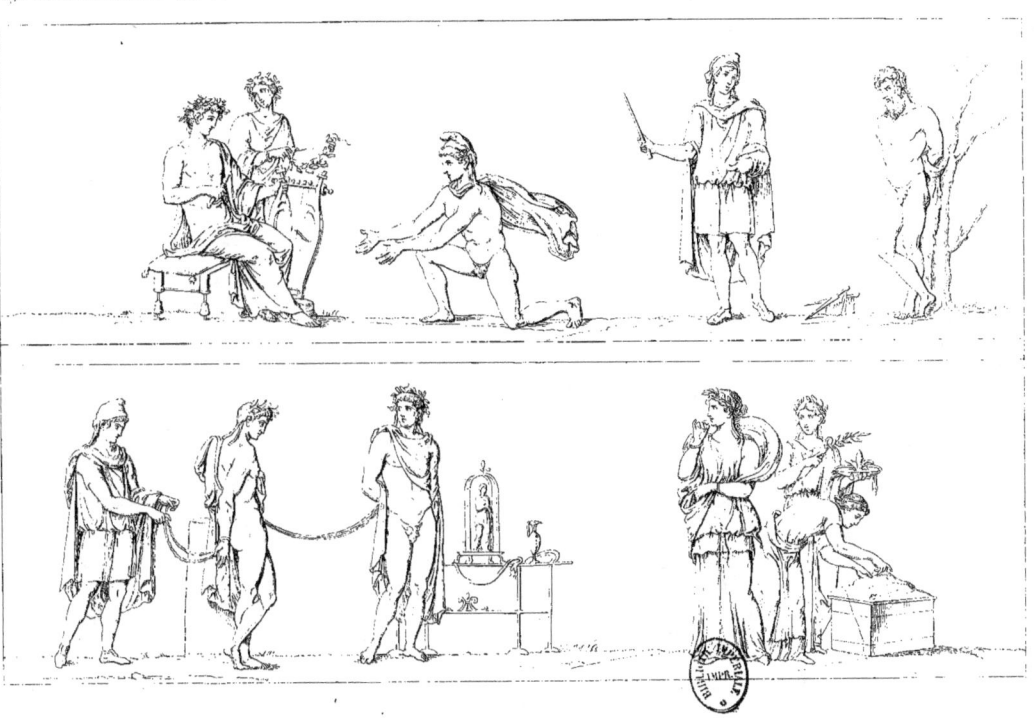

APOLLON ET MARSYAS — ORESTE EN TAVRIDE

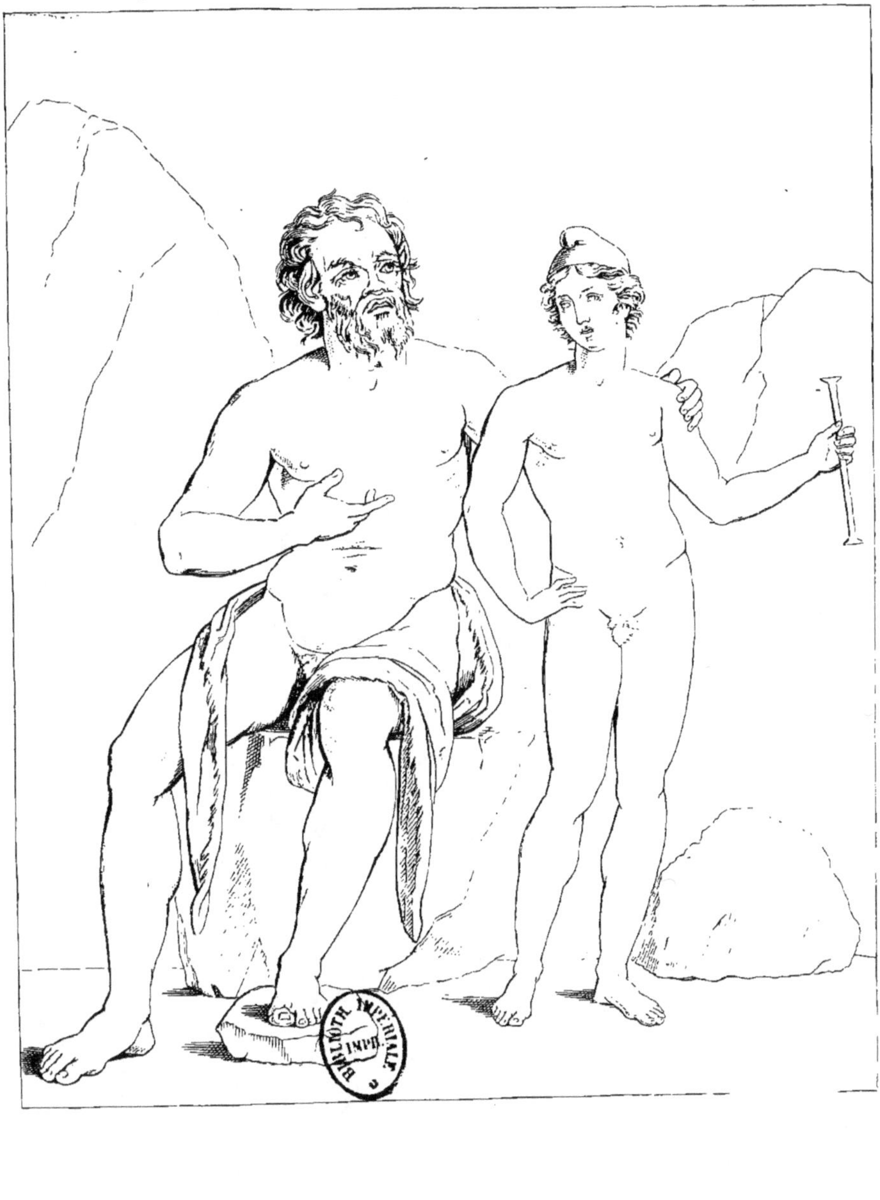

MARSYAS ET OLYMPVS

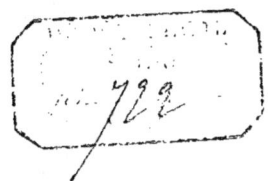

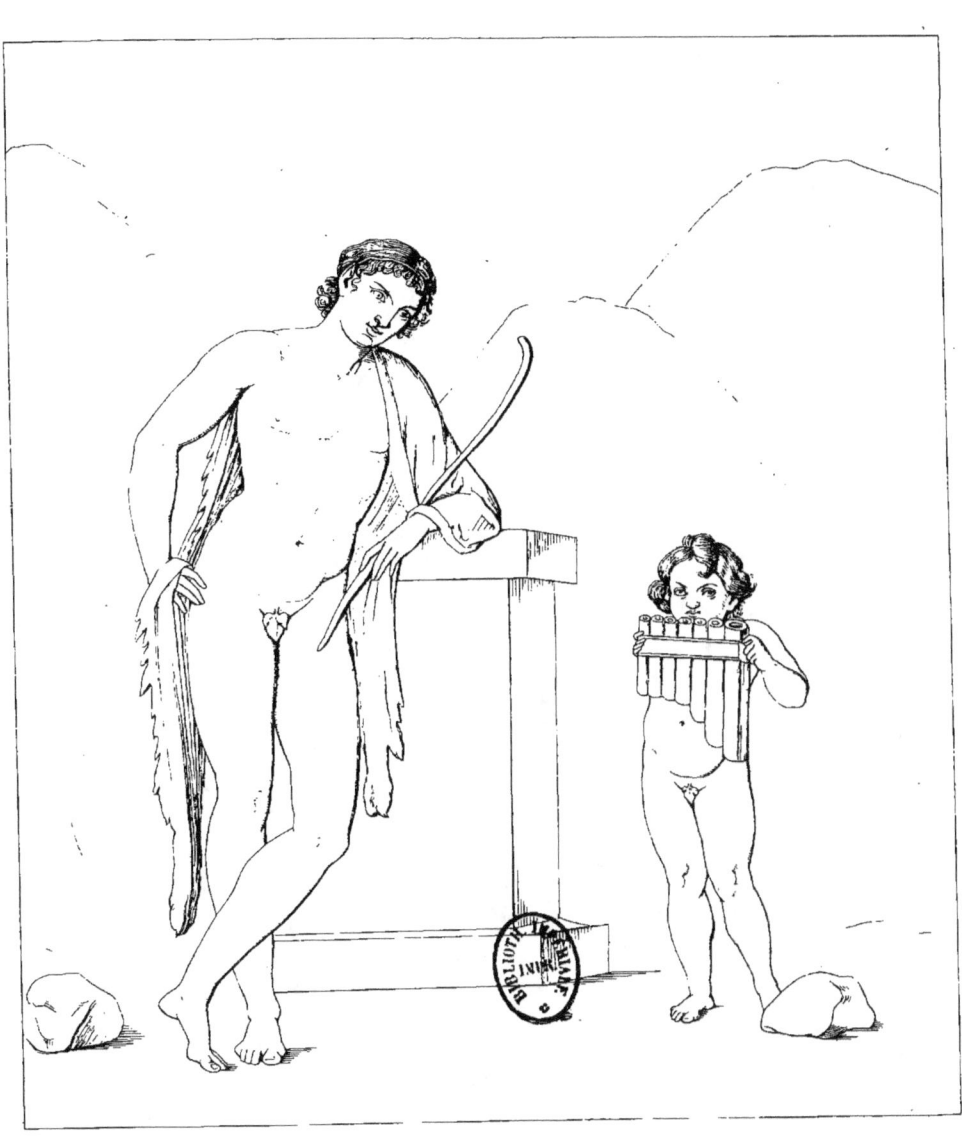

MARSYAS ET OLYMPVS

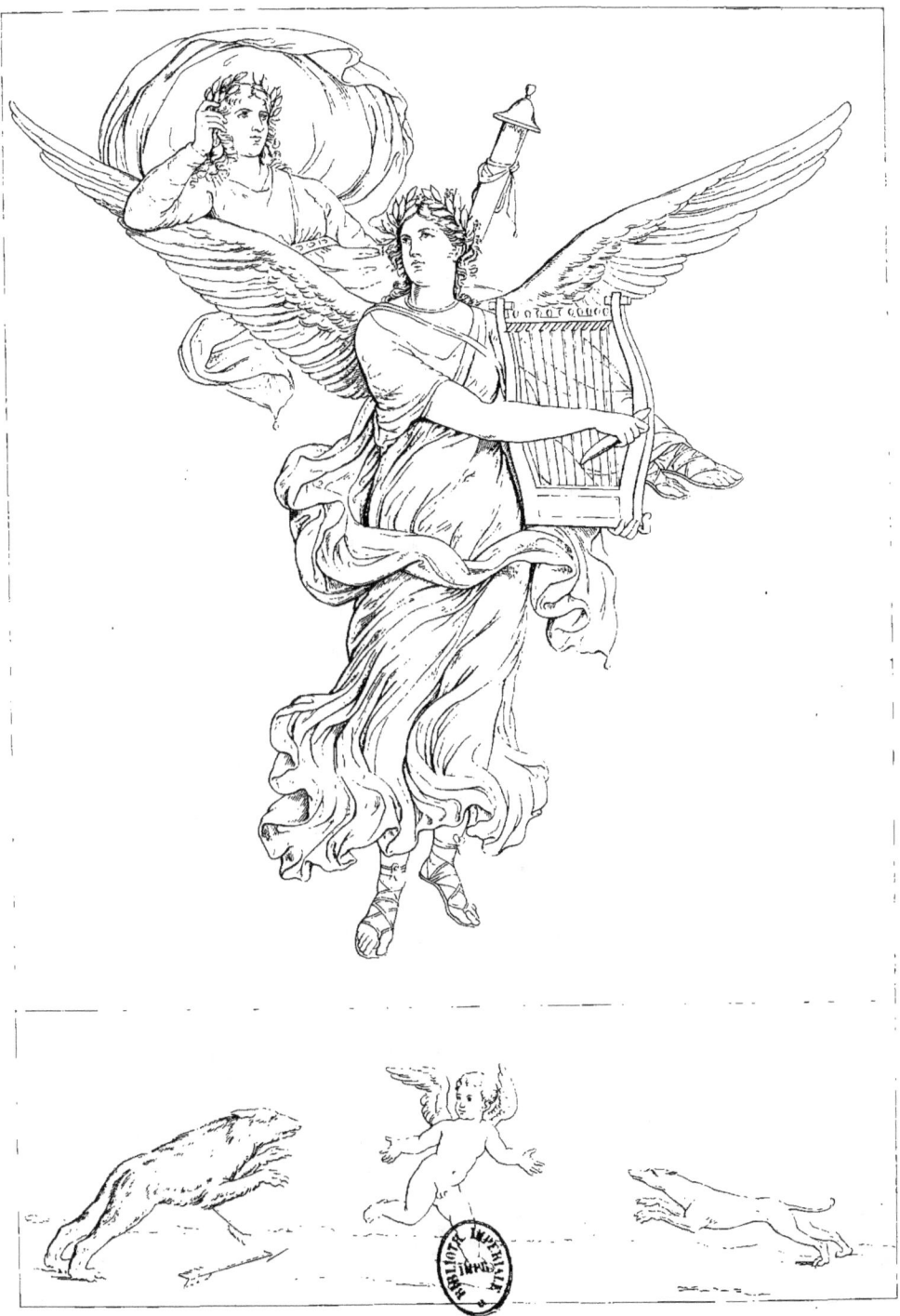

GÉNIE D'APOLLON

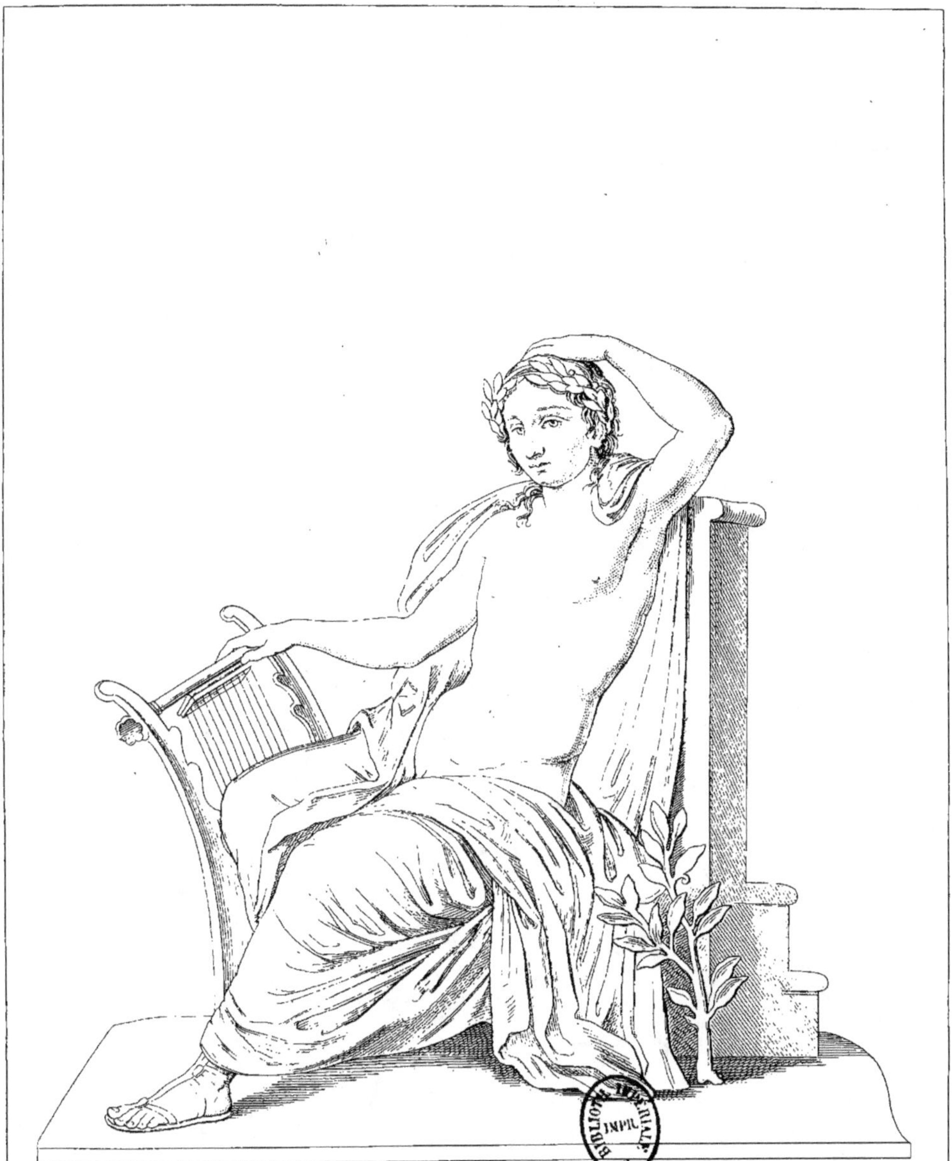

APOLLON

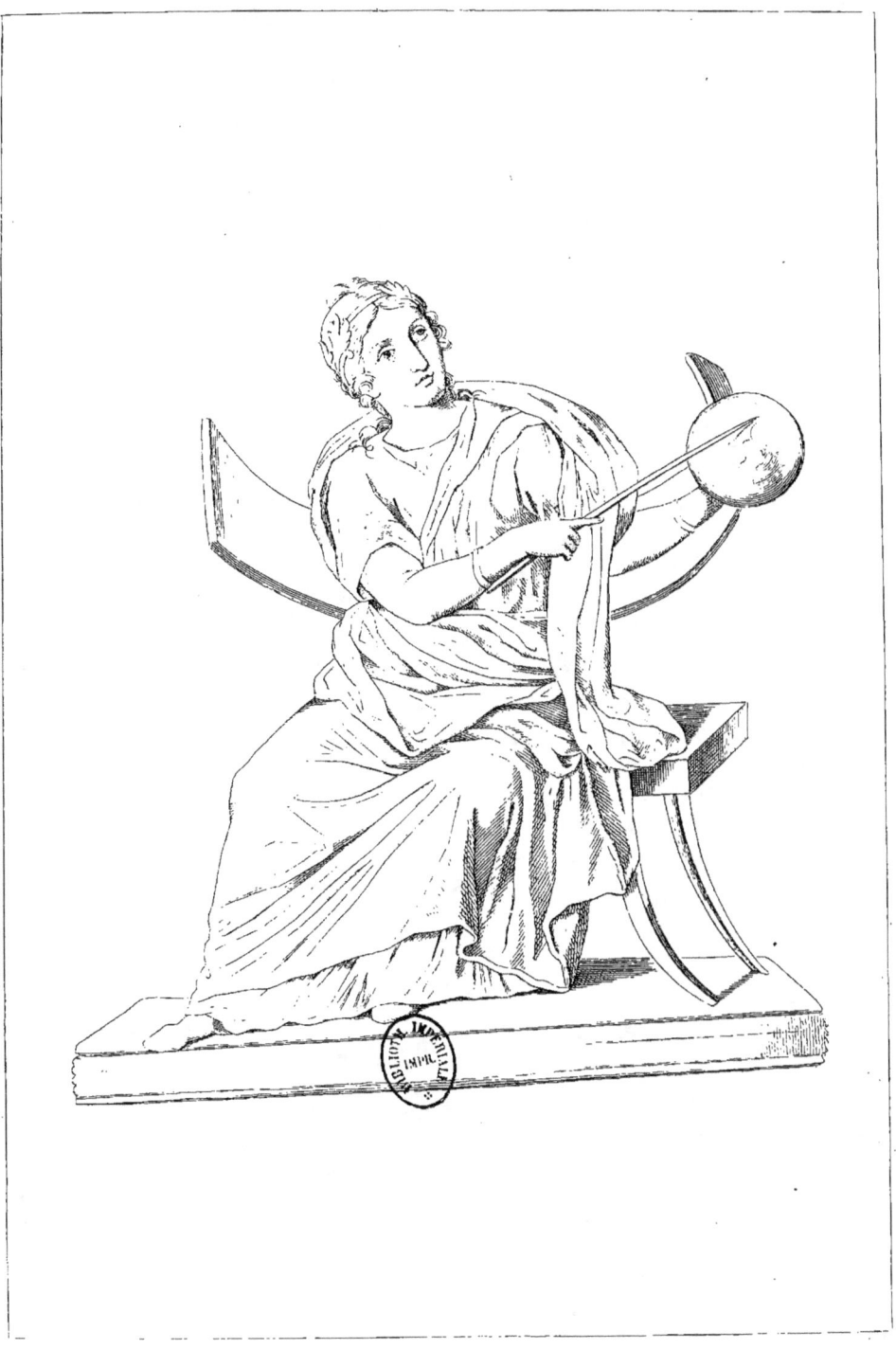

VRANIE

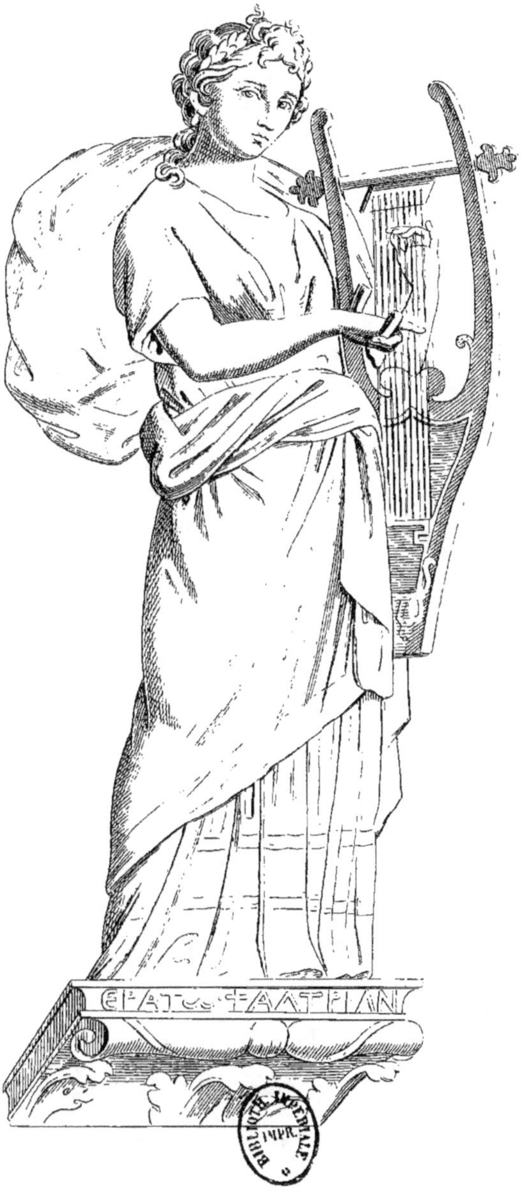

ERATO

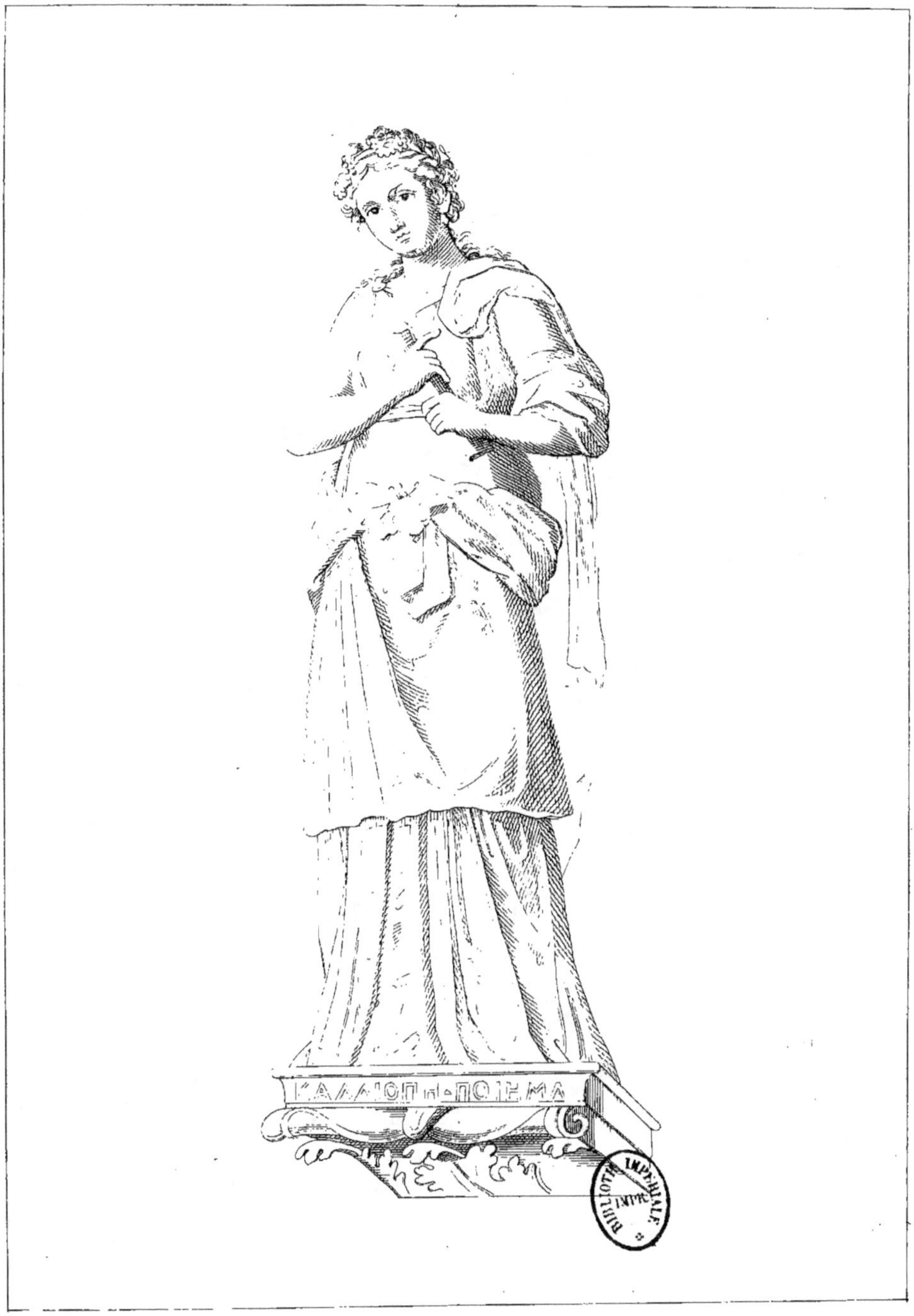

Chefs-d'œuvre de l'Art Antique — VOL. 1. (2ᵉ Série)   PL. 27.

CALLIOPE

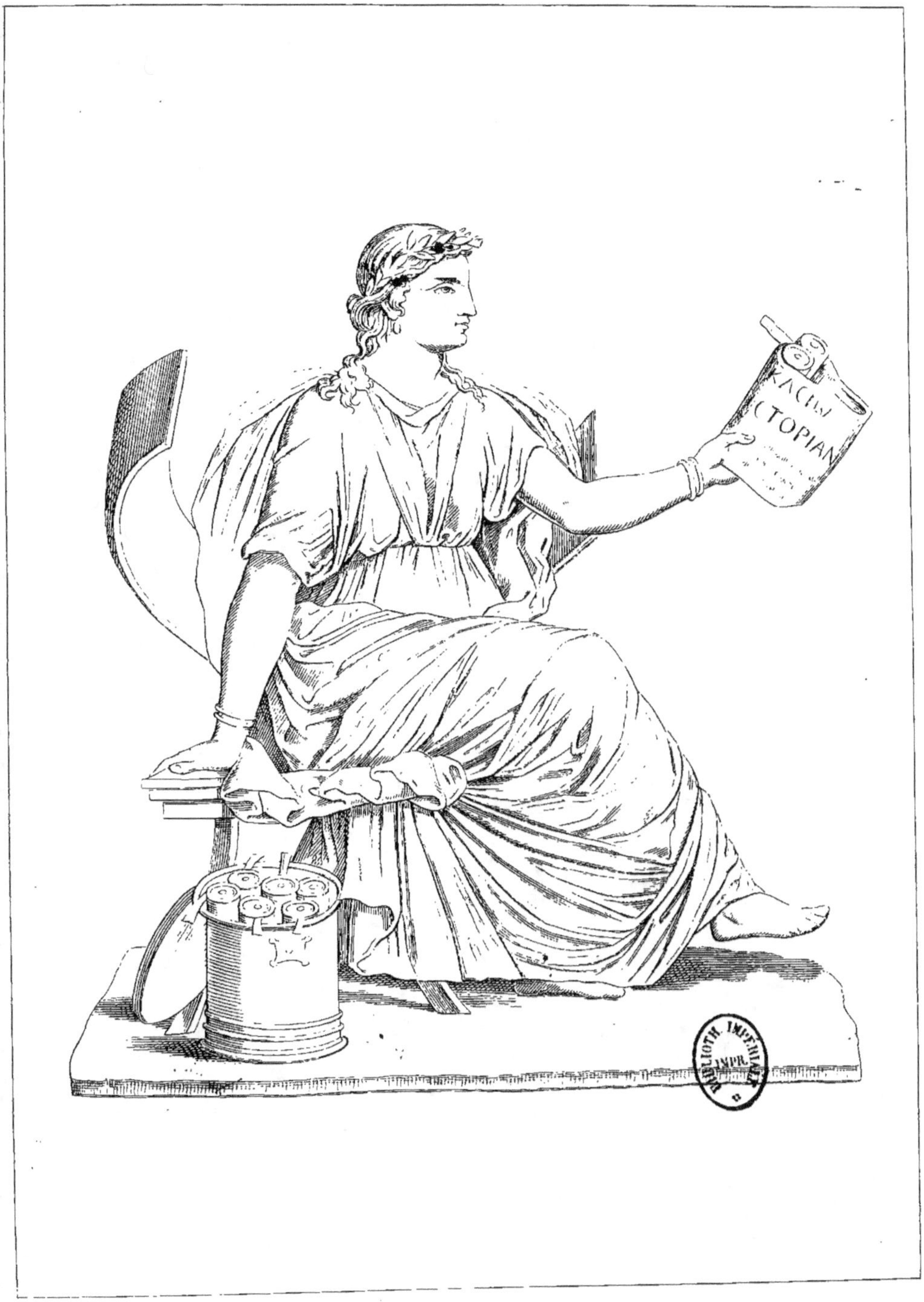

CLIO

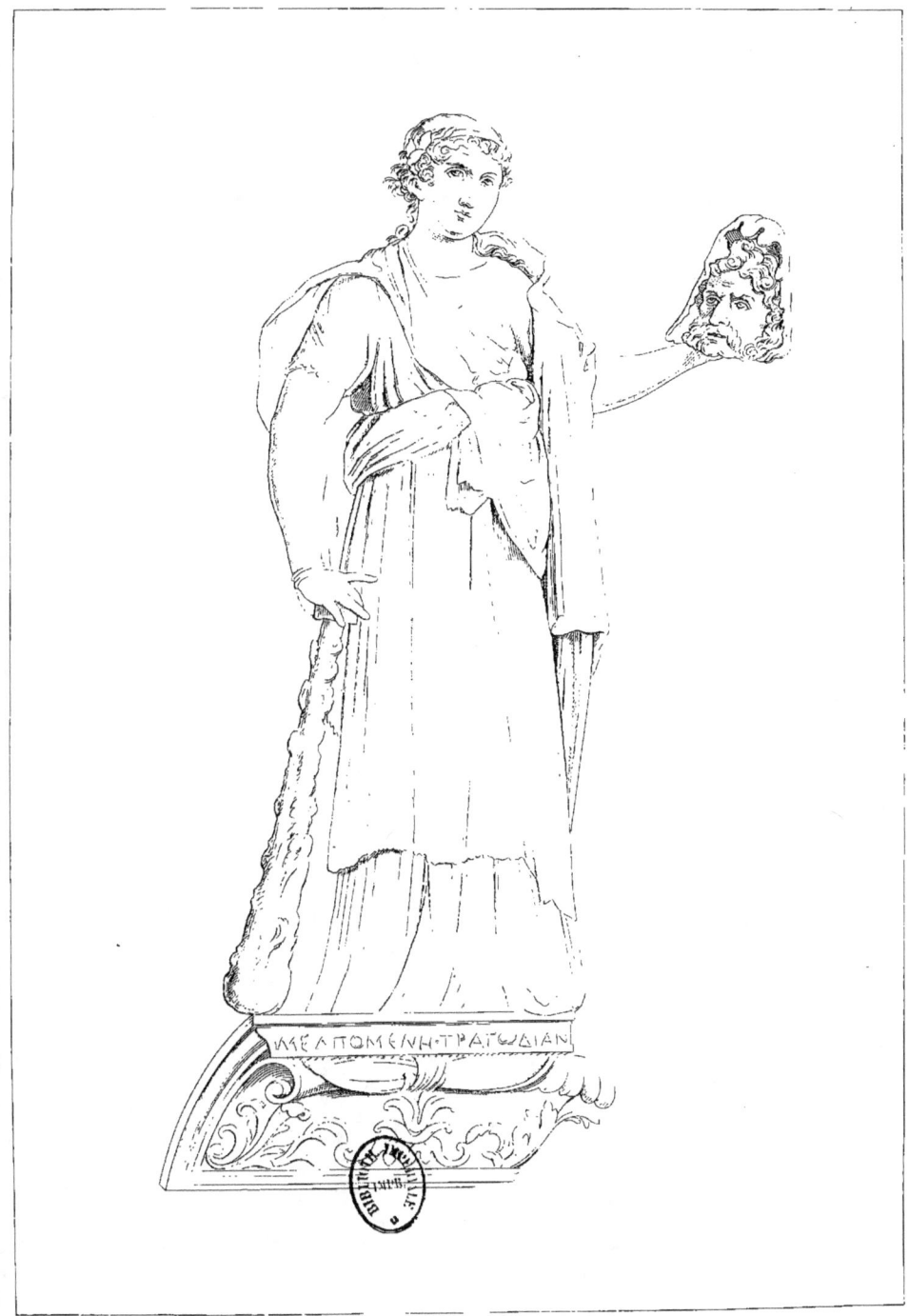

MELPOMÈNE

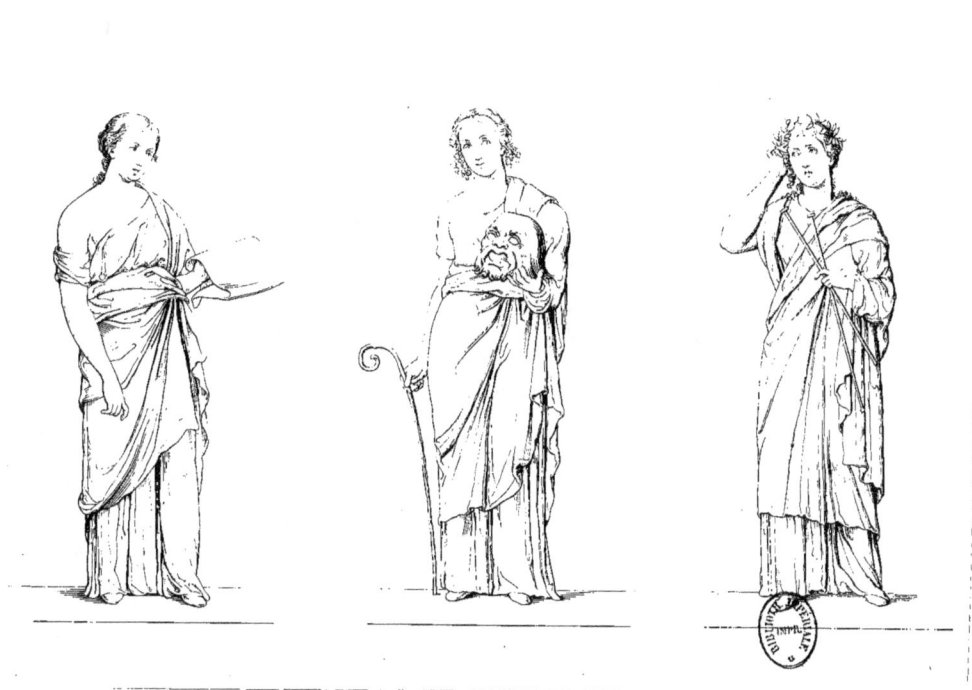

CLIO, THALIE ET EUTERPE

Chefs-d'Œuvre de l'Art Antique VOL 1 (2ᵉ Série) PL 31.

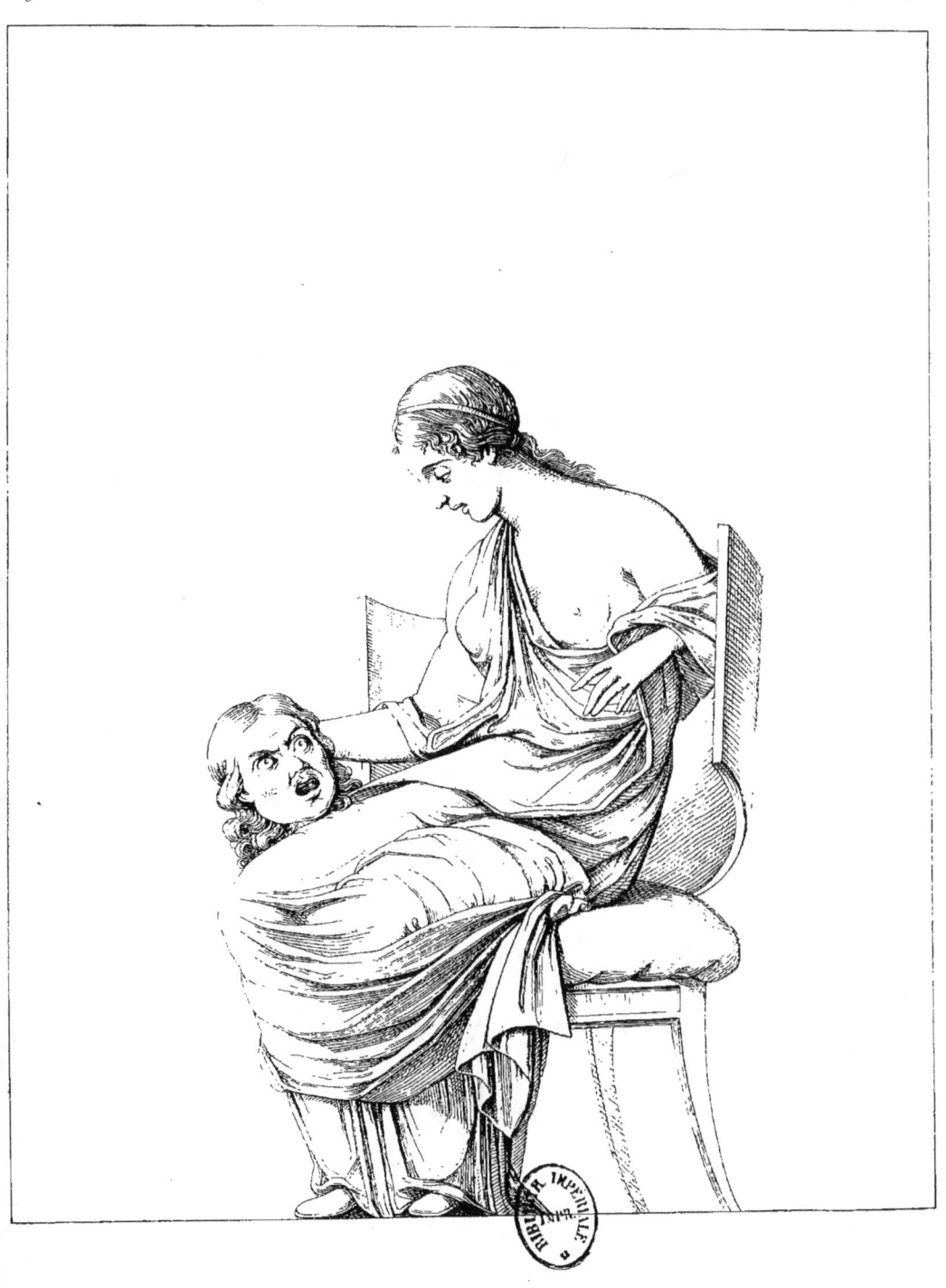

MELPOMÈNE

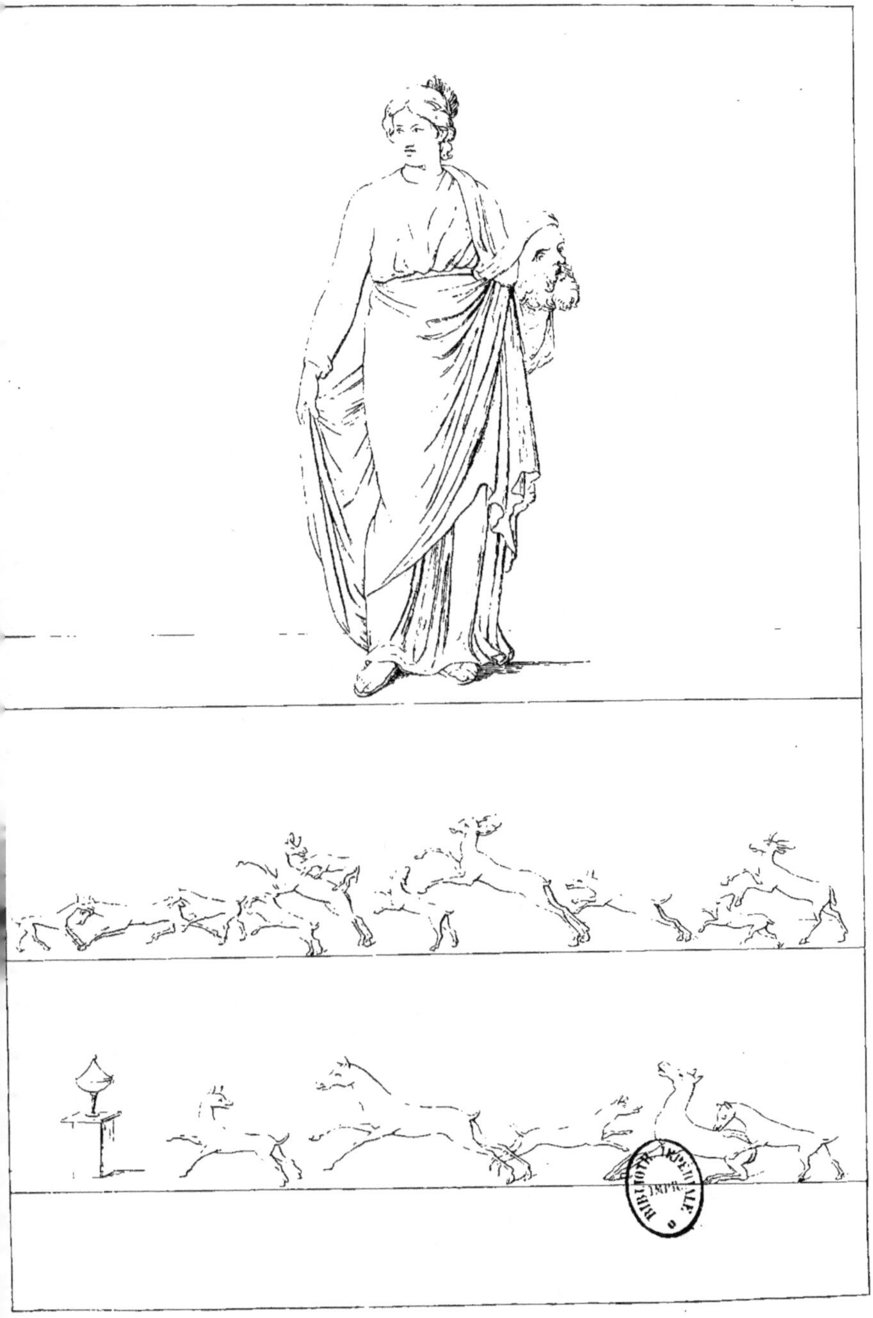

MELPOMÈNE

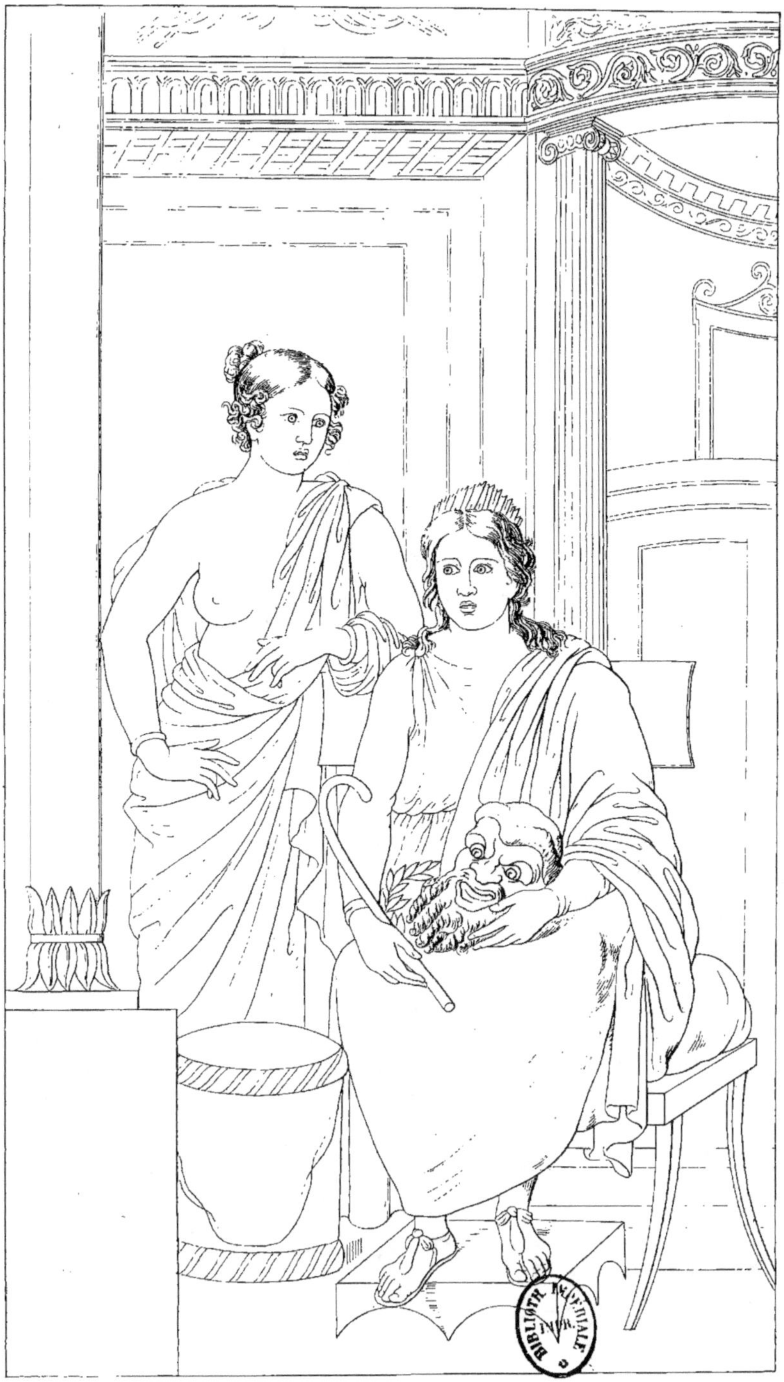

THALIE

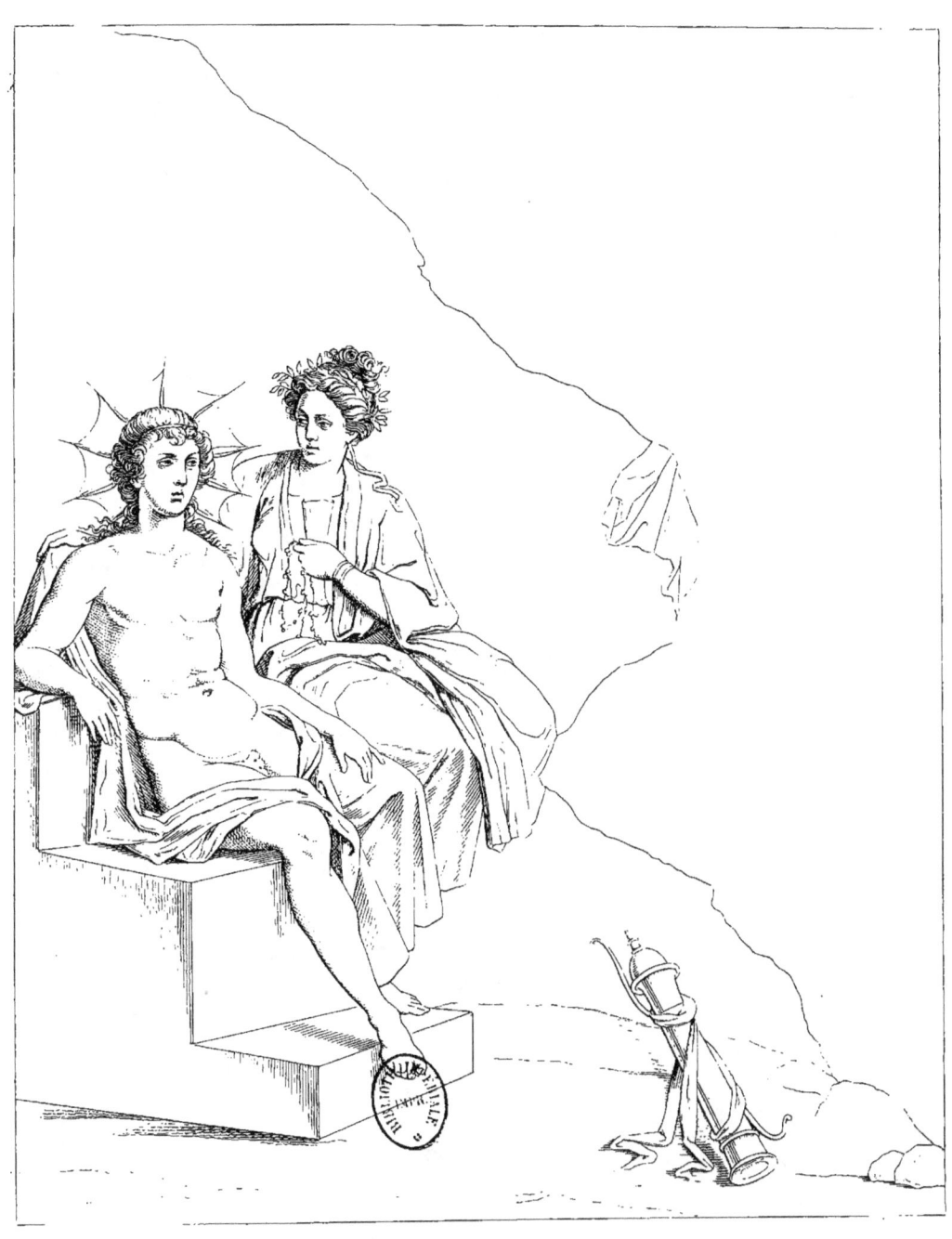

Le Soleil et les Heures

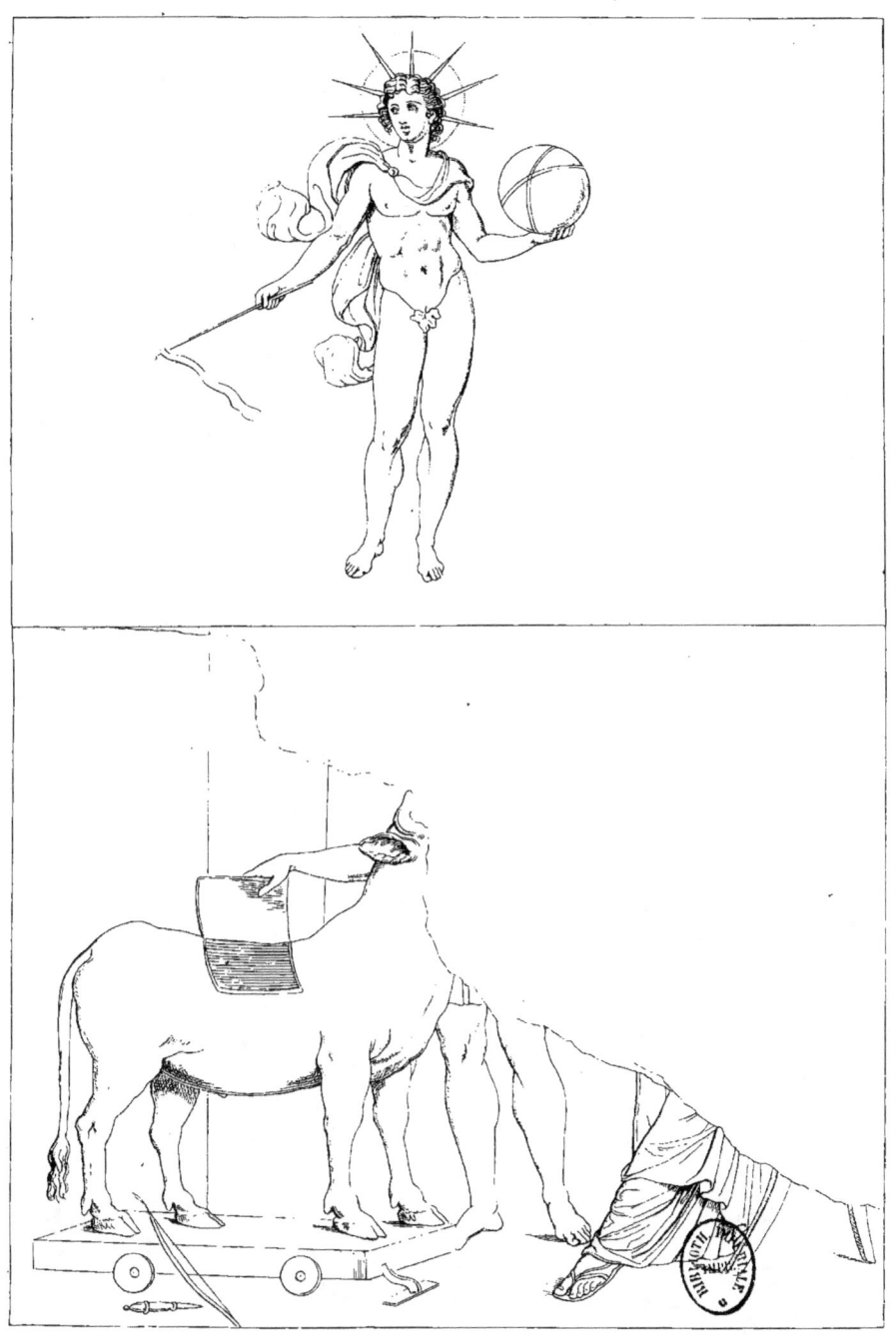

Le Soleil, Pasiphaé

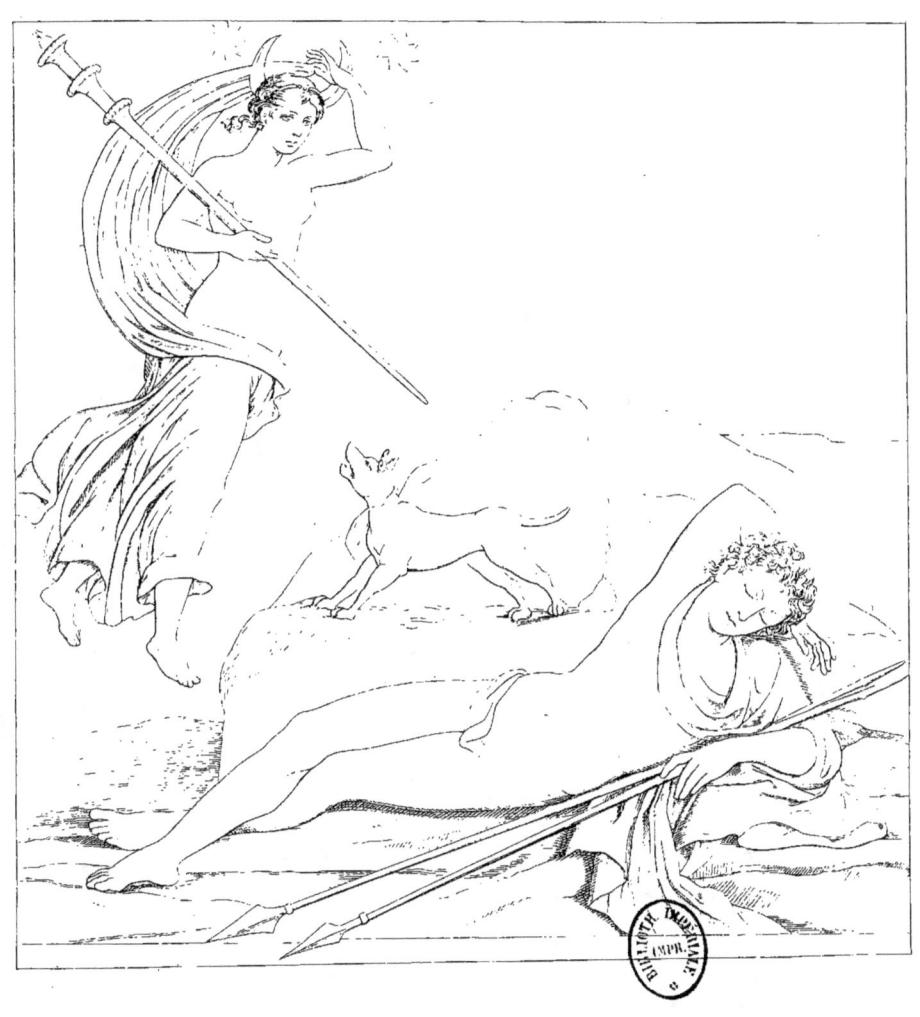

DIANE ET ENDYMION

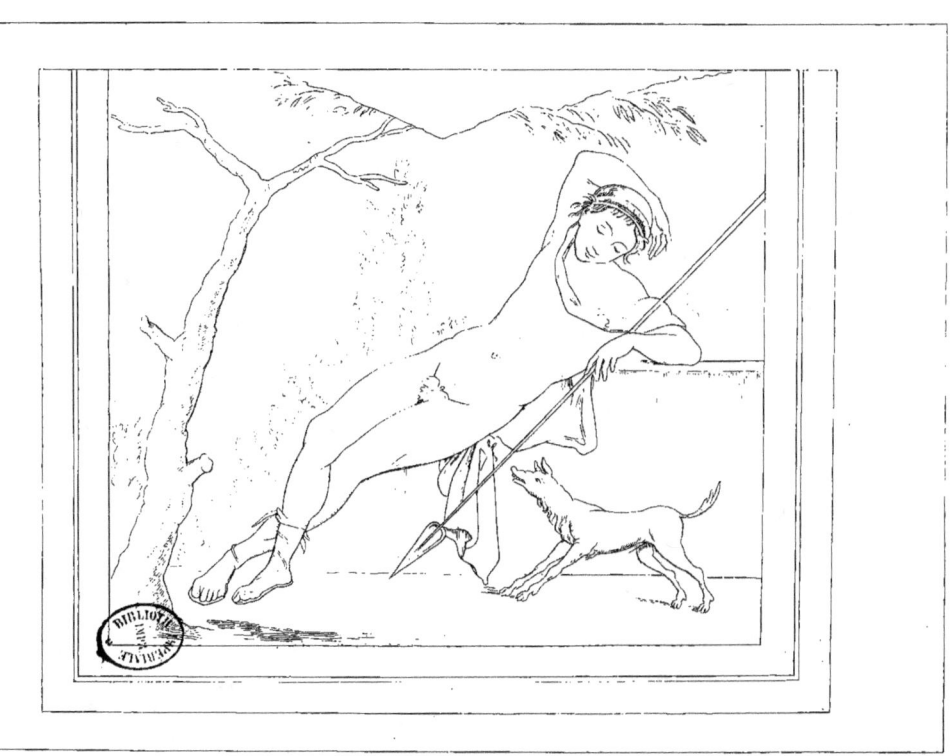

ENDYMION

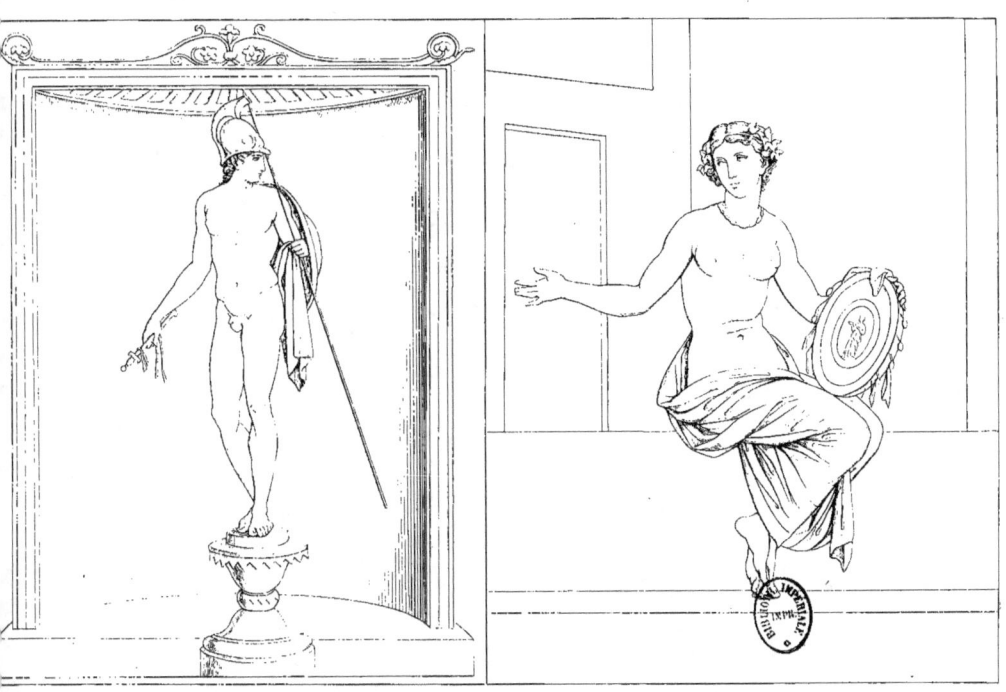

MARS BACCHANTE

Chefs-d'œuvre de l'Art Antique — Vol. 1. (2e Série)   Pl. 39.

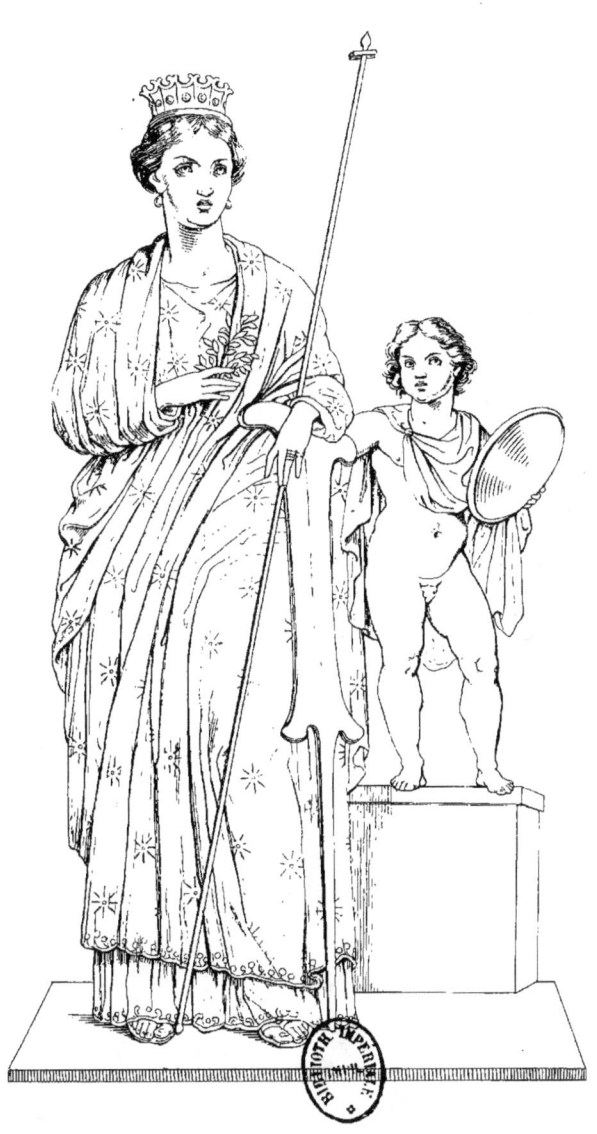

VÉNVS CÉLESTE

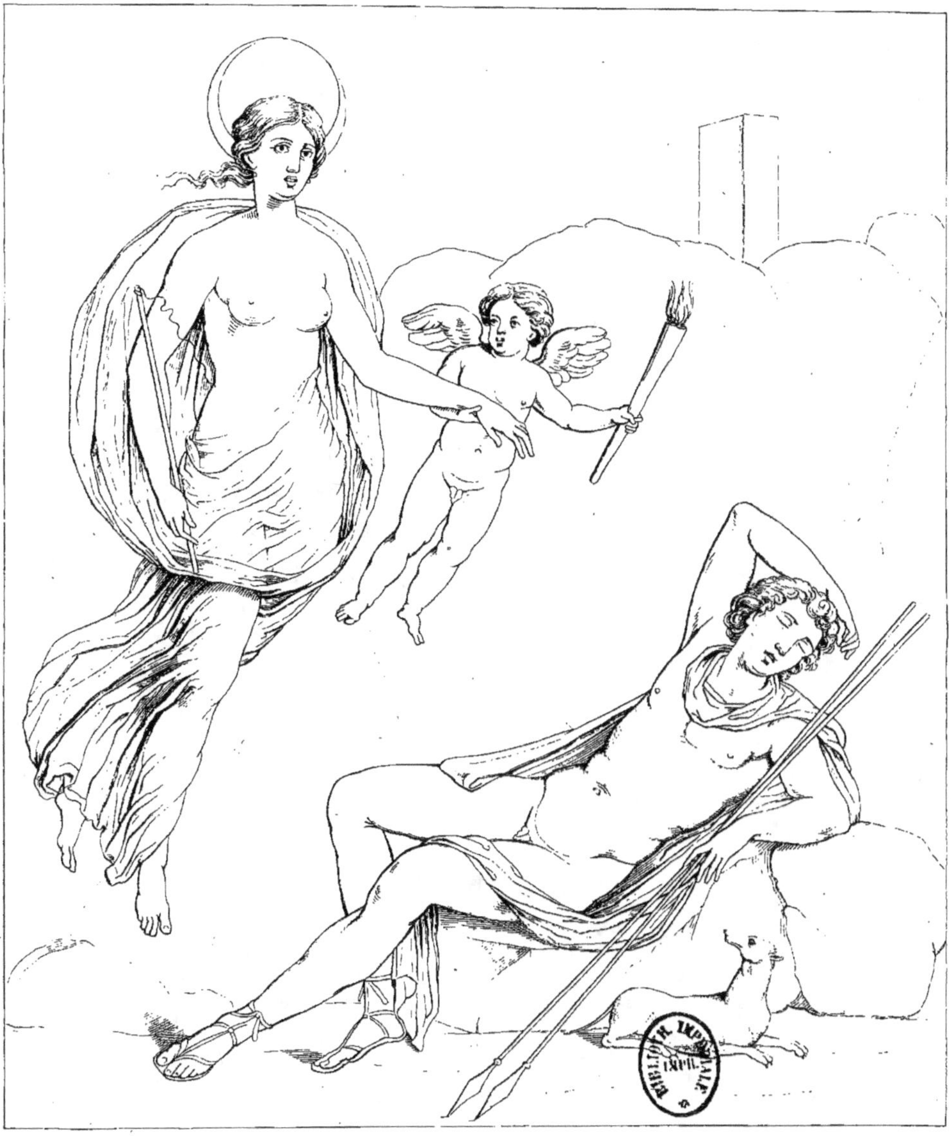

DIANE ET ENDYMION

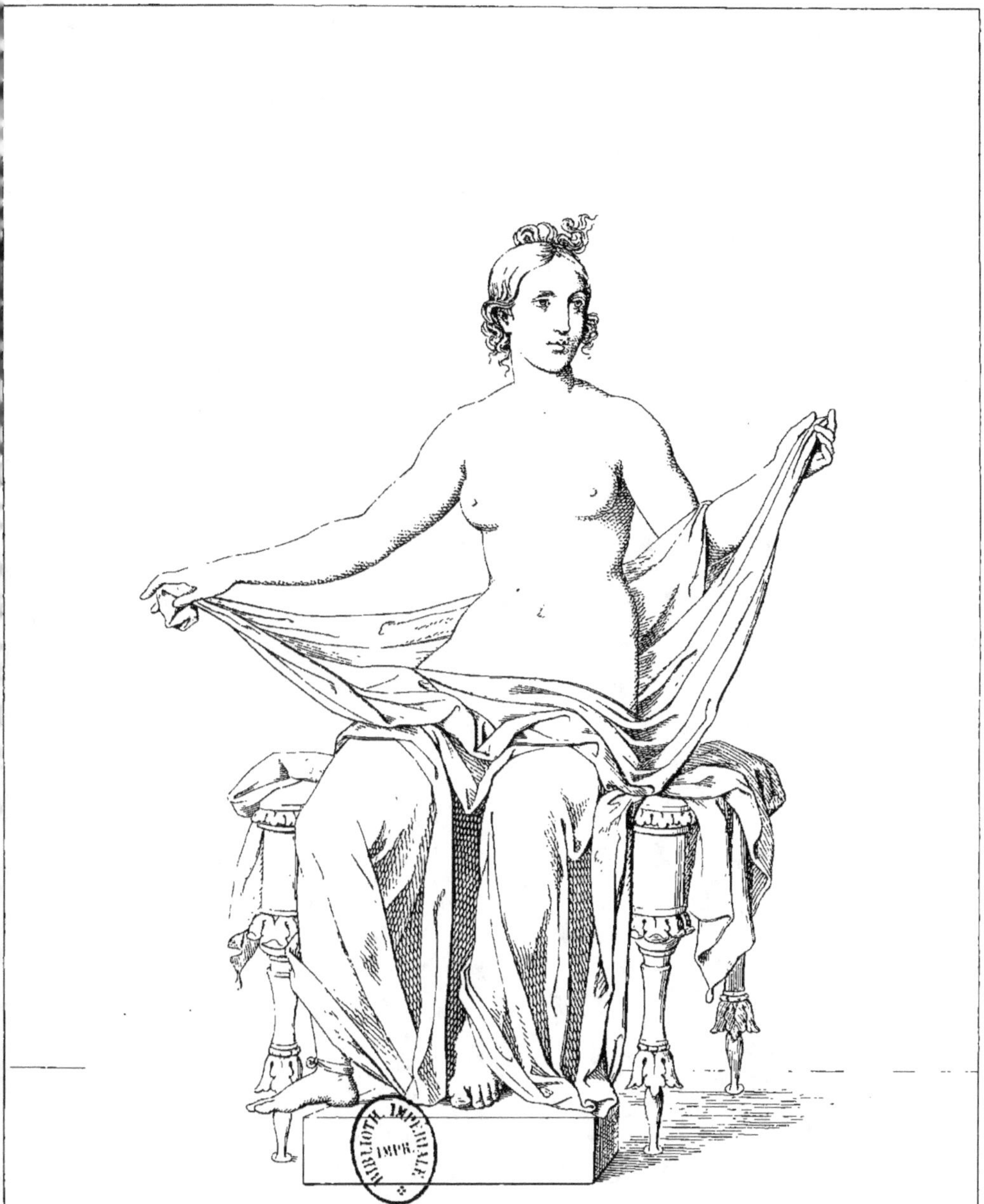

VÉNVS

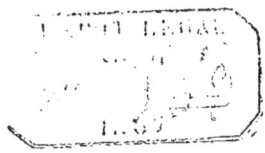

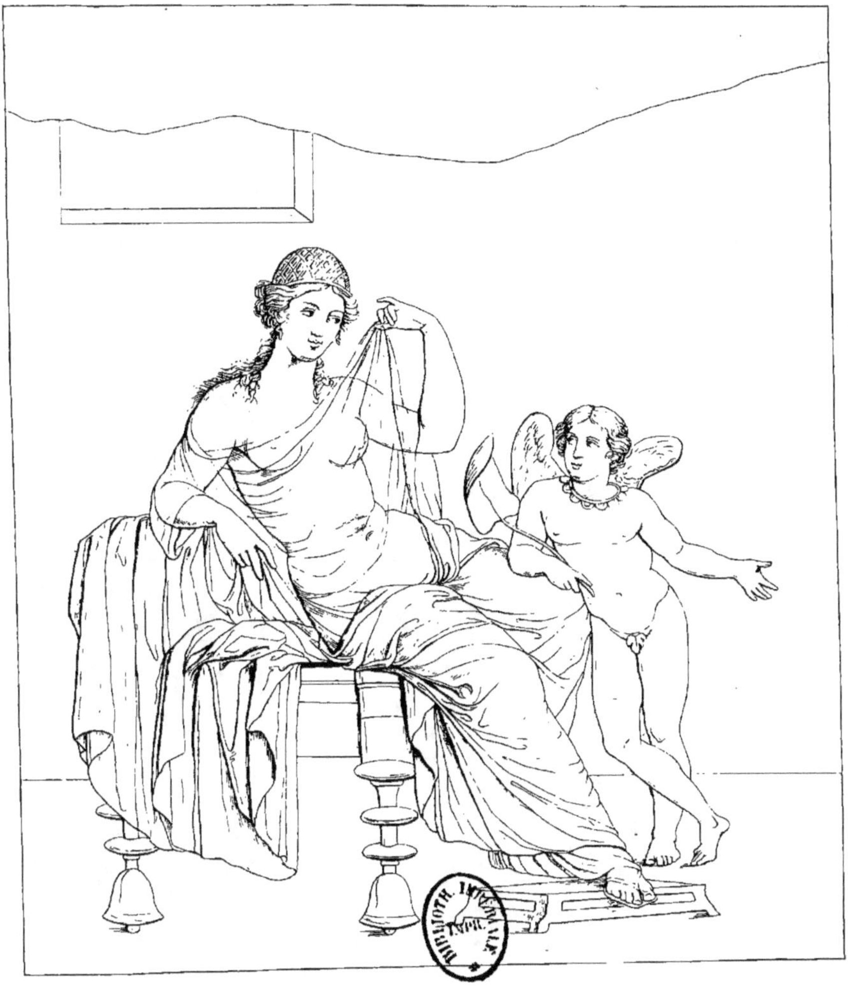

PL. 41.

VÉNVS

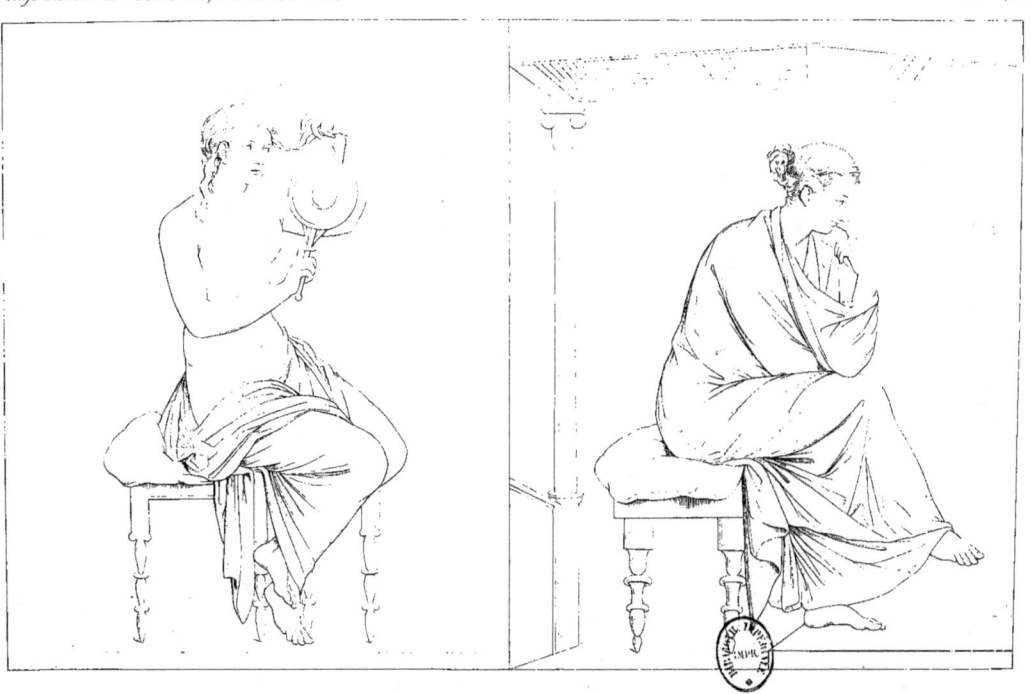

VÉNVS         FEMME ASSISE

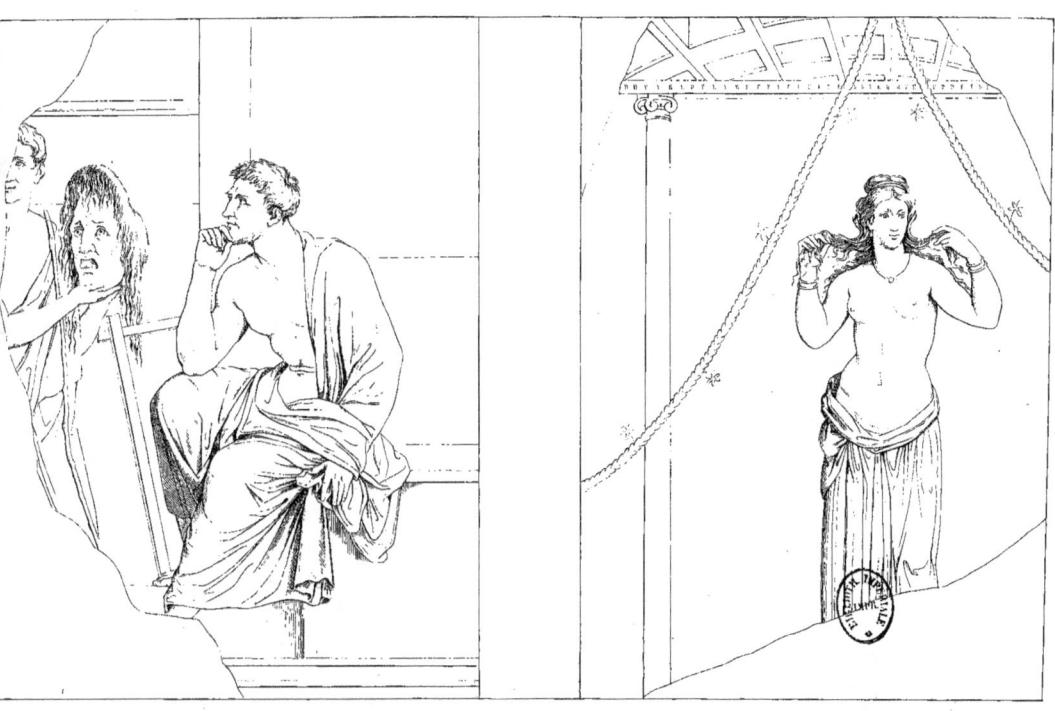

POËTE TRAGIQVE — VÉNVS

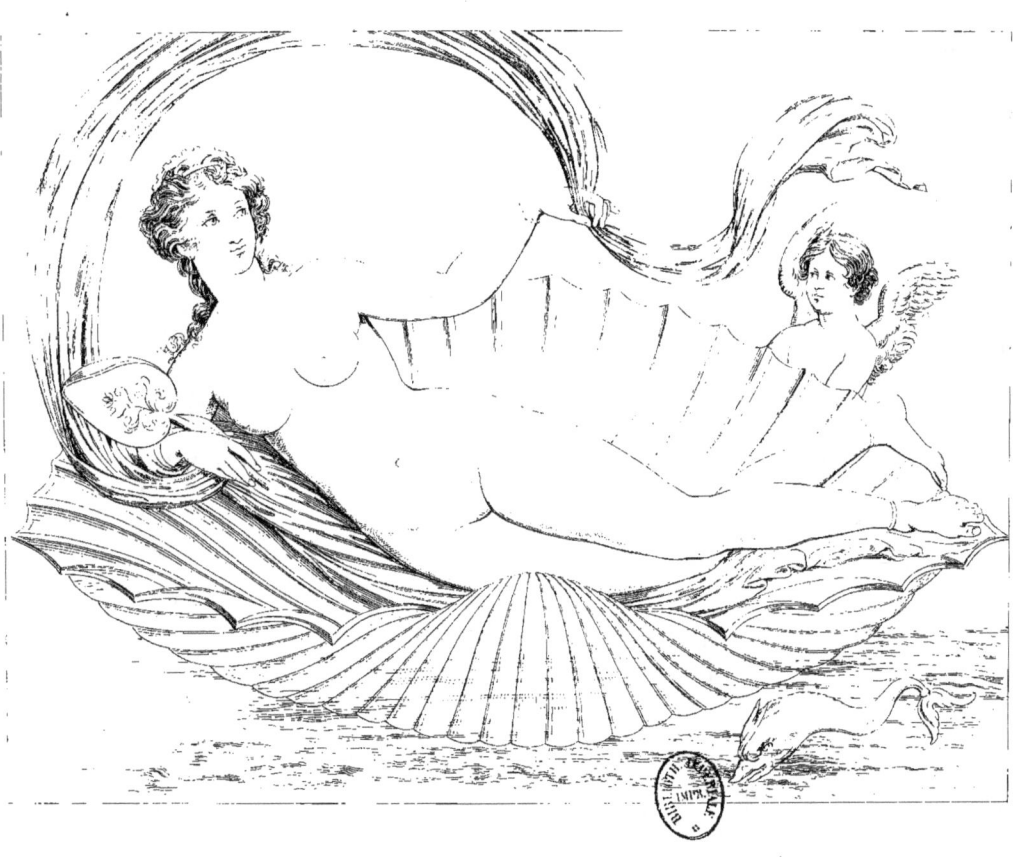

VÉNUS MARINE

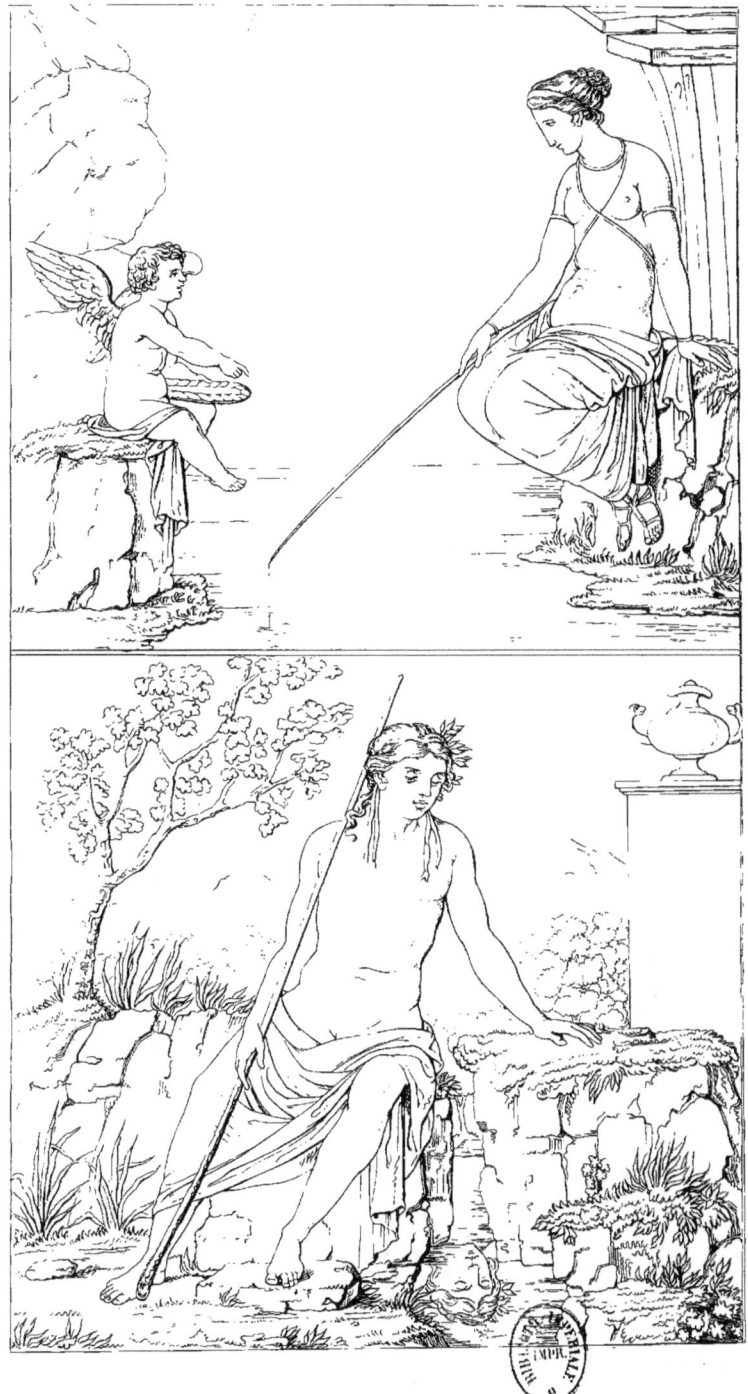

VÉNVS PÊCHEVSE — NARCISSE

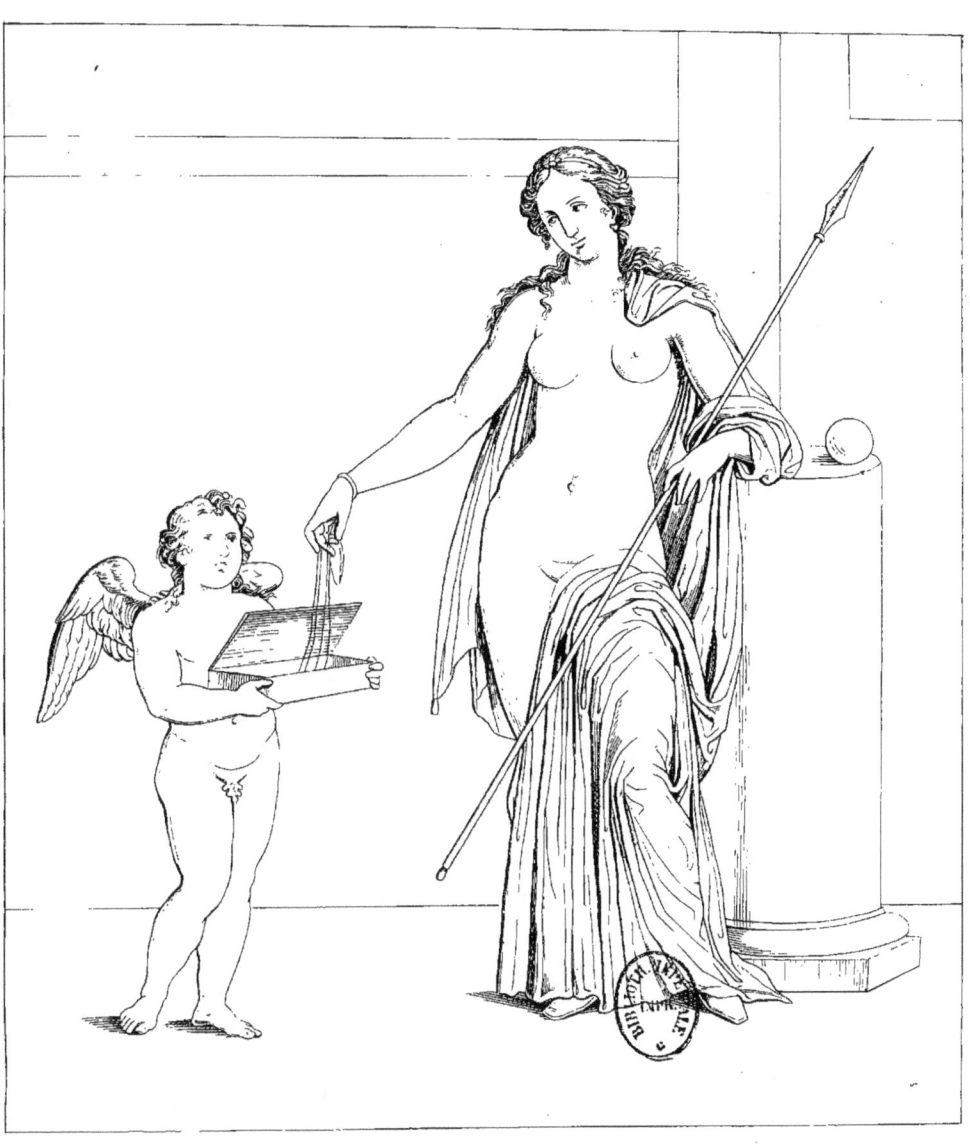

VÉNUS ARMÉE

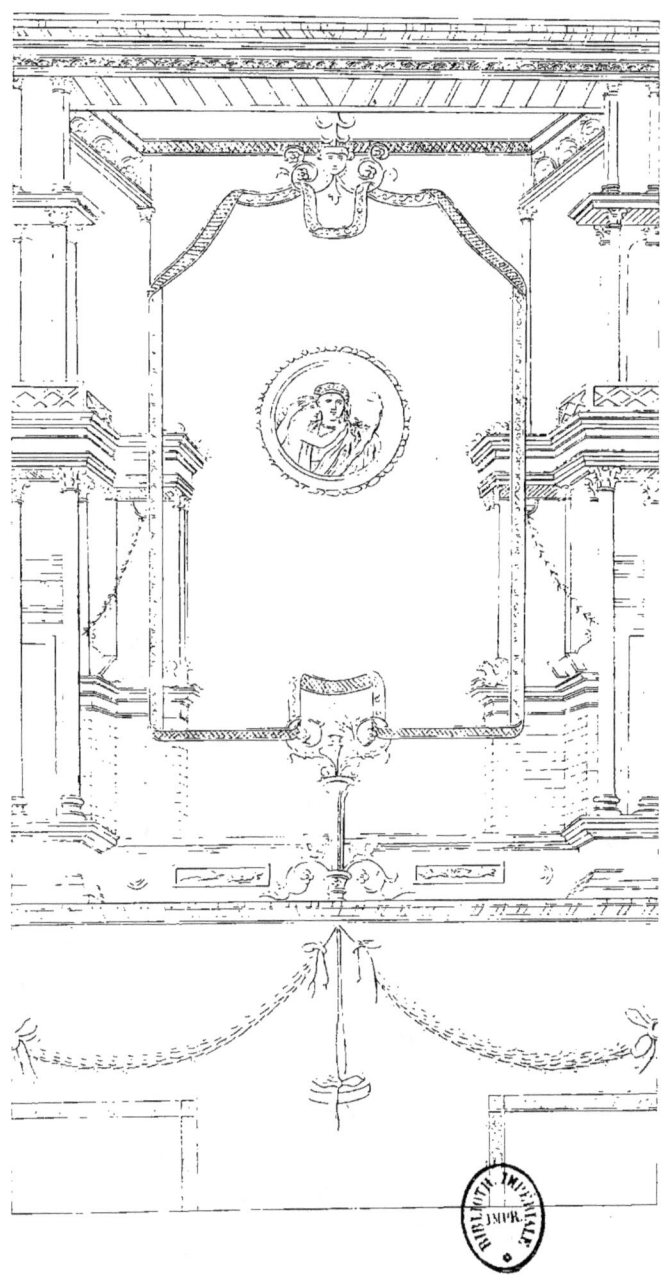

VÉNVS RVSTIQVE ET L'AMOVR

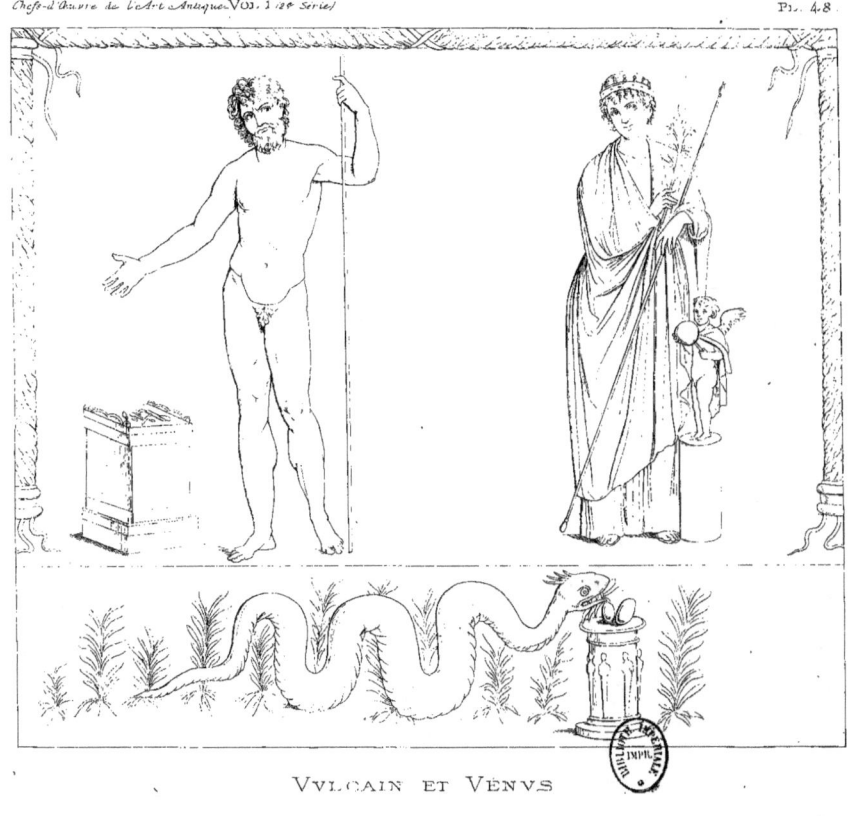

VVLCAIN ET VENVS

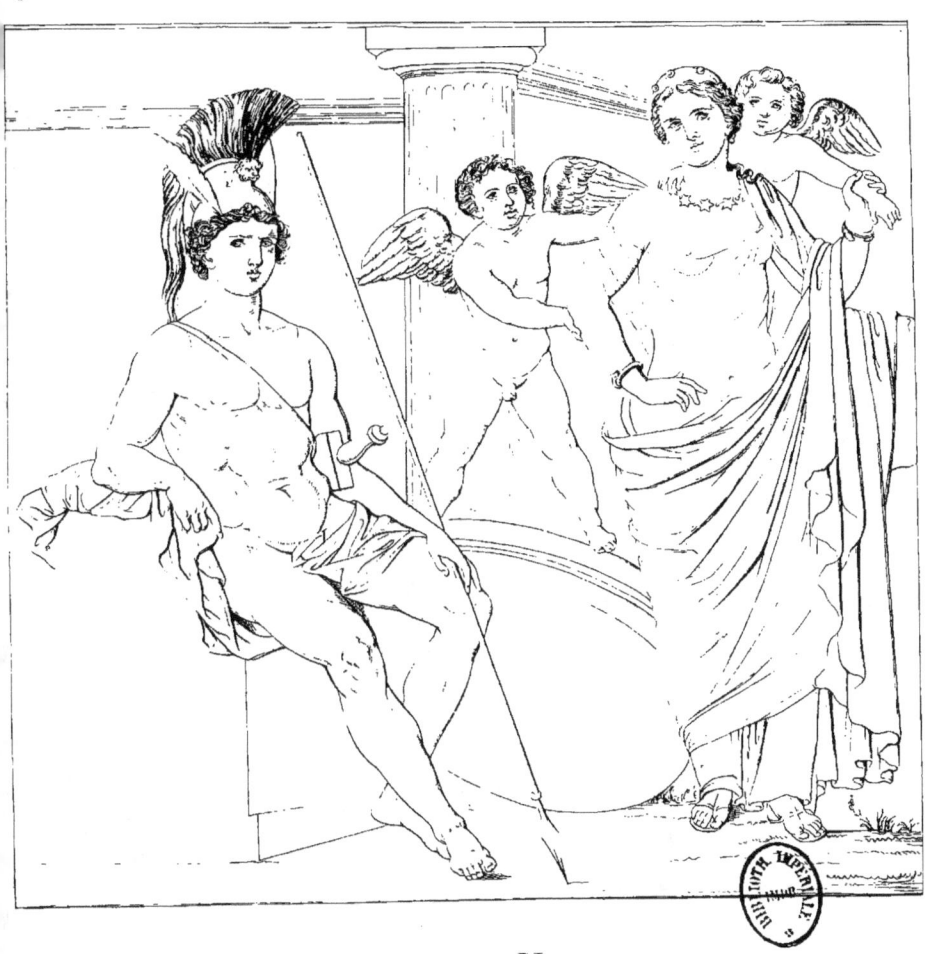

MARS ET VENVS

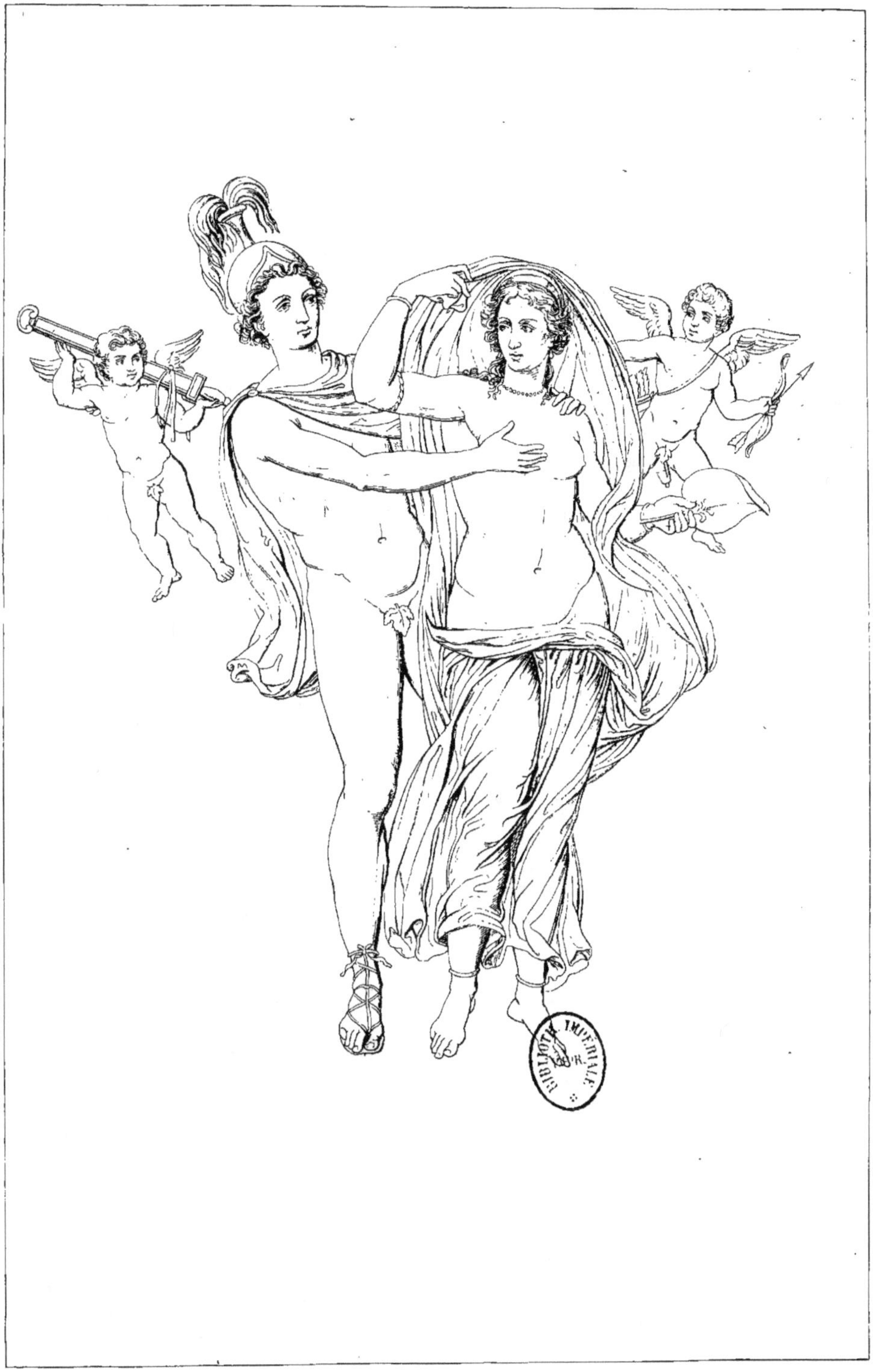

Chefs-d'Œuvre de l'Art Antique VOL 1. (2e Série)   Pl. 50.

MARS ET VENVS

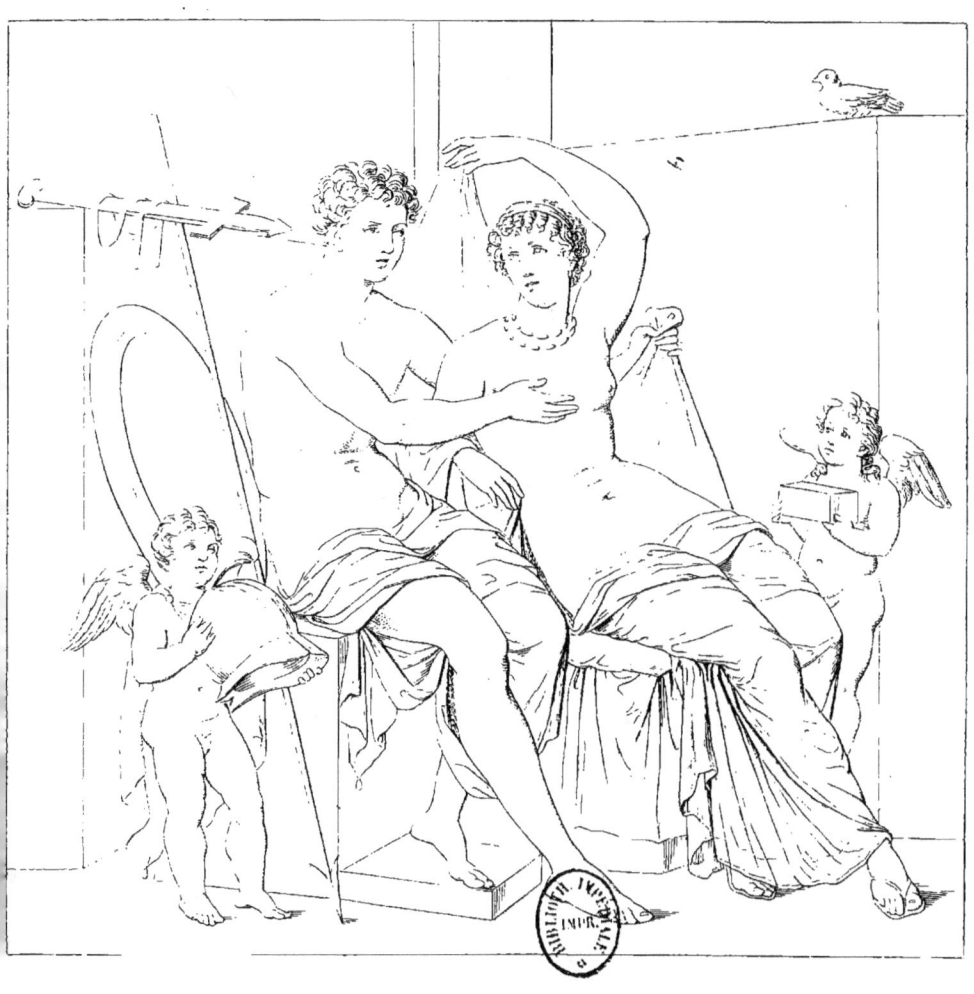

MARS ET VÉNVS

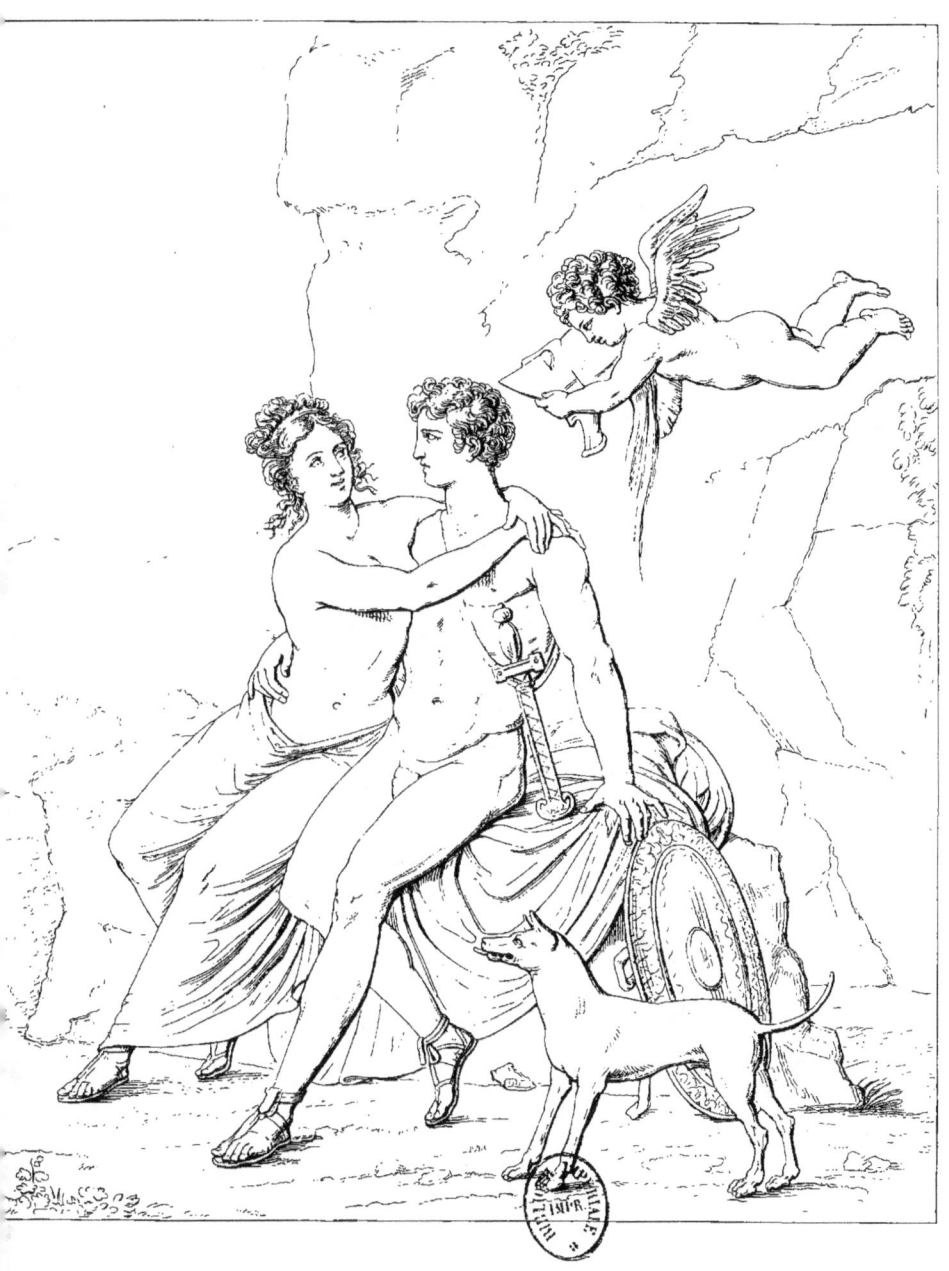

MARS ET VÉNVS

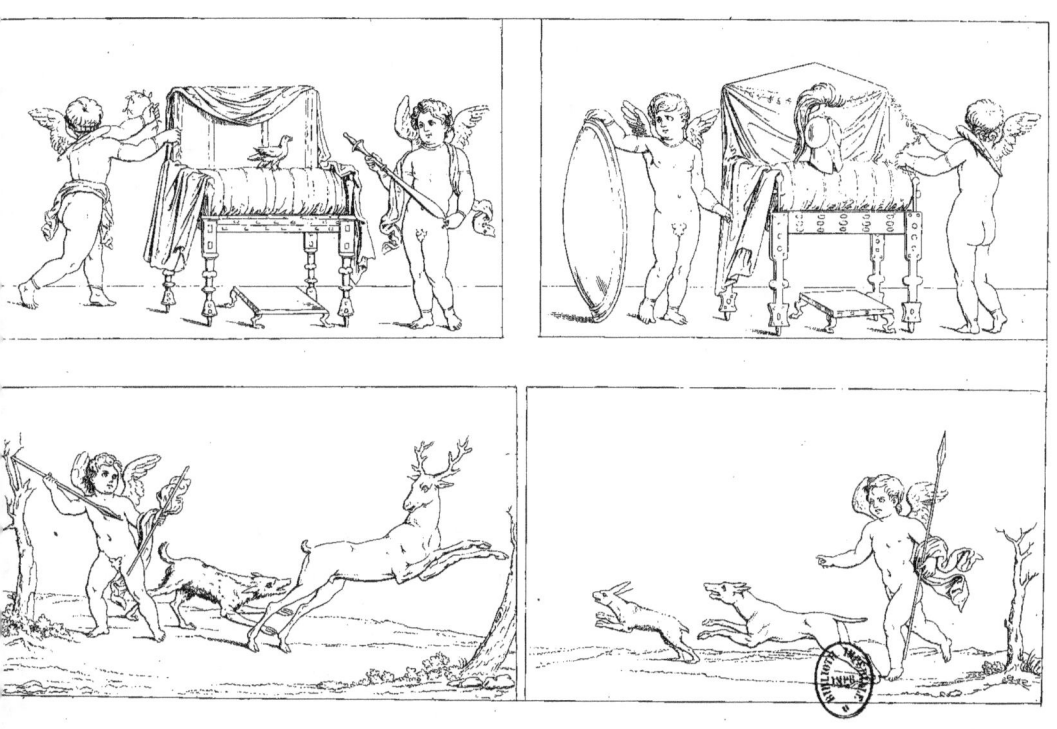

TRÔNES DE MARS ET VÉNUS

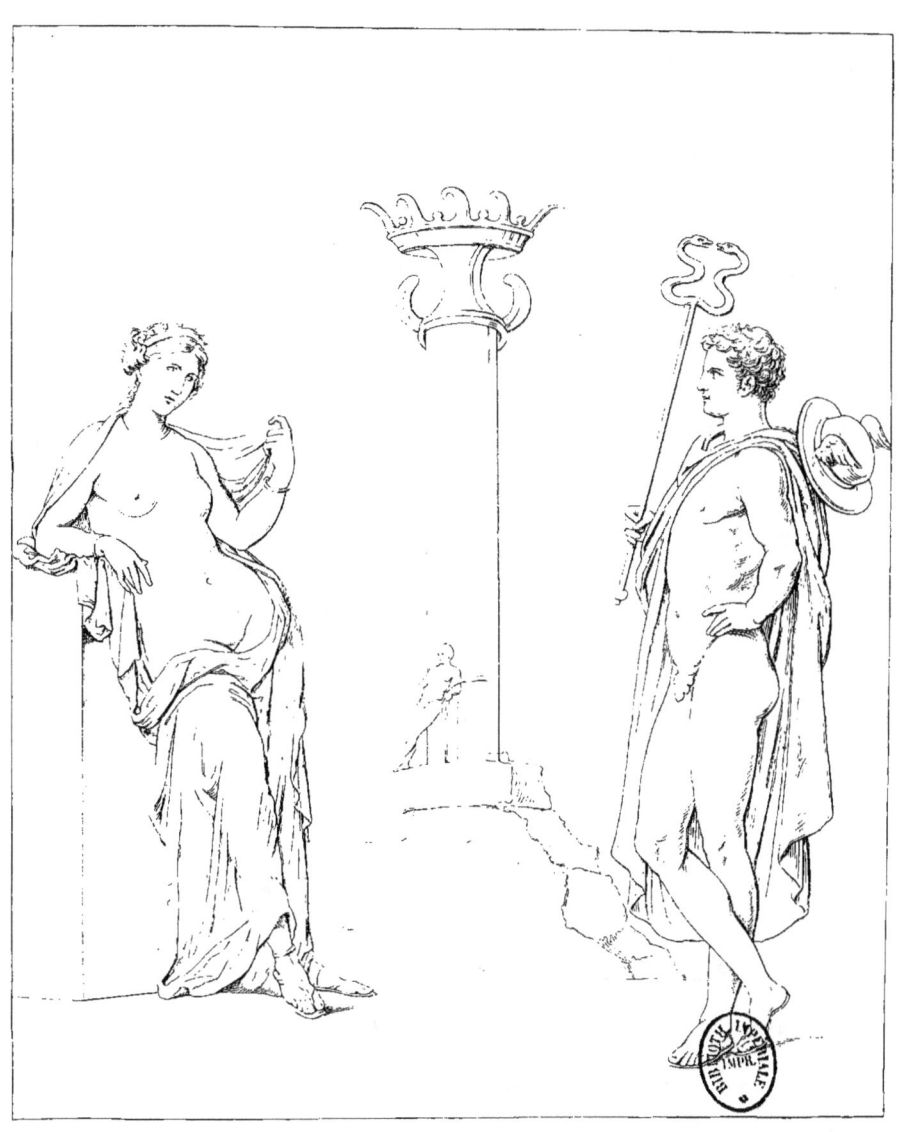

MERCVRE ET VÉNVS

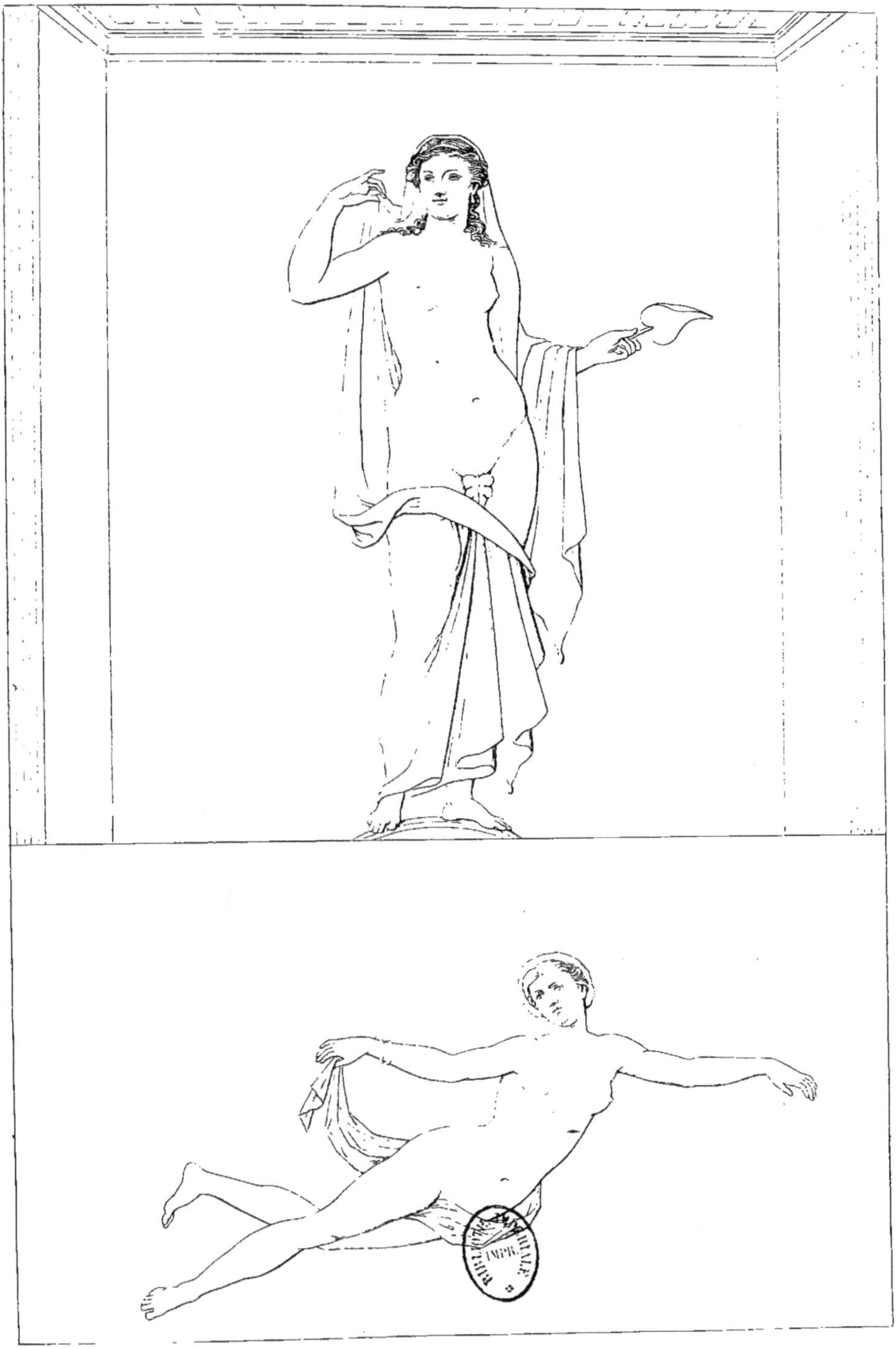

HERMAPHRODITE

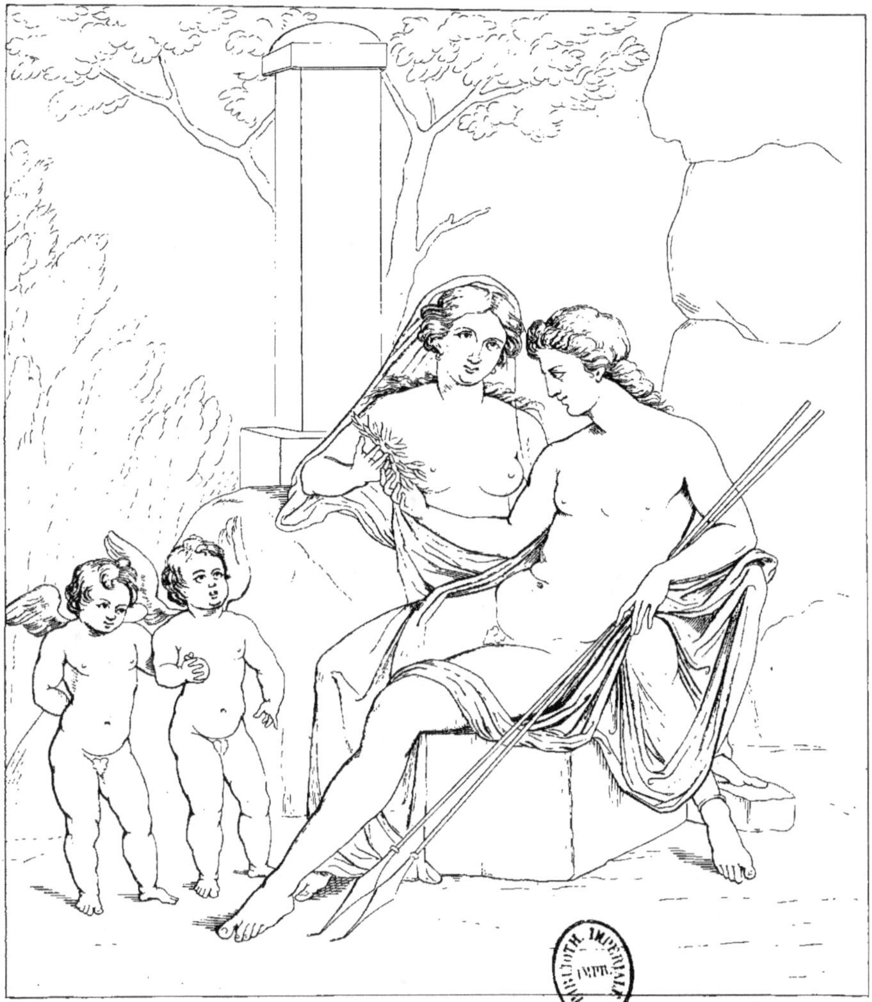

VÉNVS ET ADONIS

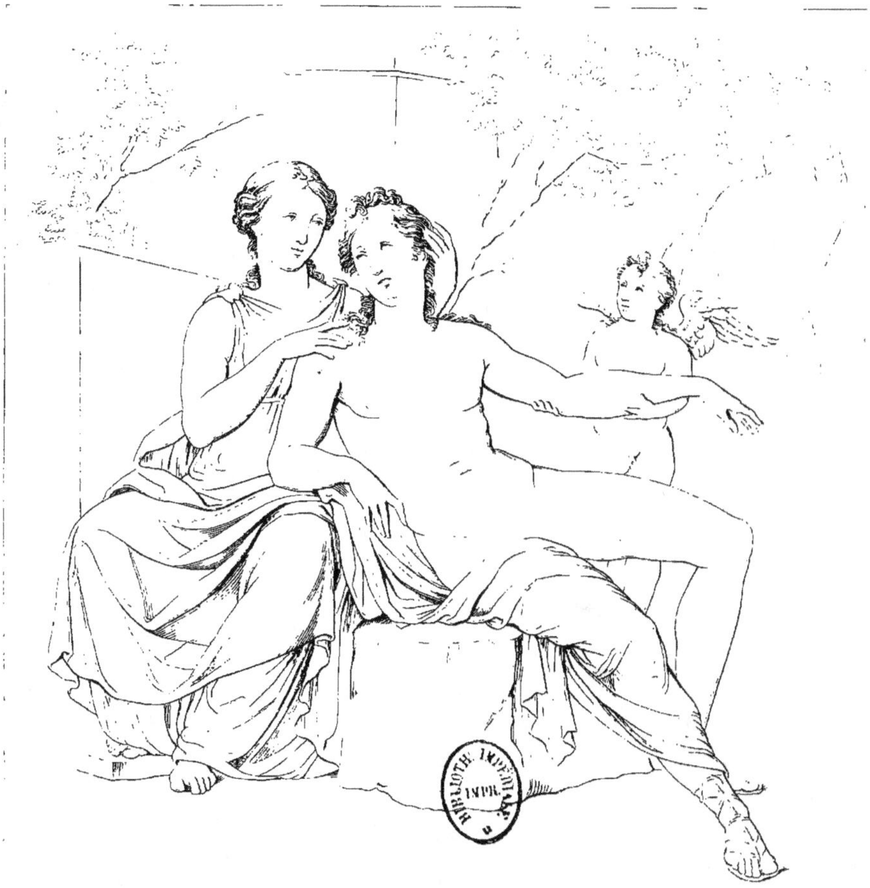

VÉNVS ET ADONIS

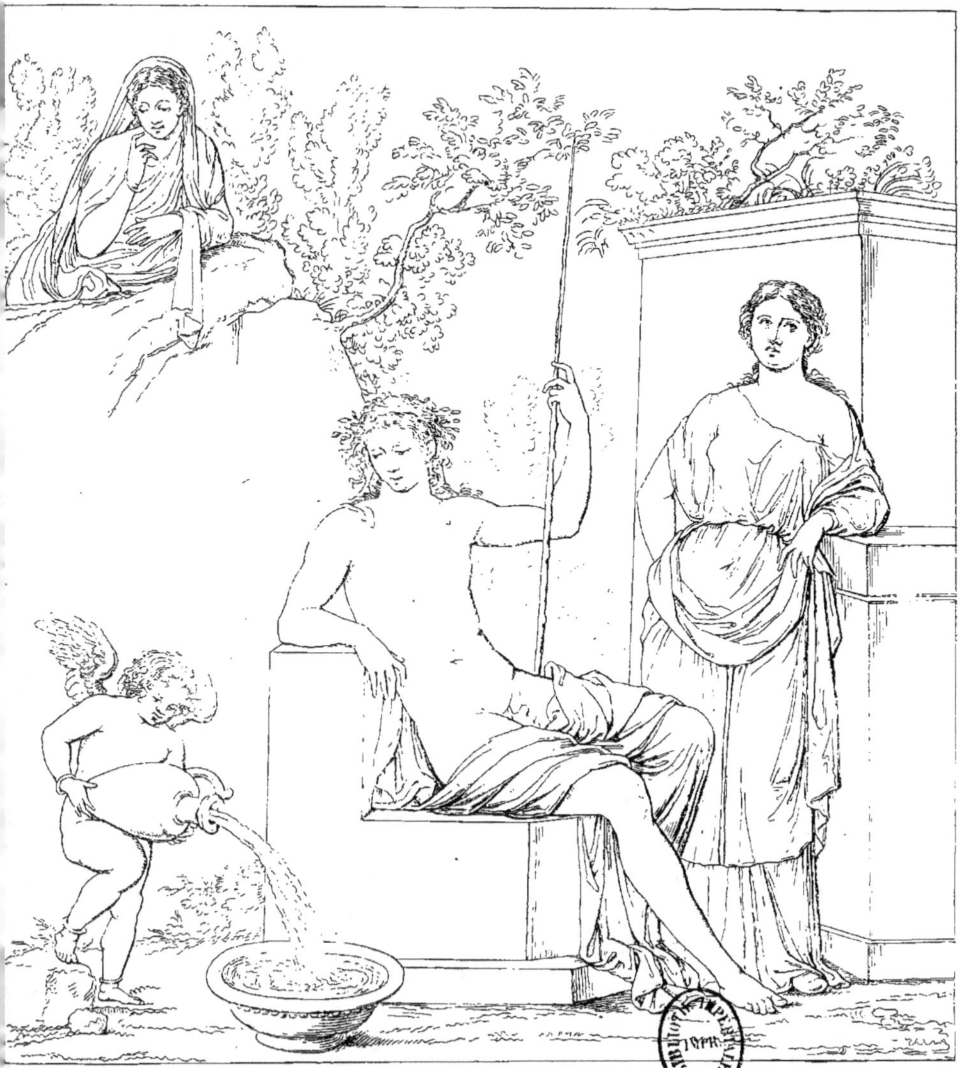

PL. 58

ADONIS

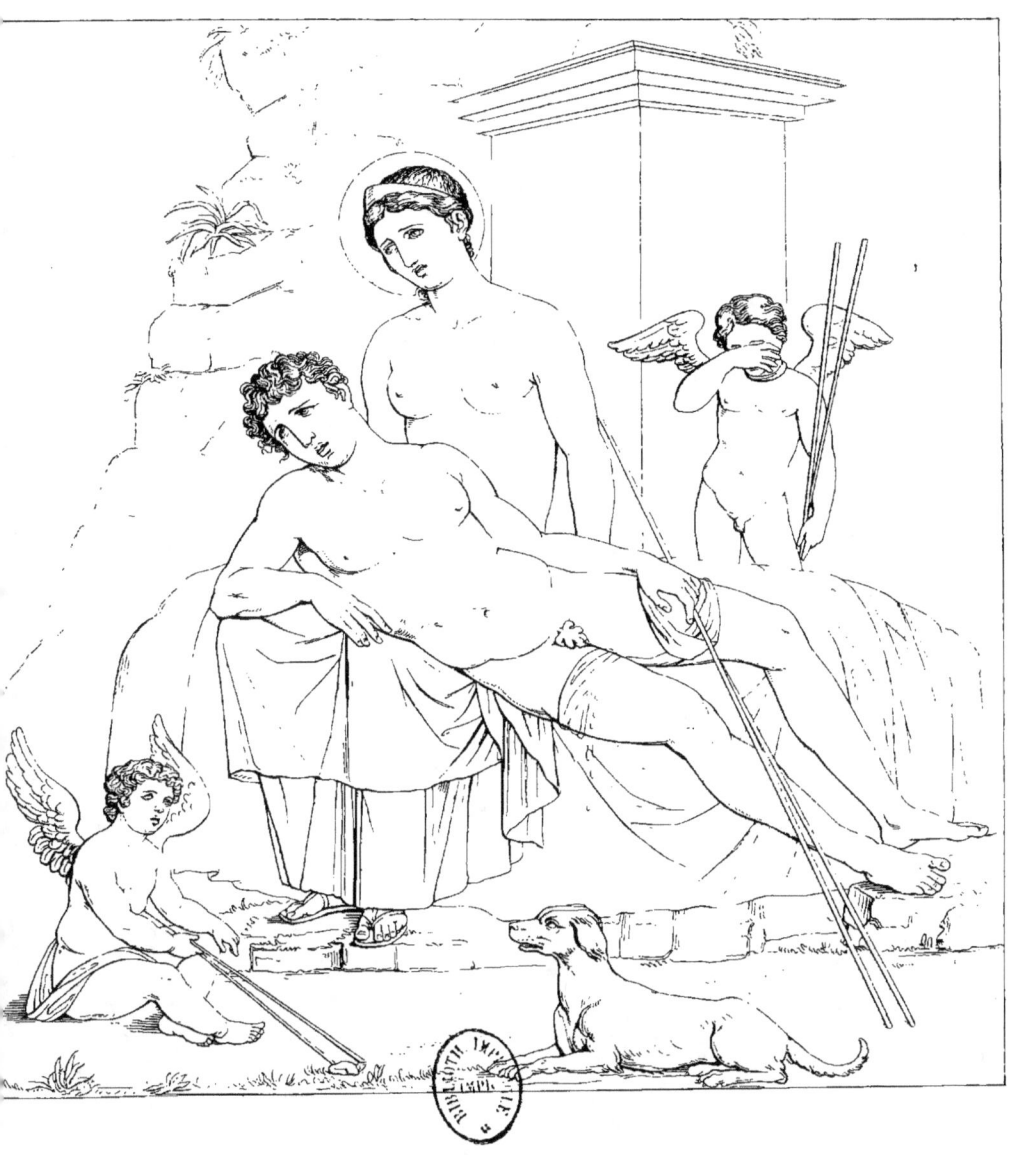

VENVS ET ADONIS

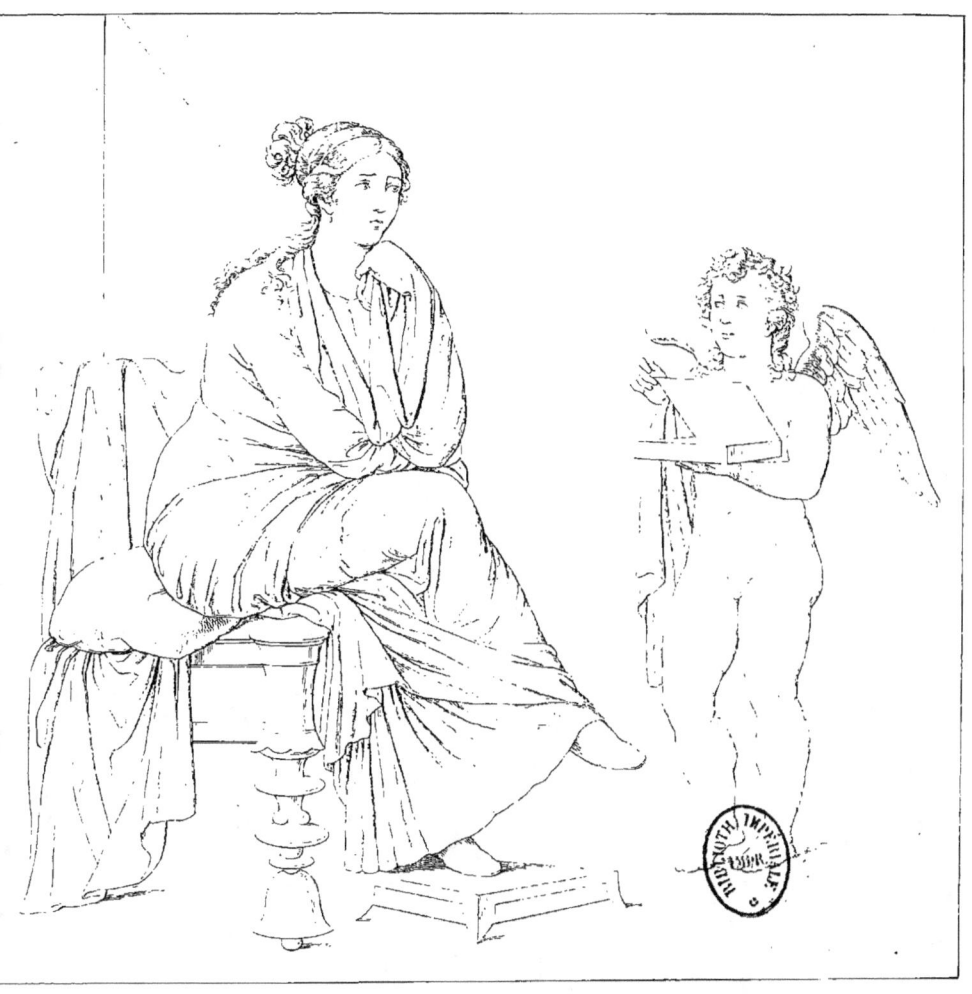

VENVS DV LIBAN

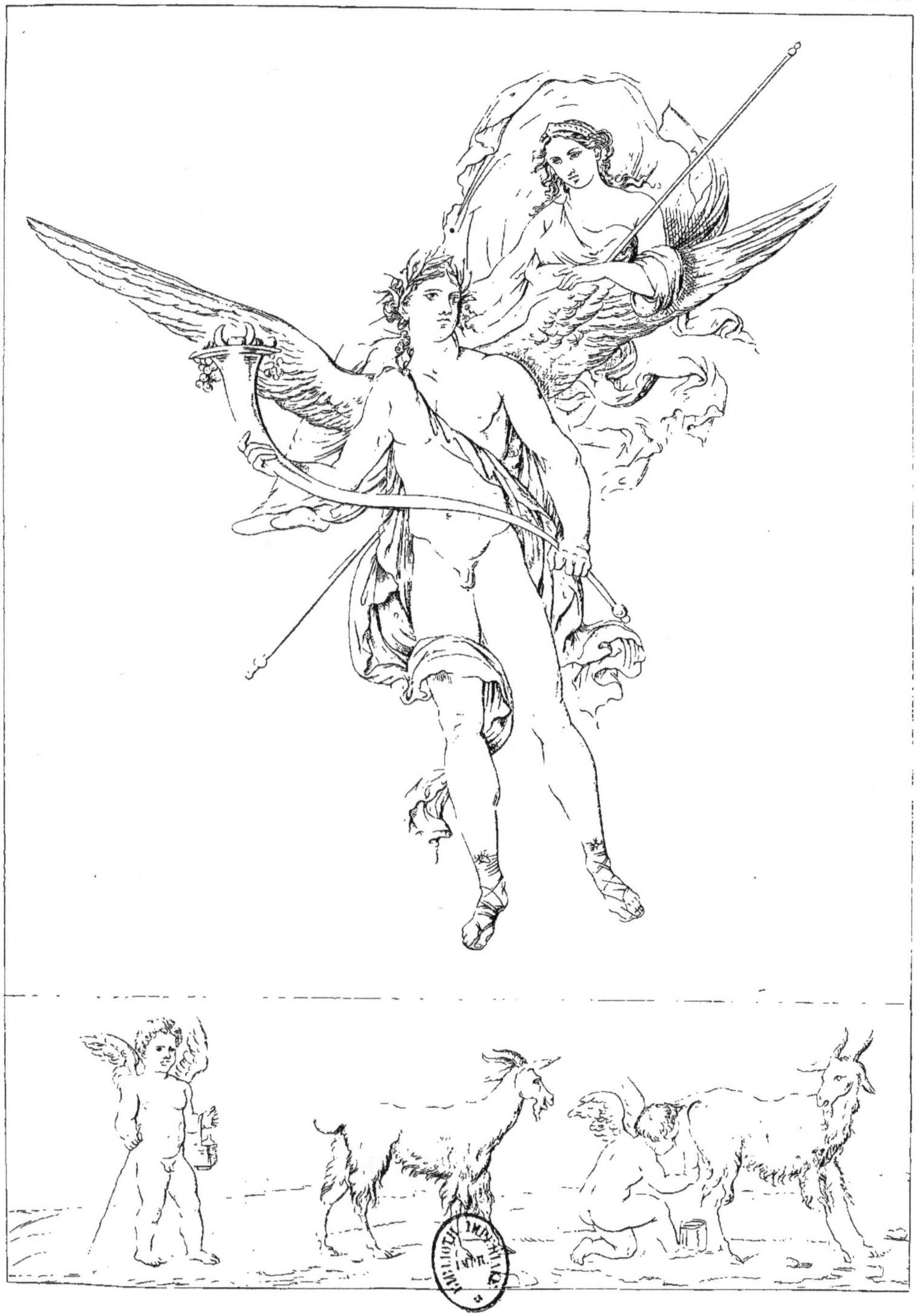

Chefs-d'Œuvre de l'Art Antique — VOL 1. 2e Série 1    Pl. 61

GÉNIE DE VÉNUS

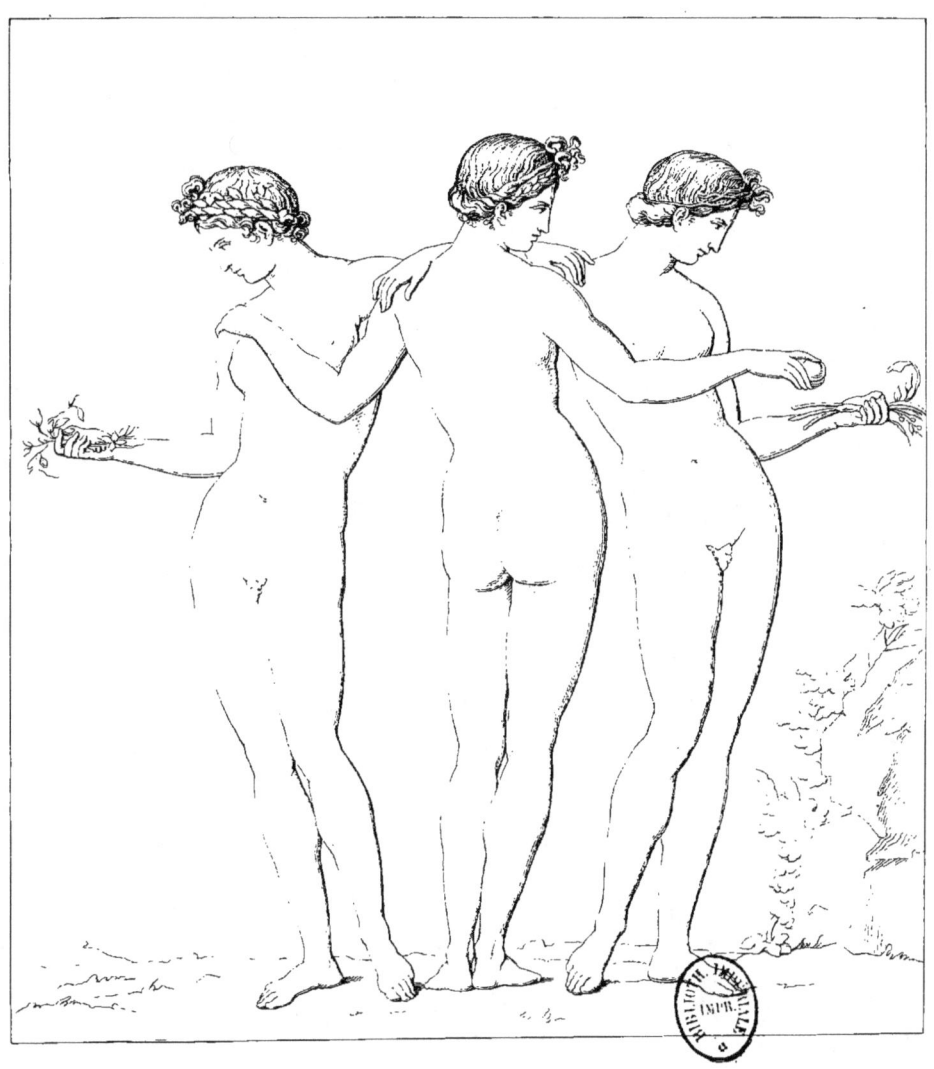

LES GRÂCES

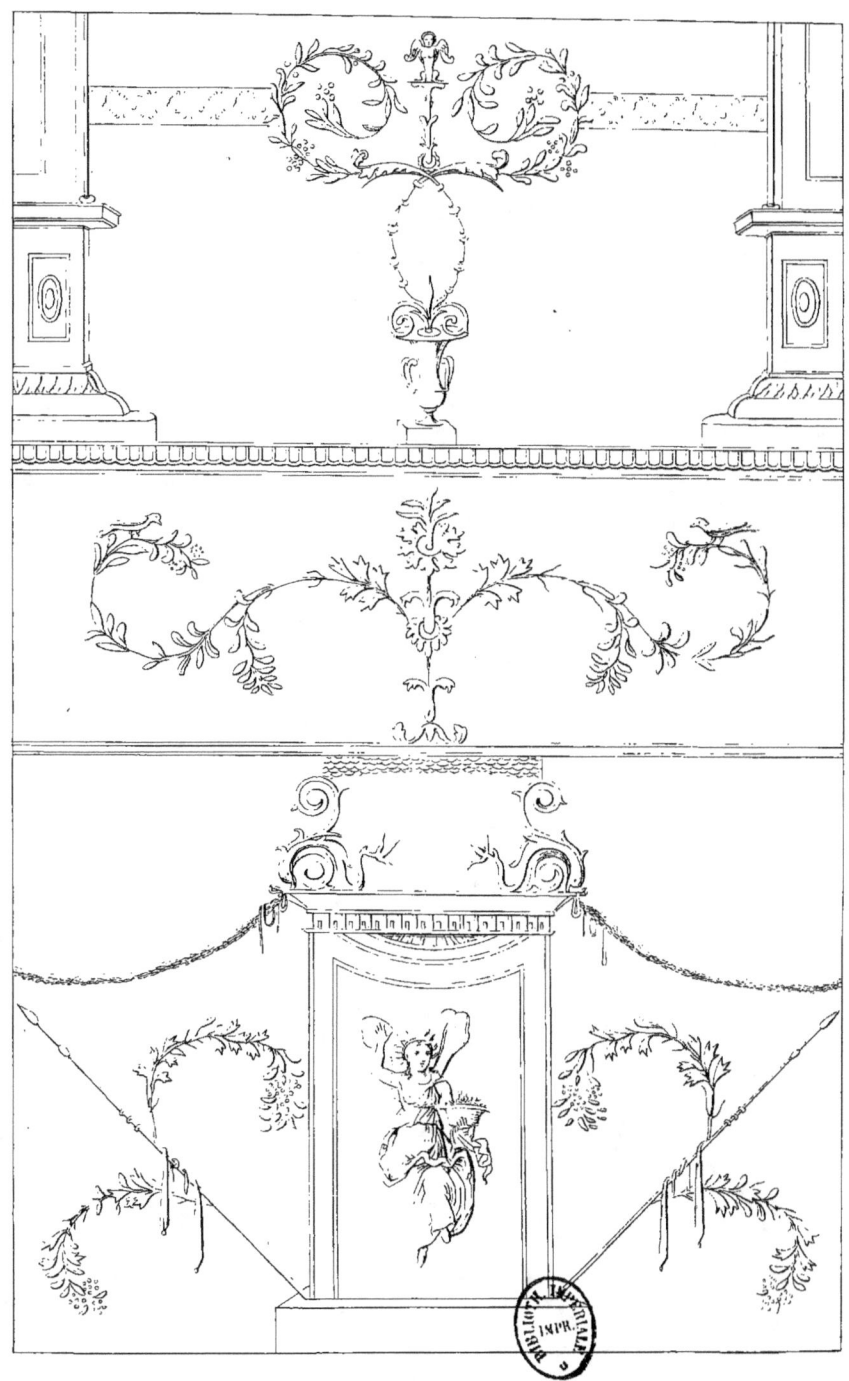

PSYCHÉ

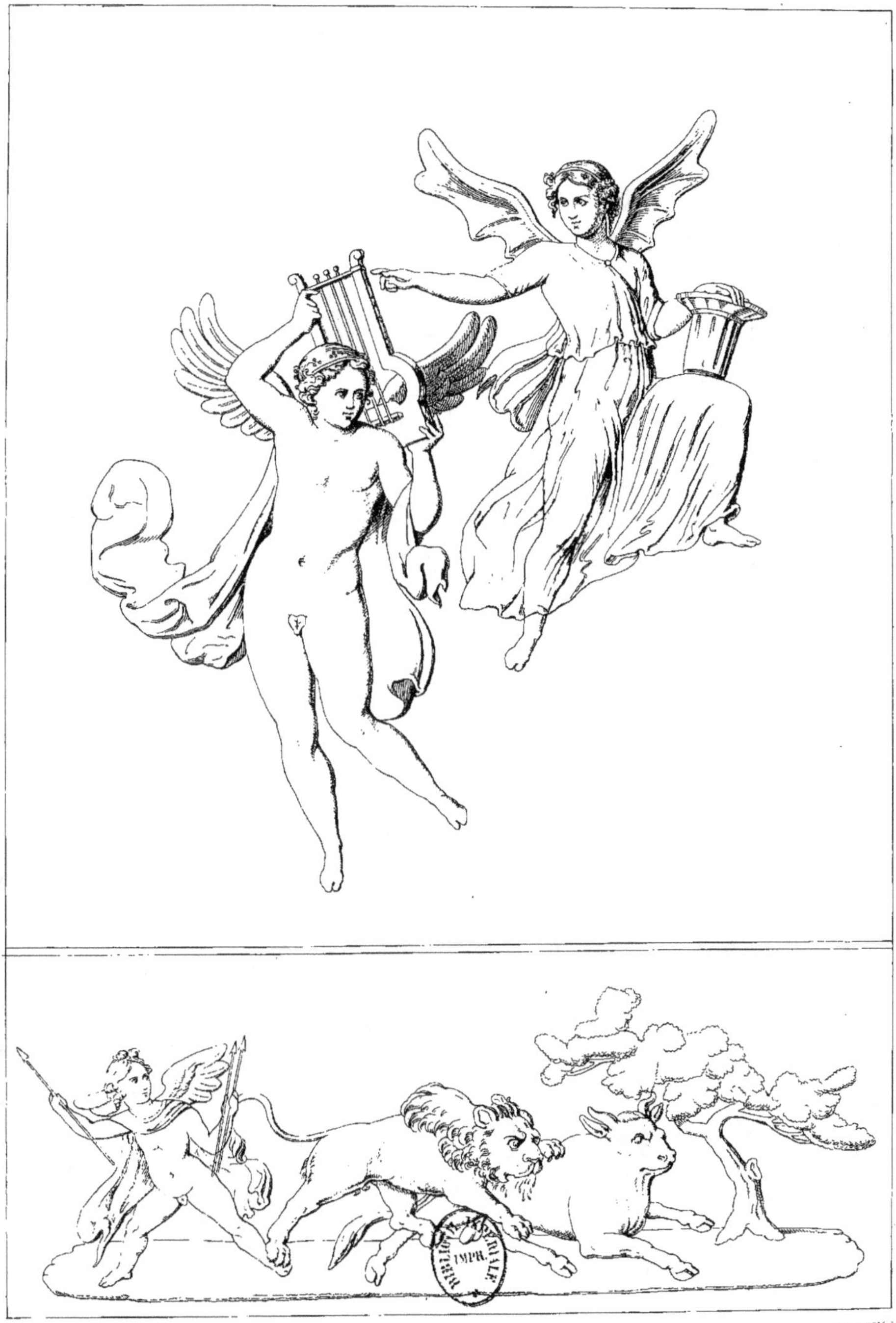

GÉNIES

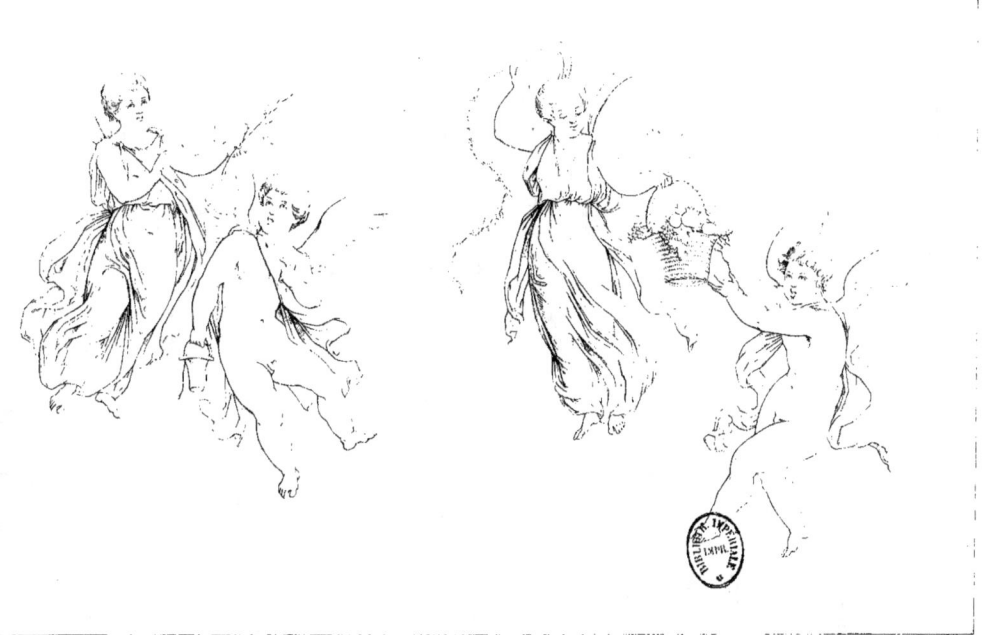

GÉNIES

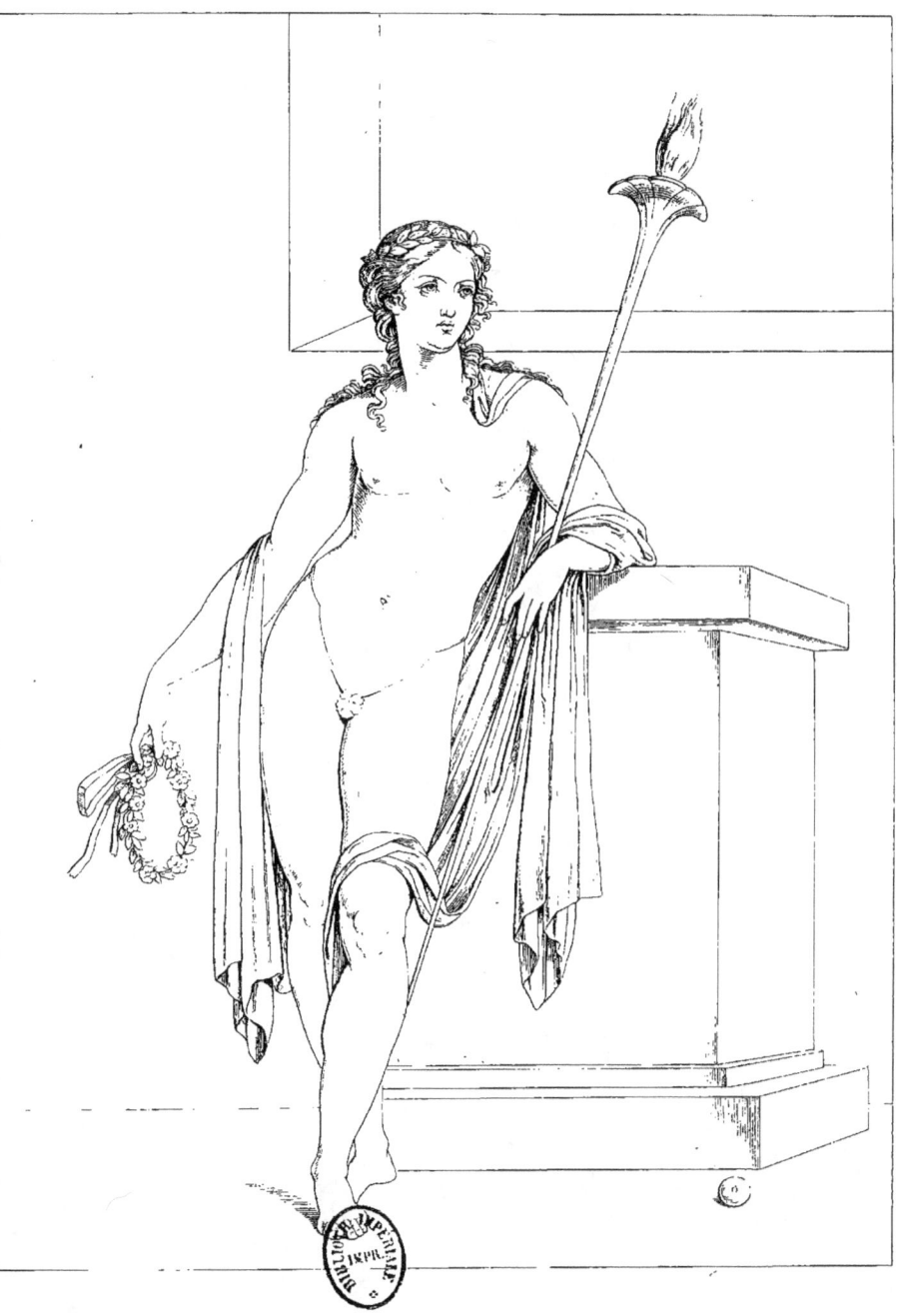

HYMÉNÉE

PL. 66

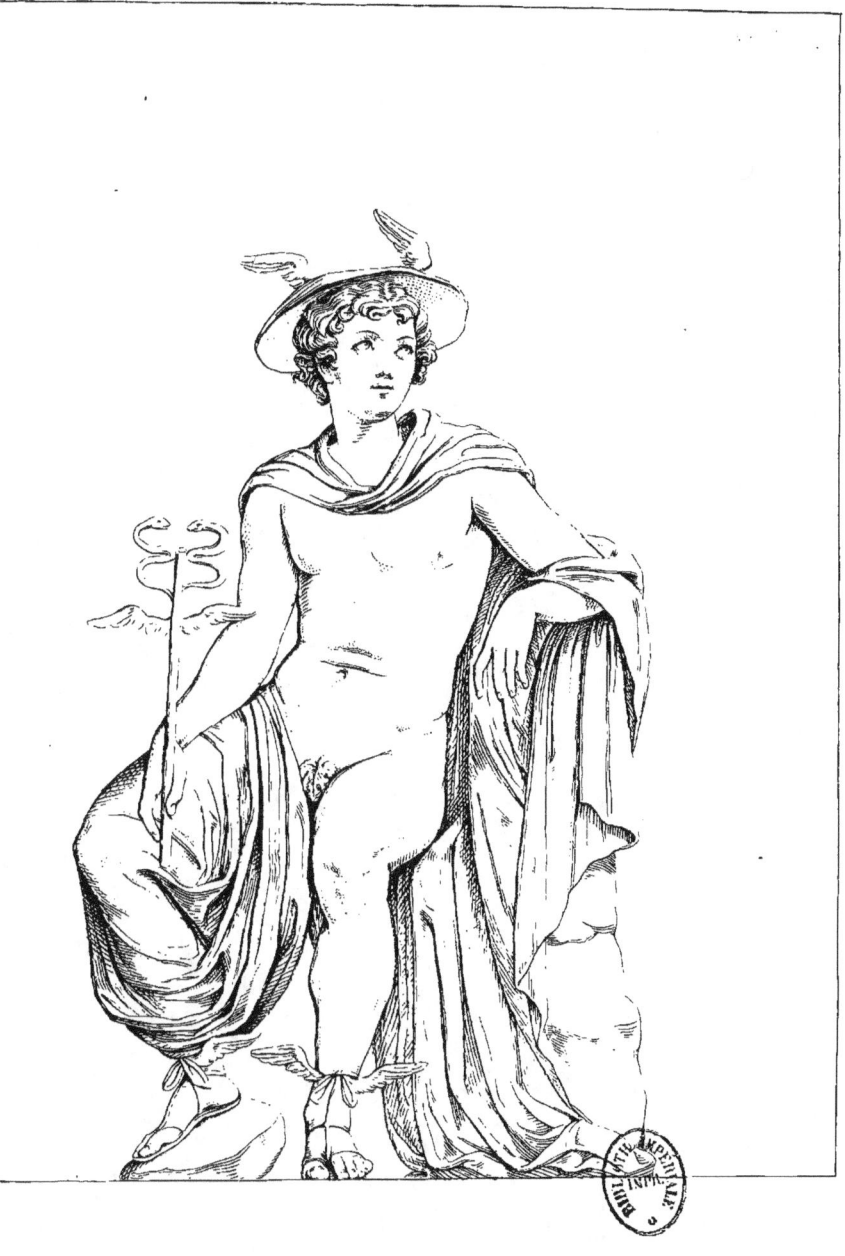

MERCVRE

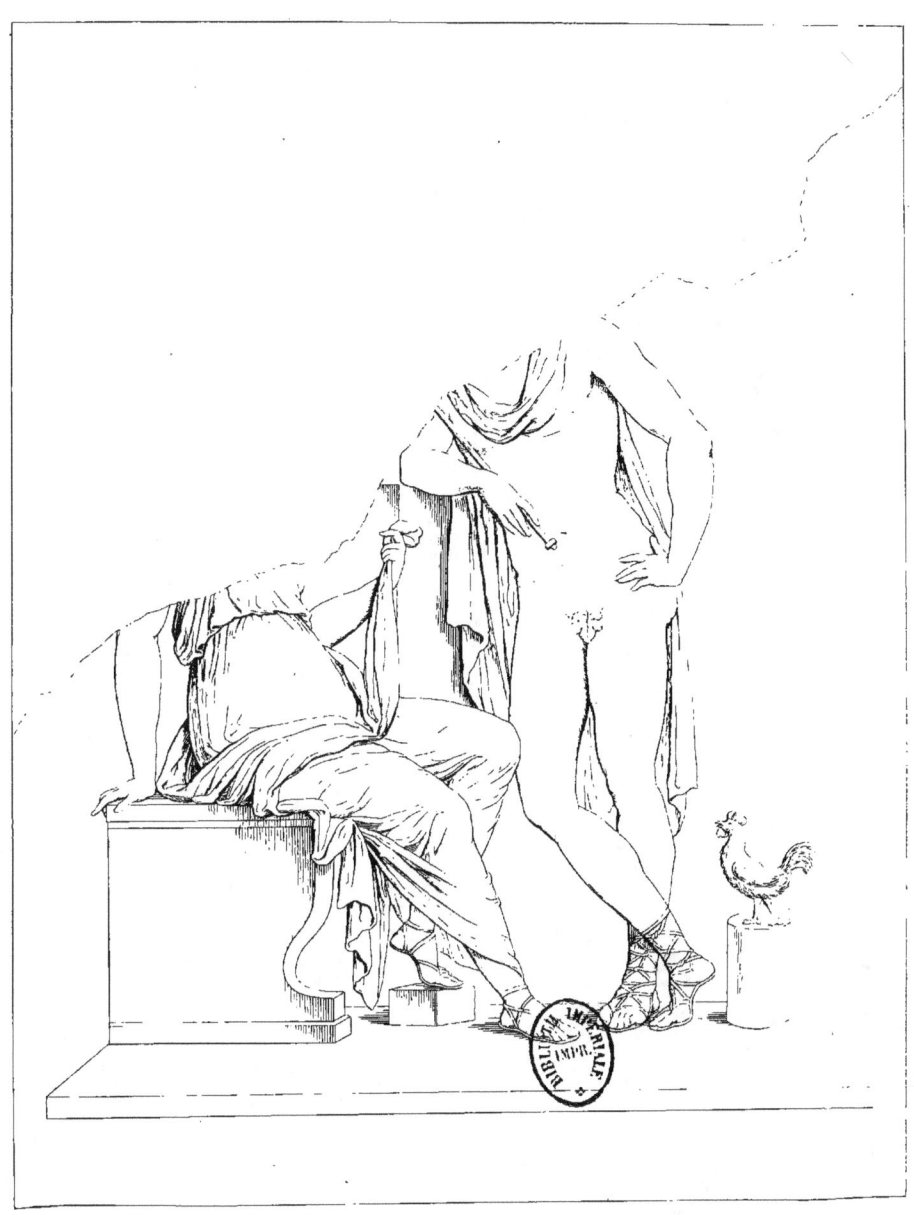

MERCVRE

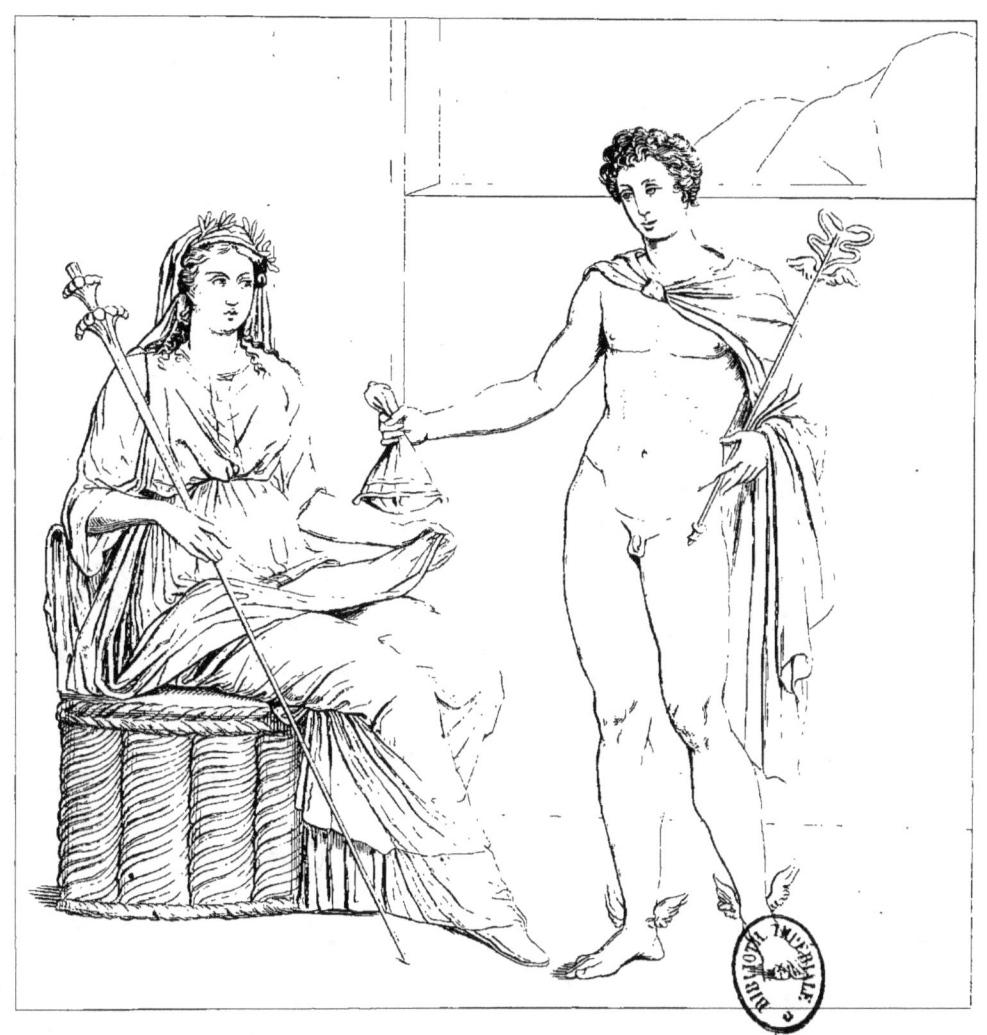

MERCVRE ET CÉRÈS

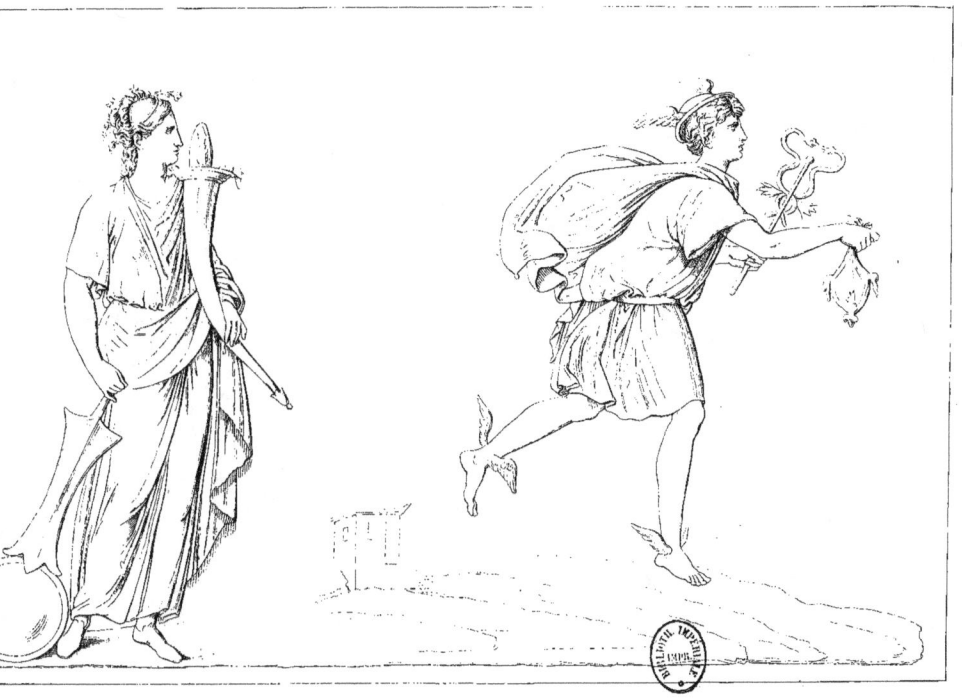

MERCVRE ET LA FORTVNE

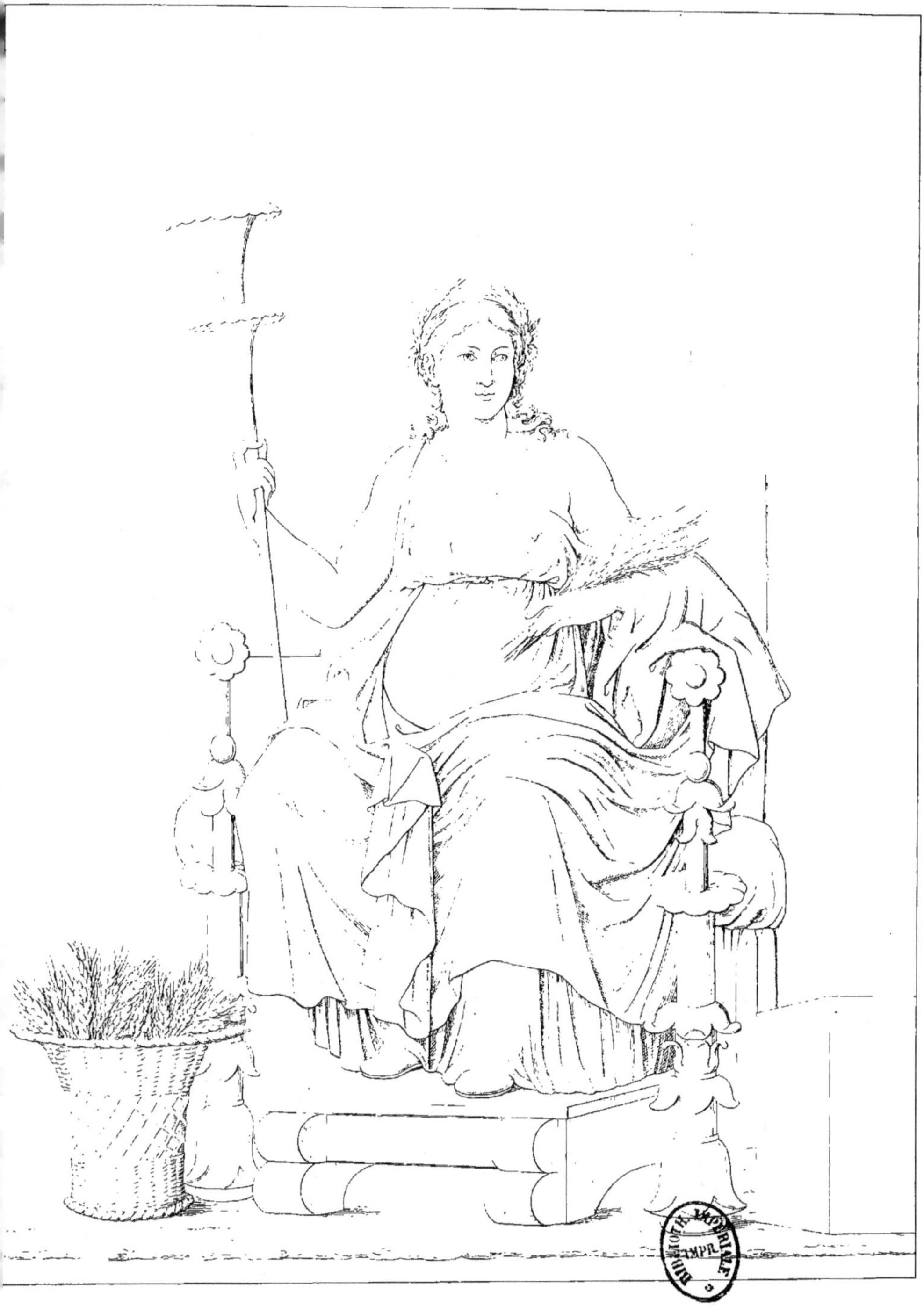

CÉRÈS

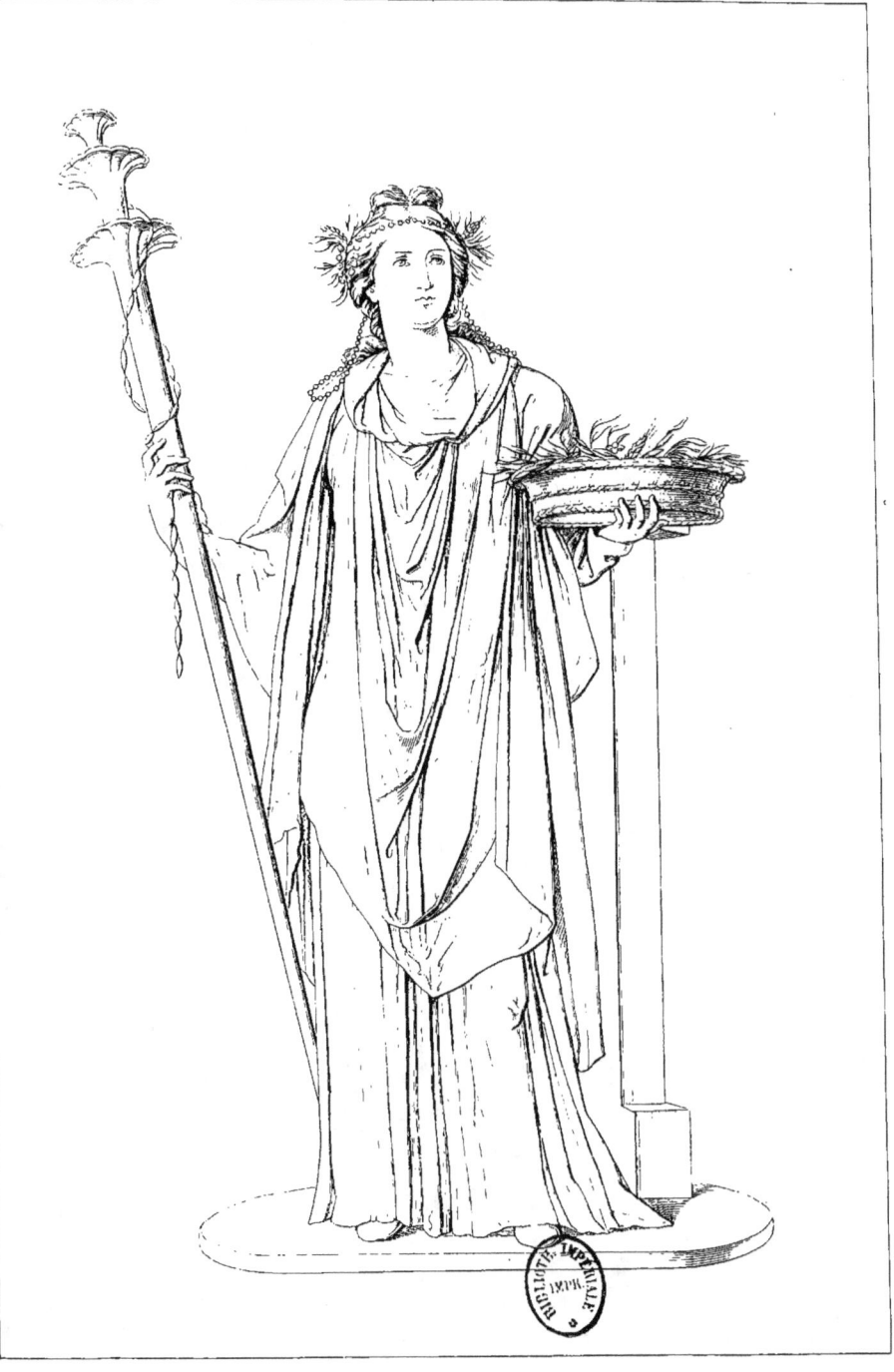

CÉRÈS

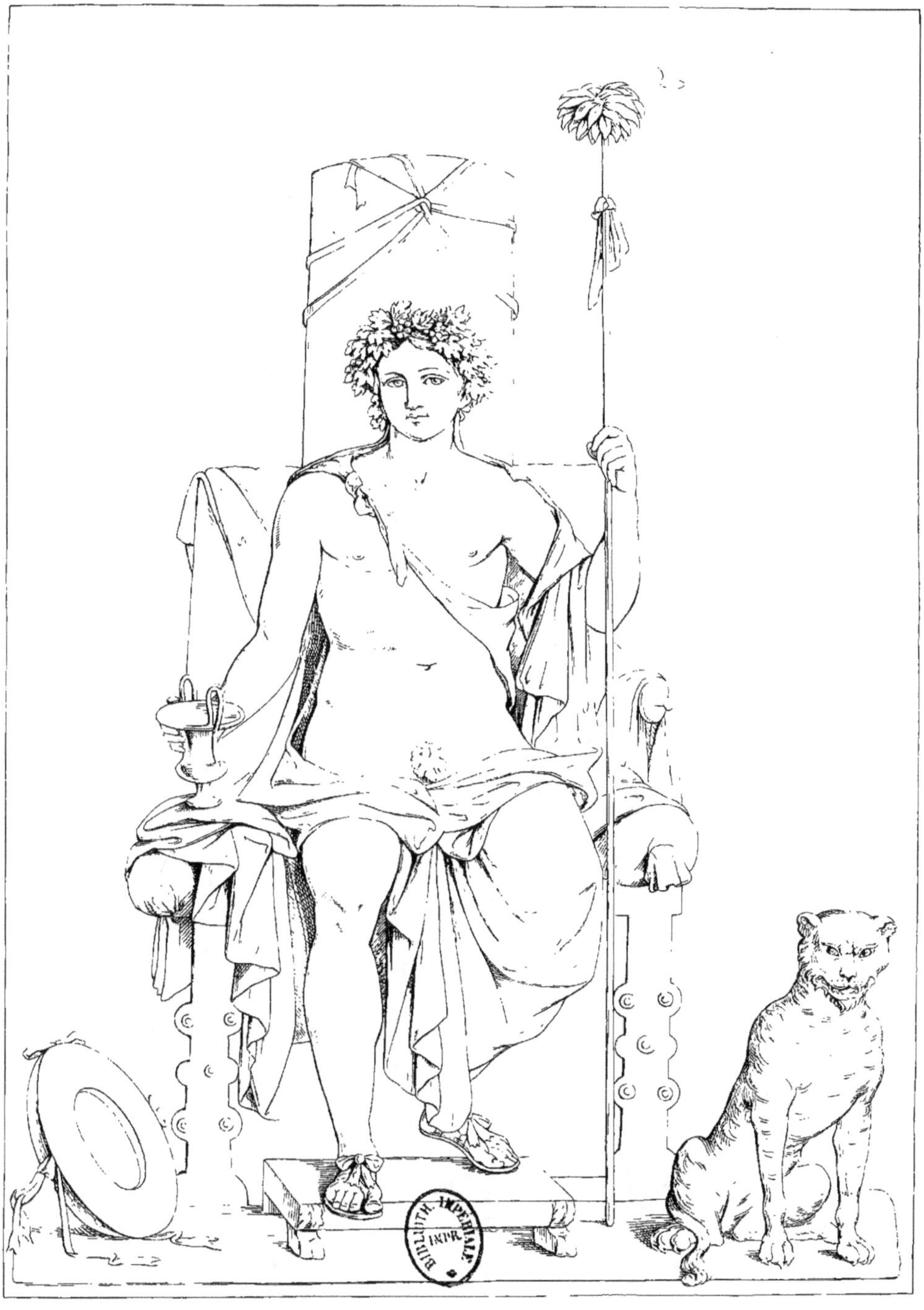

BACCHVS

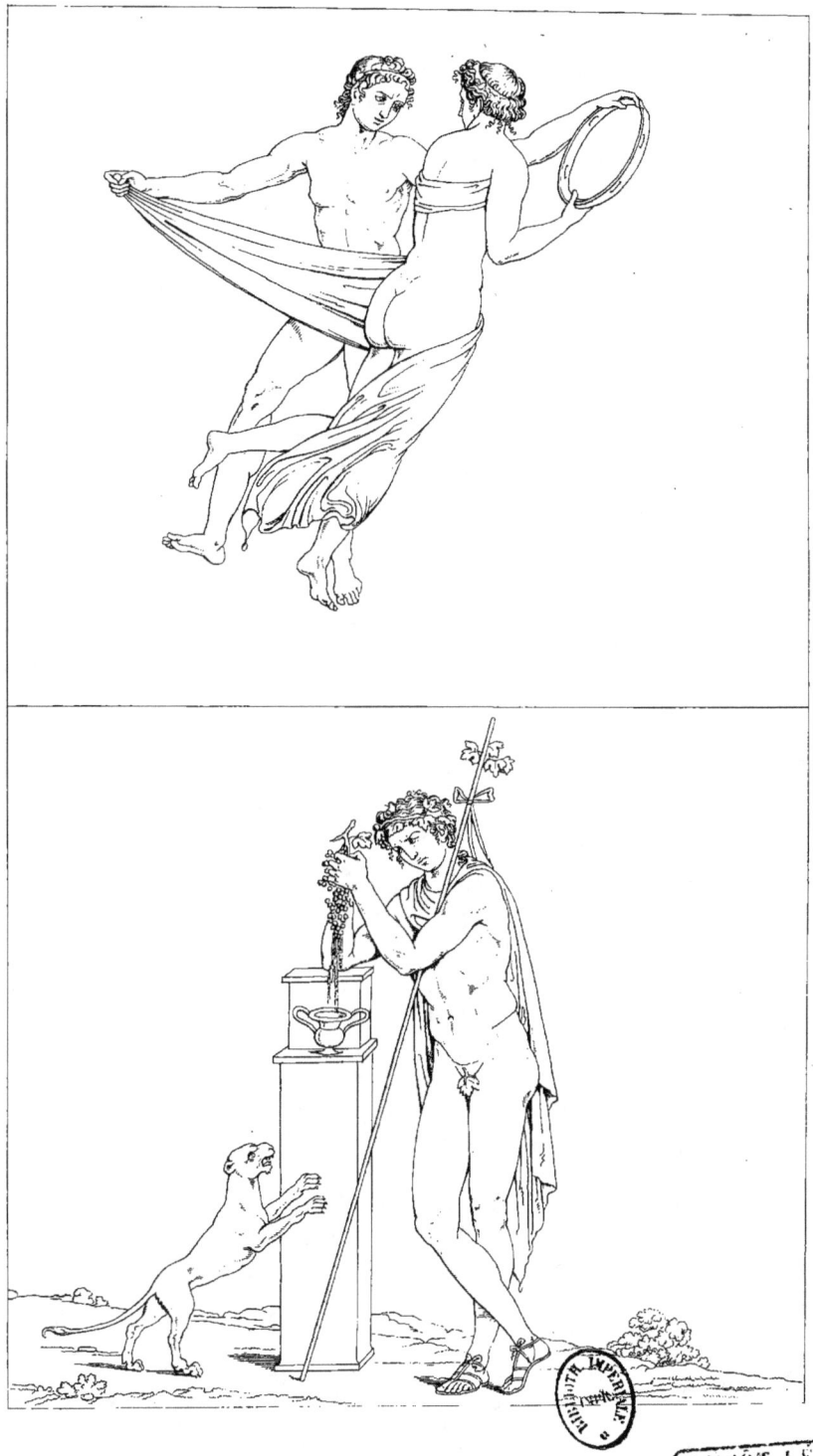

BACCHVS

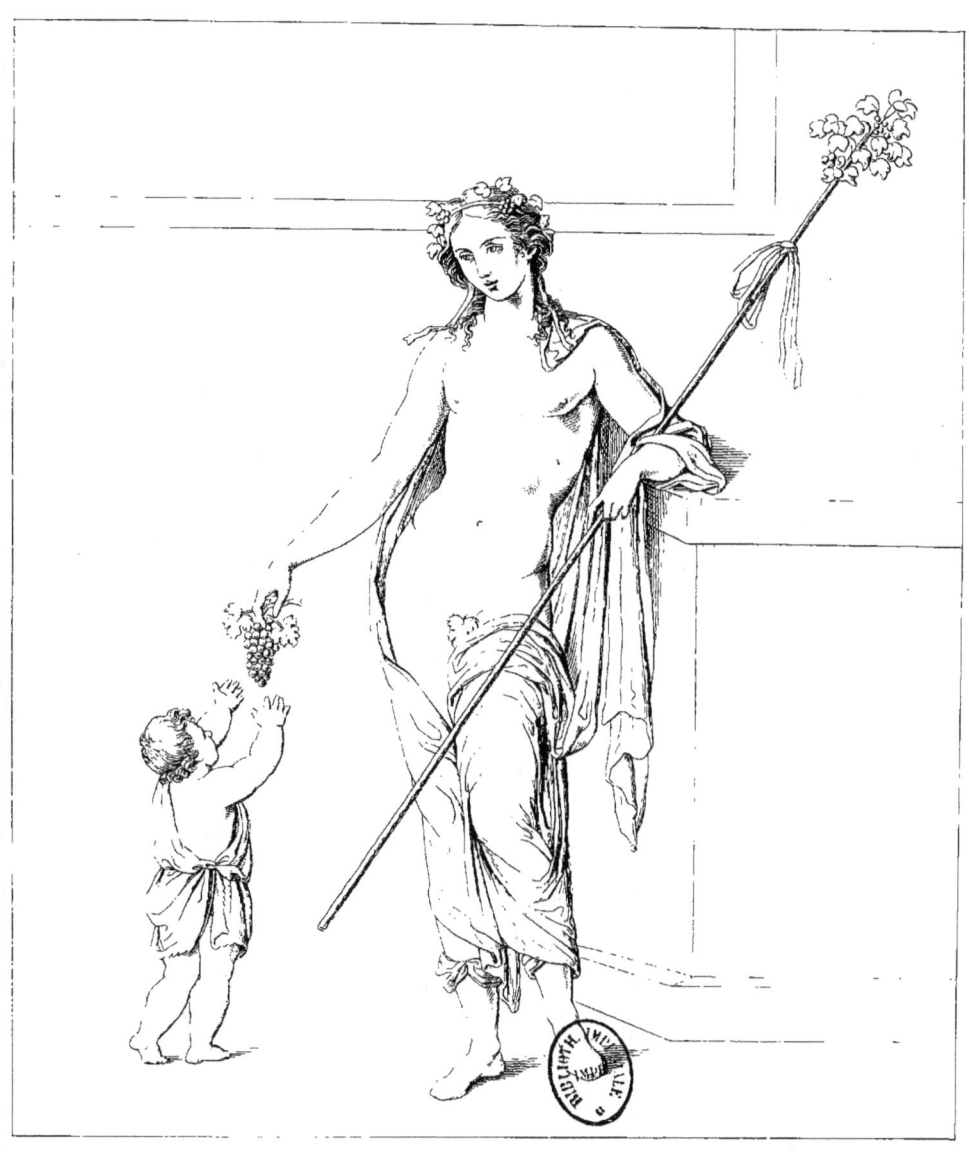

BACCHVS

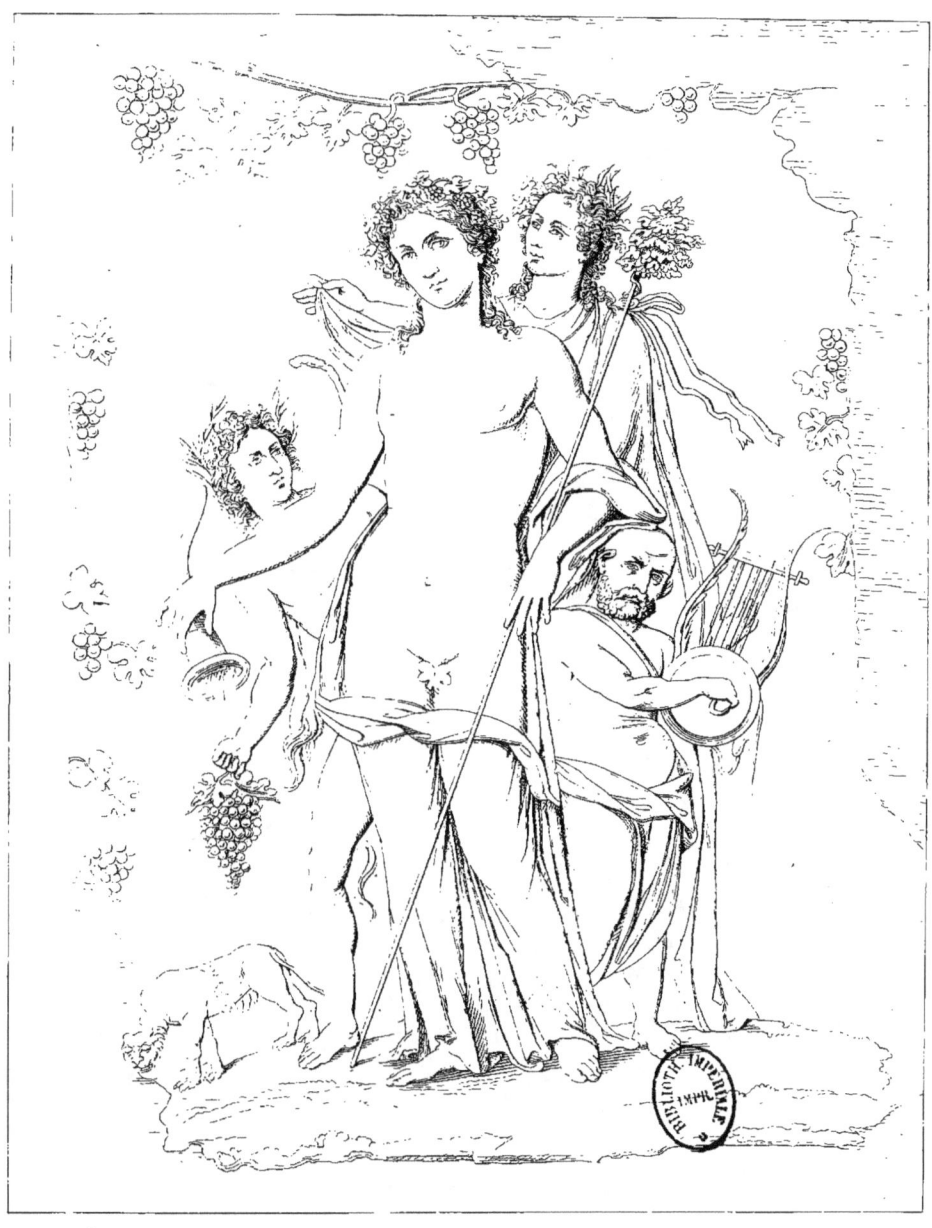

BACCHVS

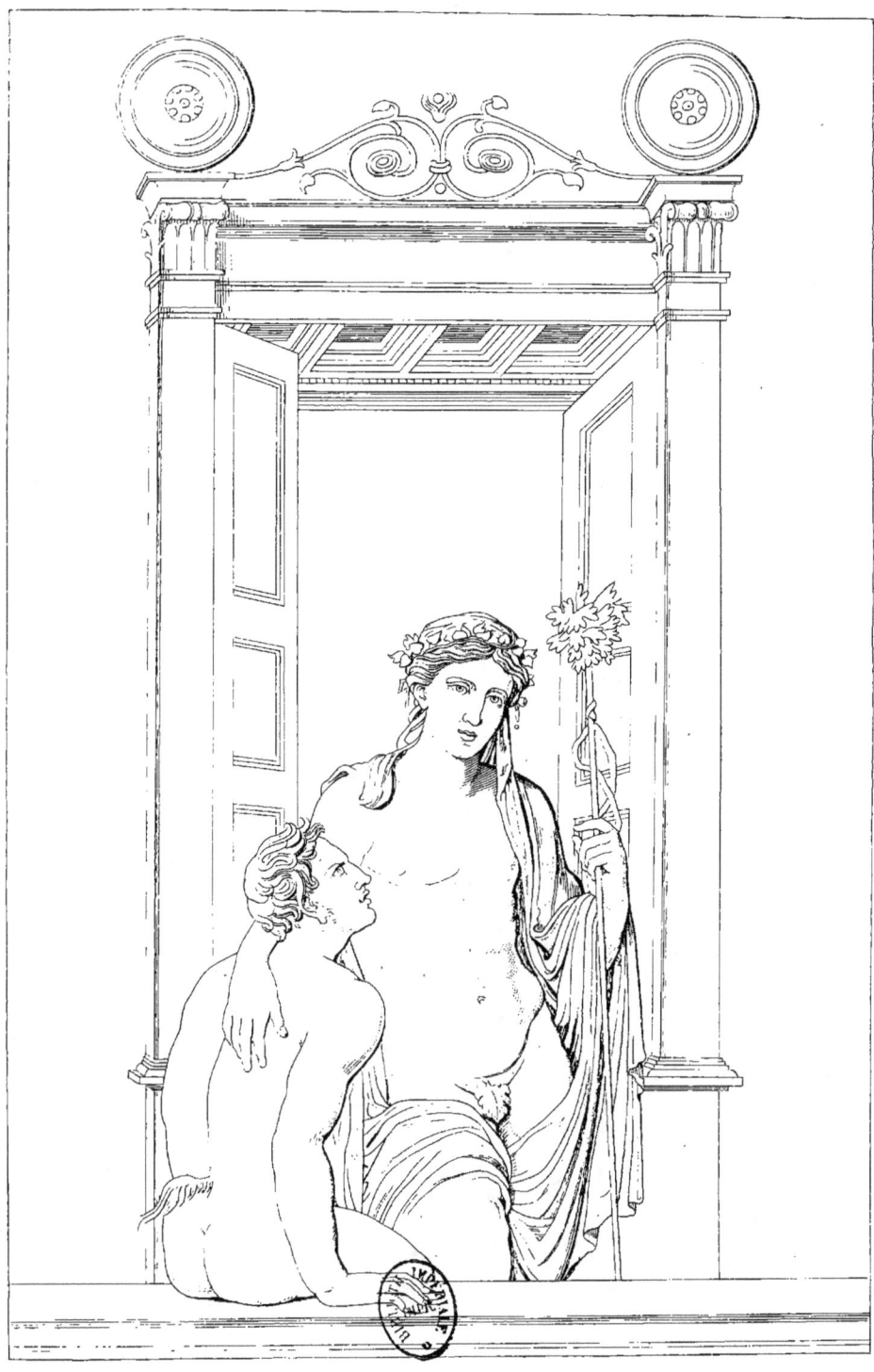

BACCHVS

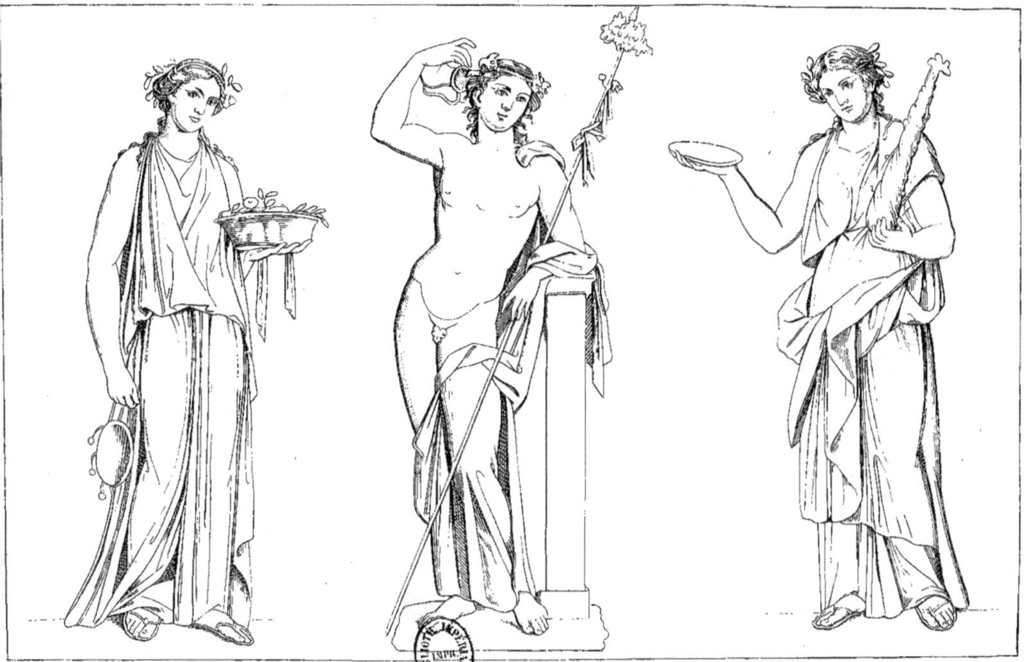

BACCHVS

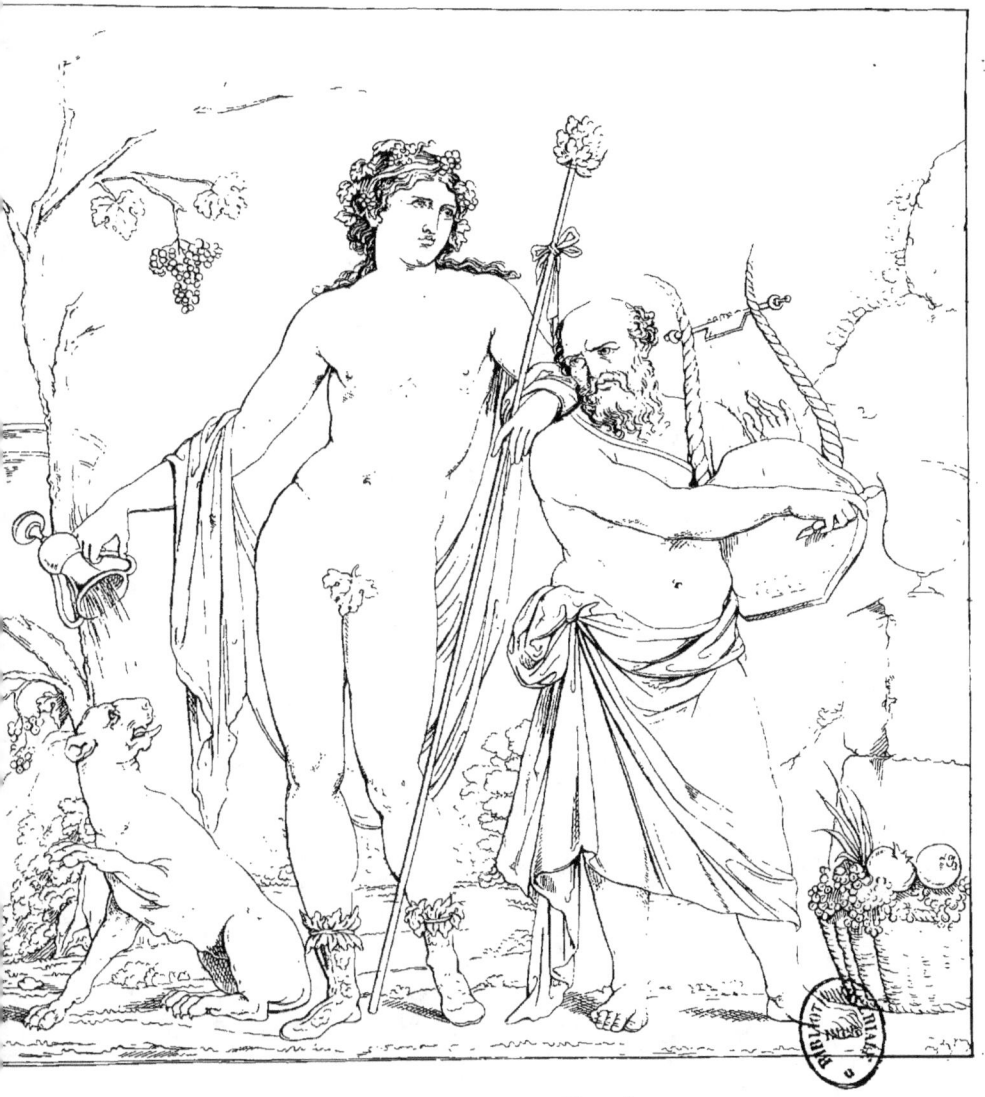

BACCHVS ET SILÈNE

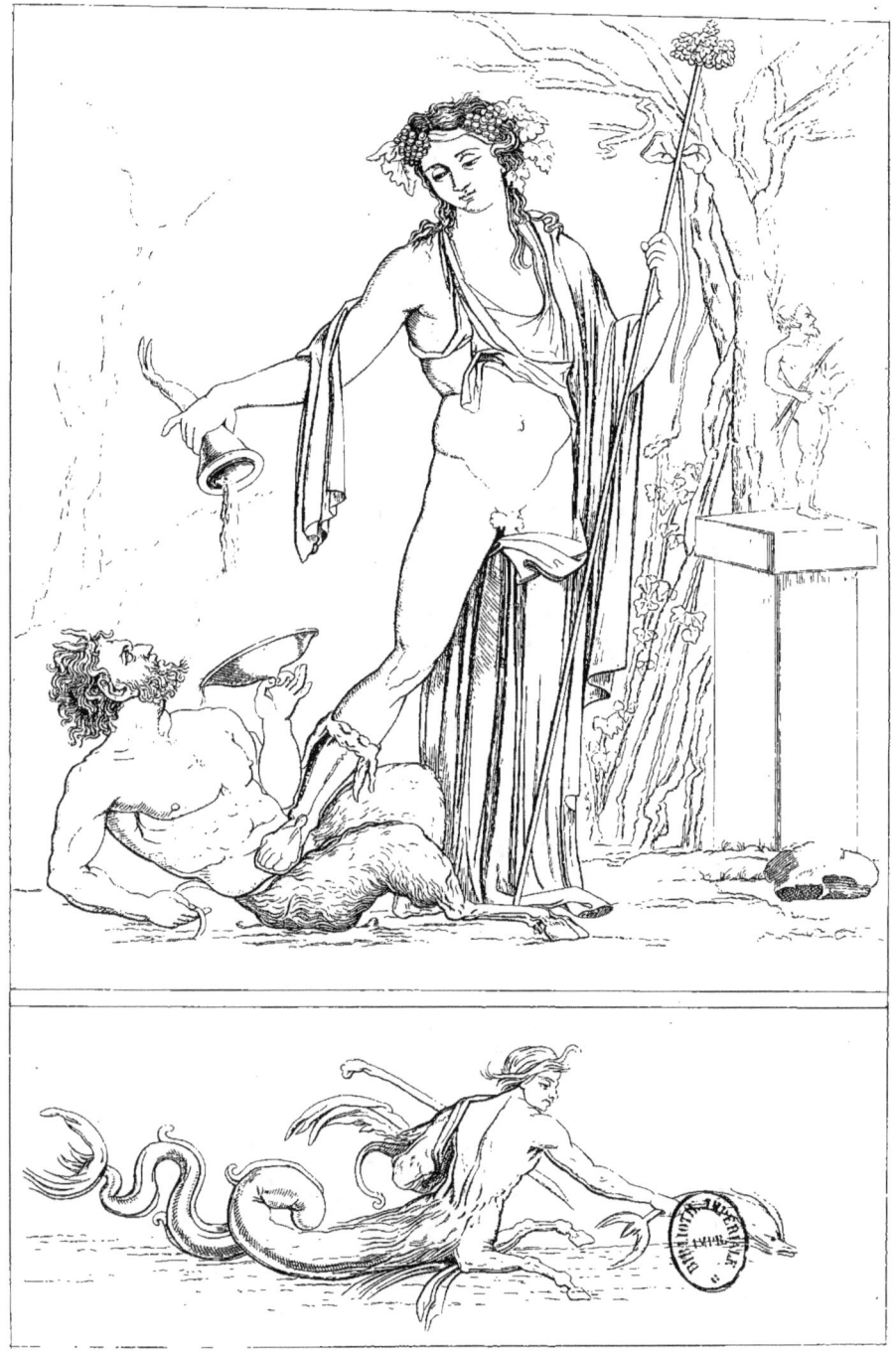

BACCHVS ET VN SATYRE

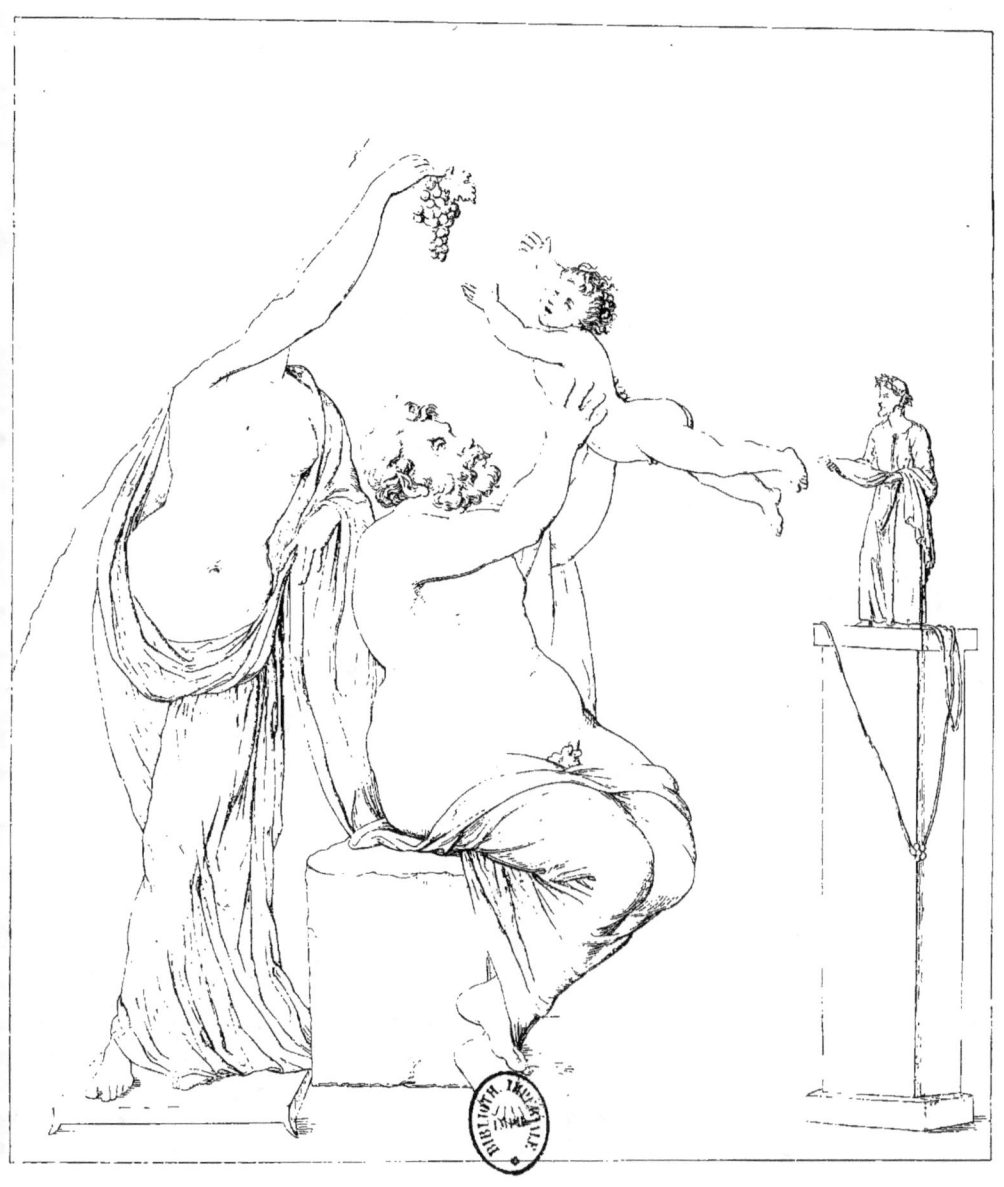

ENFANCE DE BACCHVS

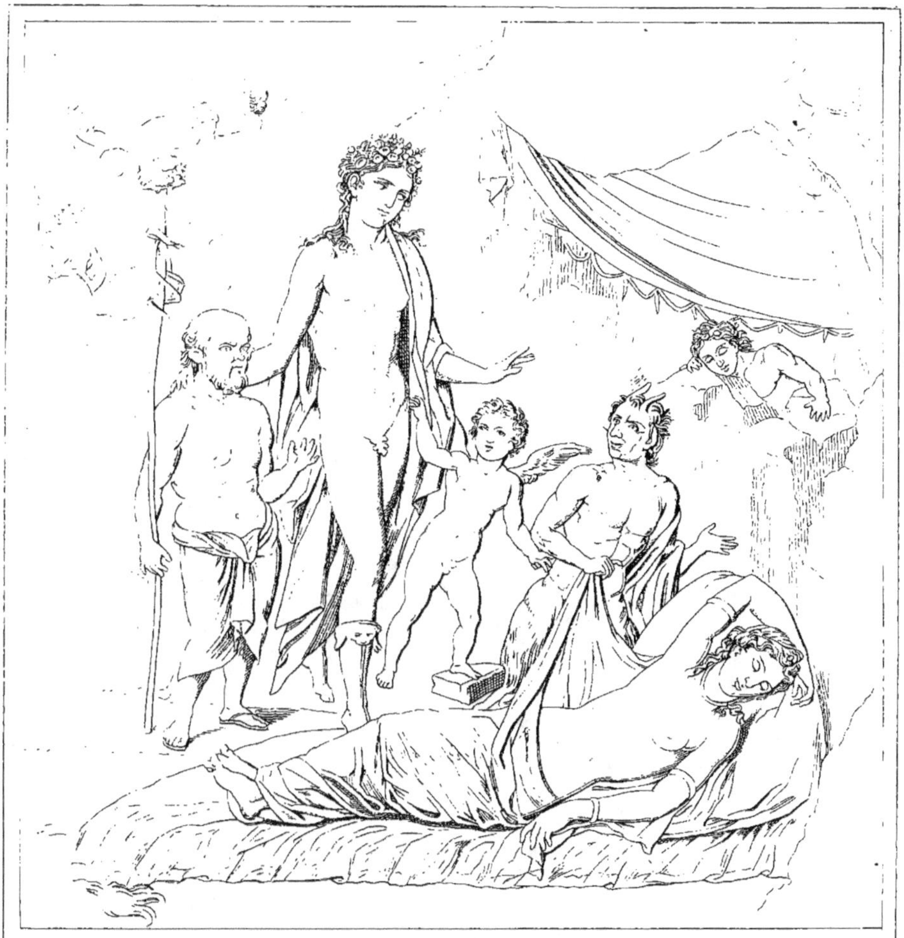

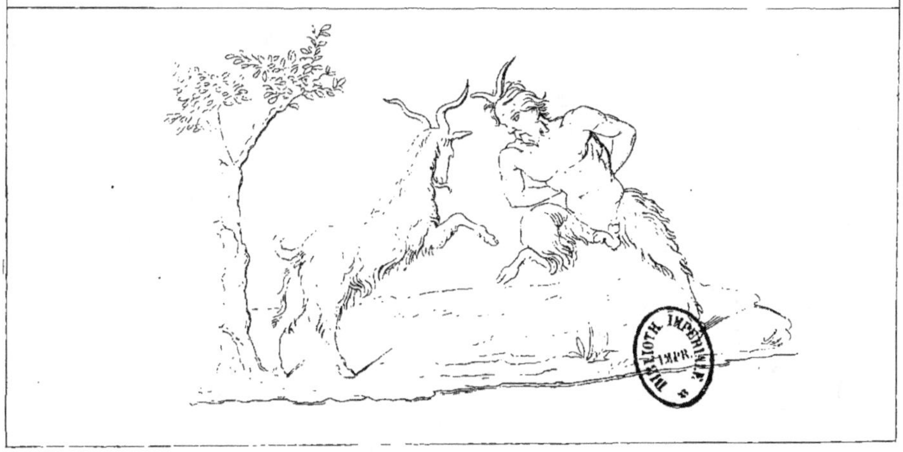

BACCHVS ET ARIADNE

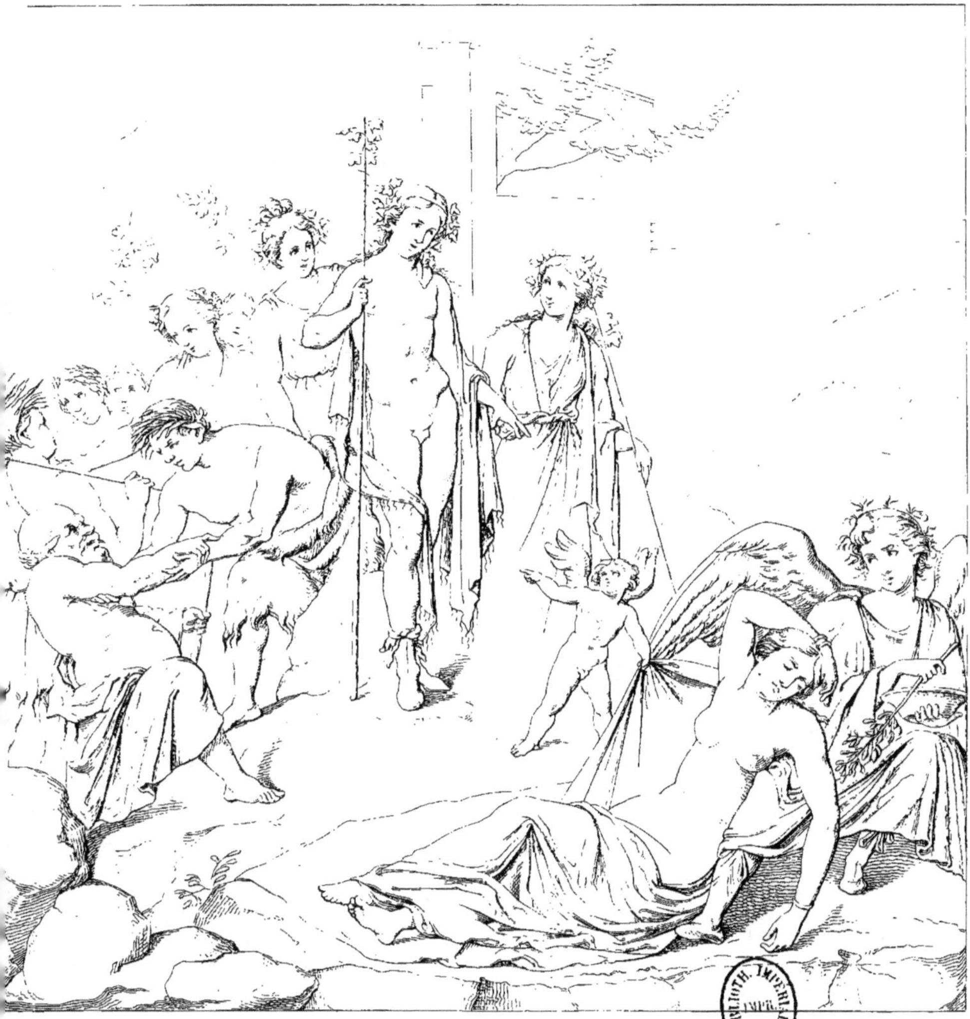

PL. 82

BACCHVS ET ARIADNE

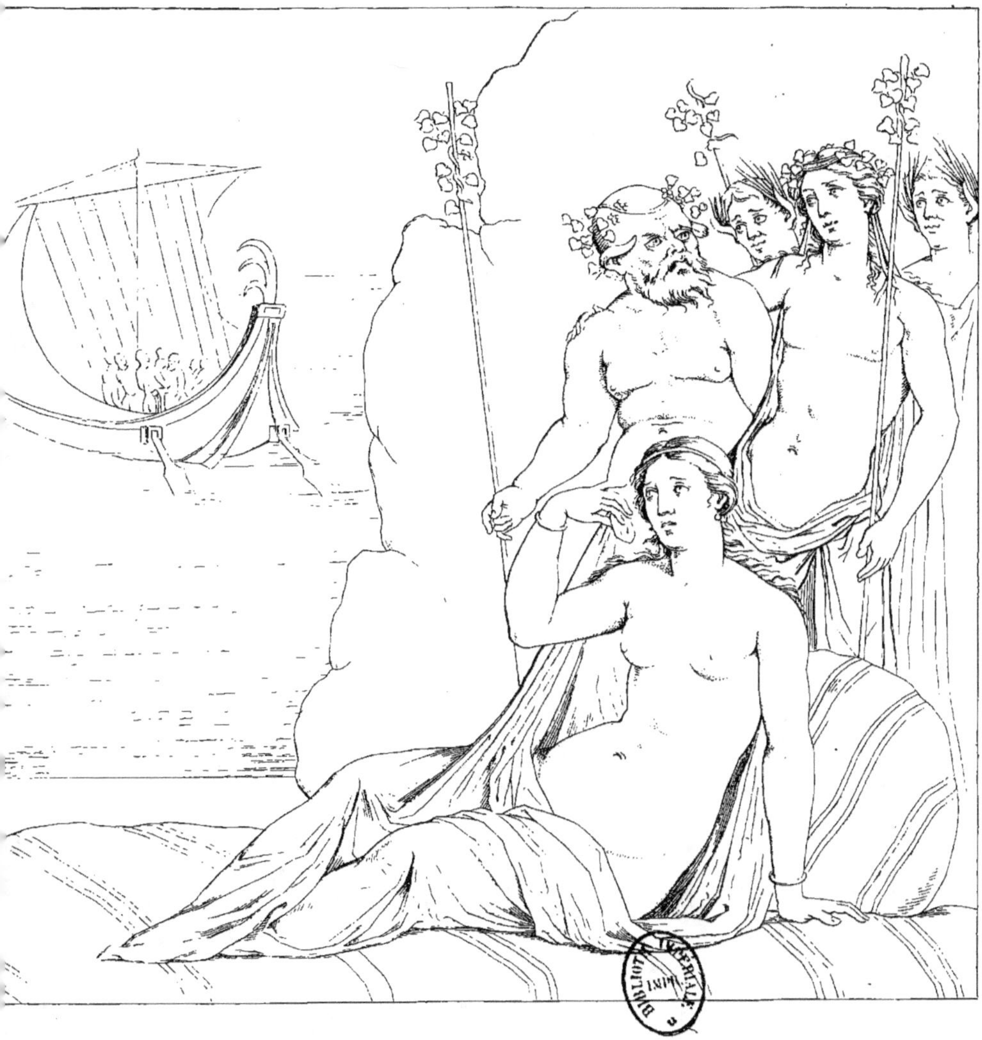

BACCHVS ET ARIADNE

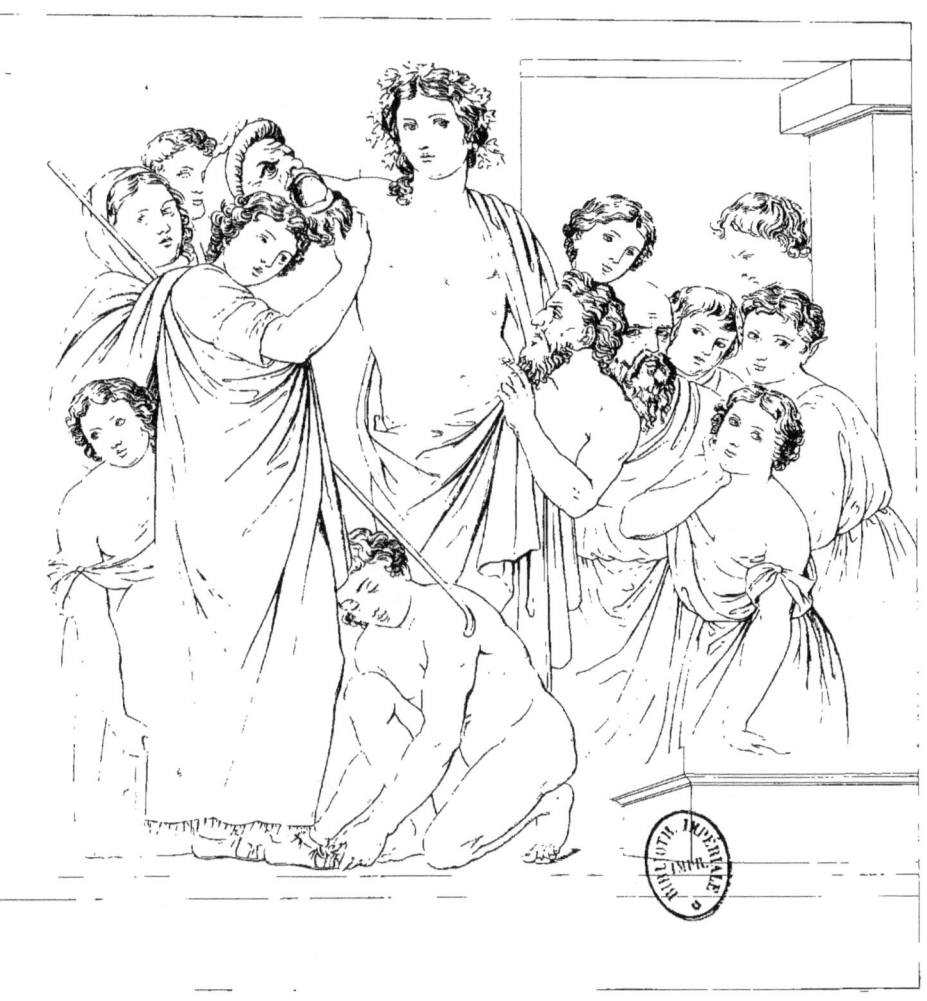

BACCHVS INSTITVTEVR DE LA COMÉDIE

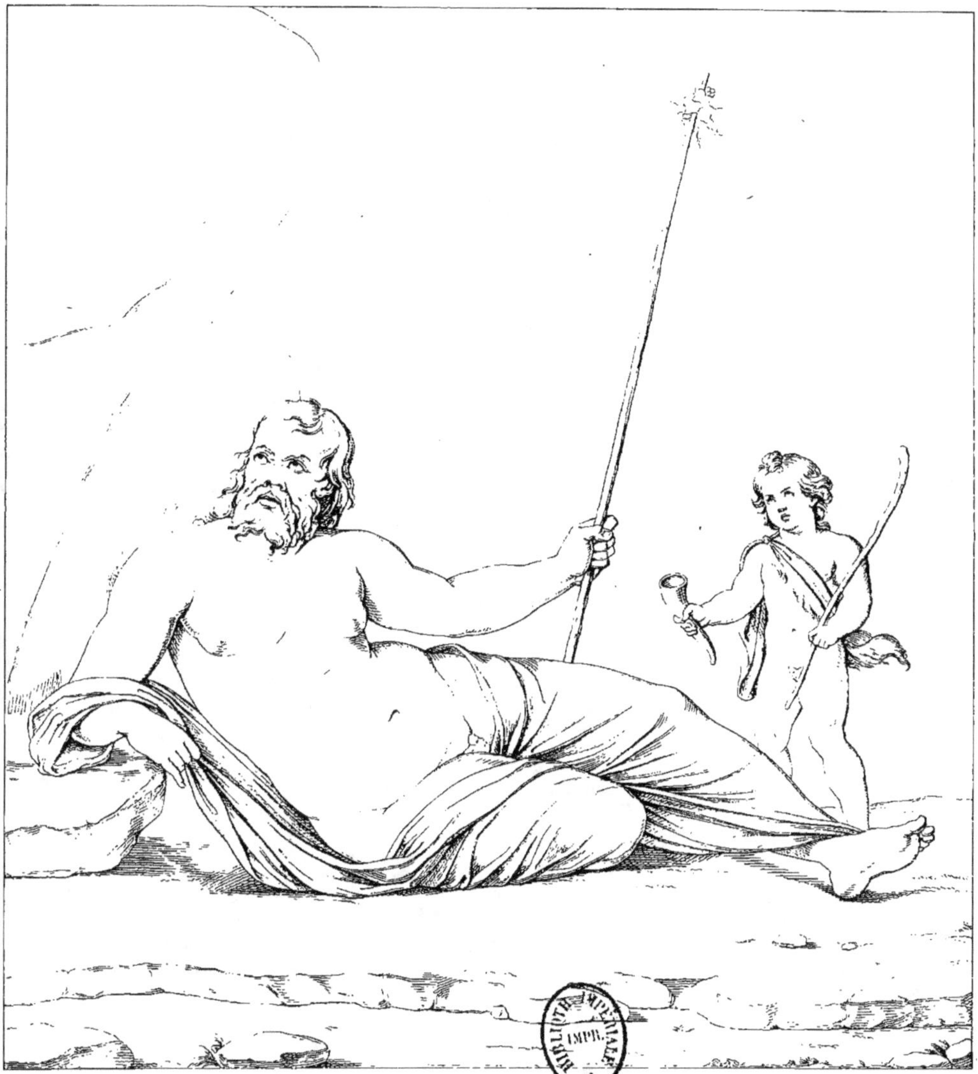

SILÈNE

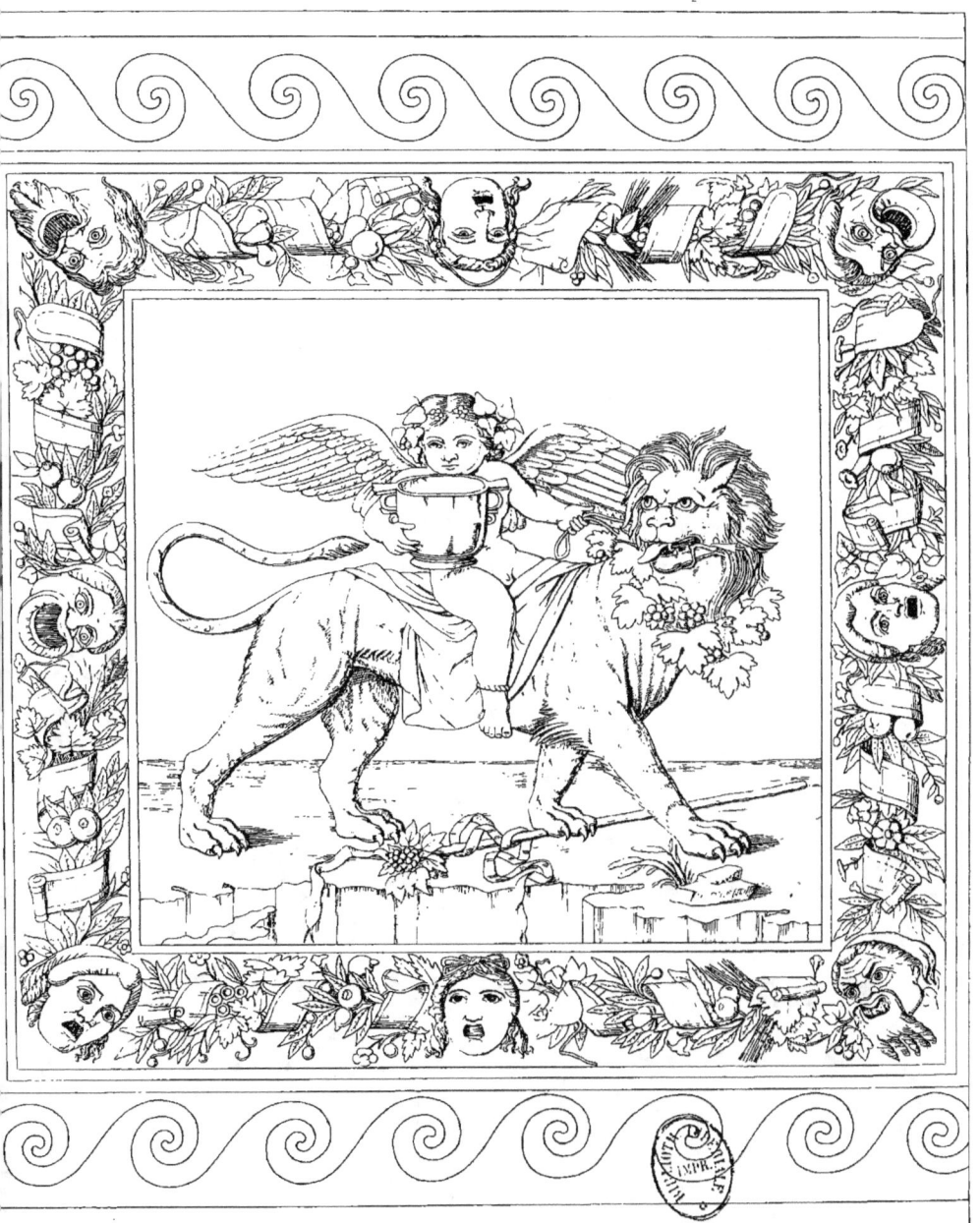

ACRATVS

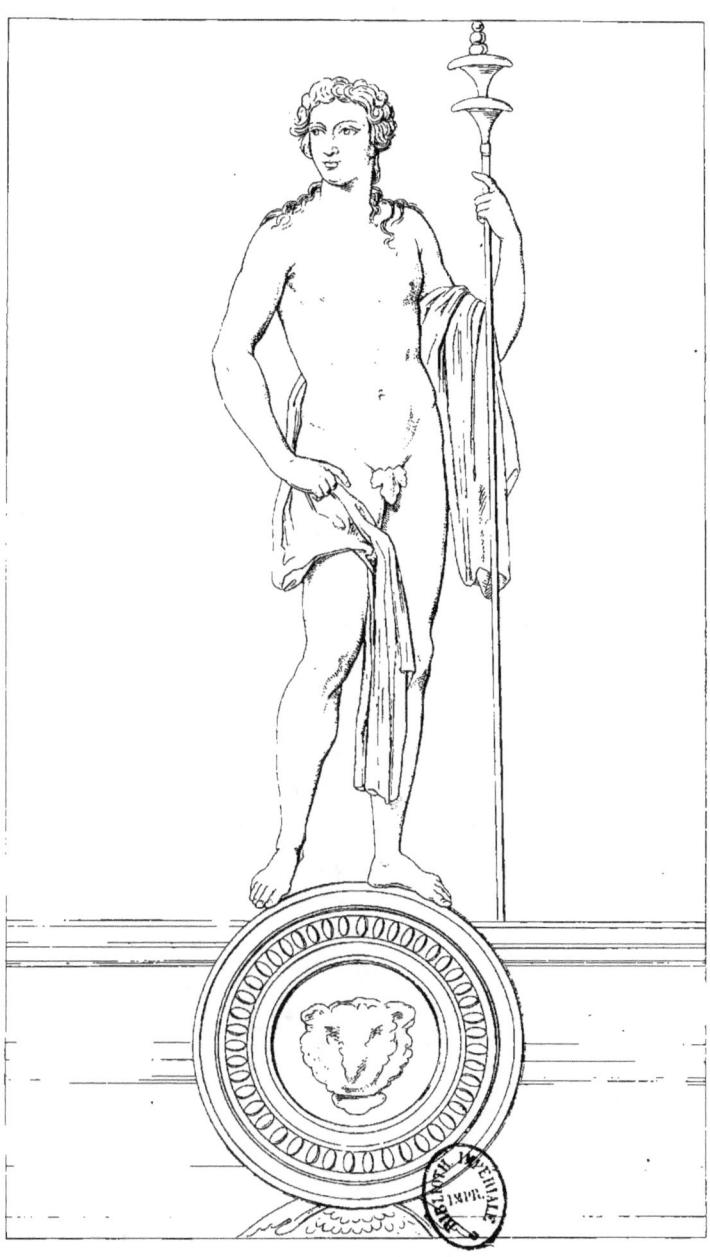

COMVS

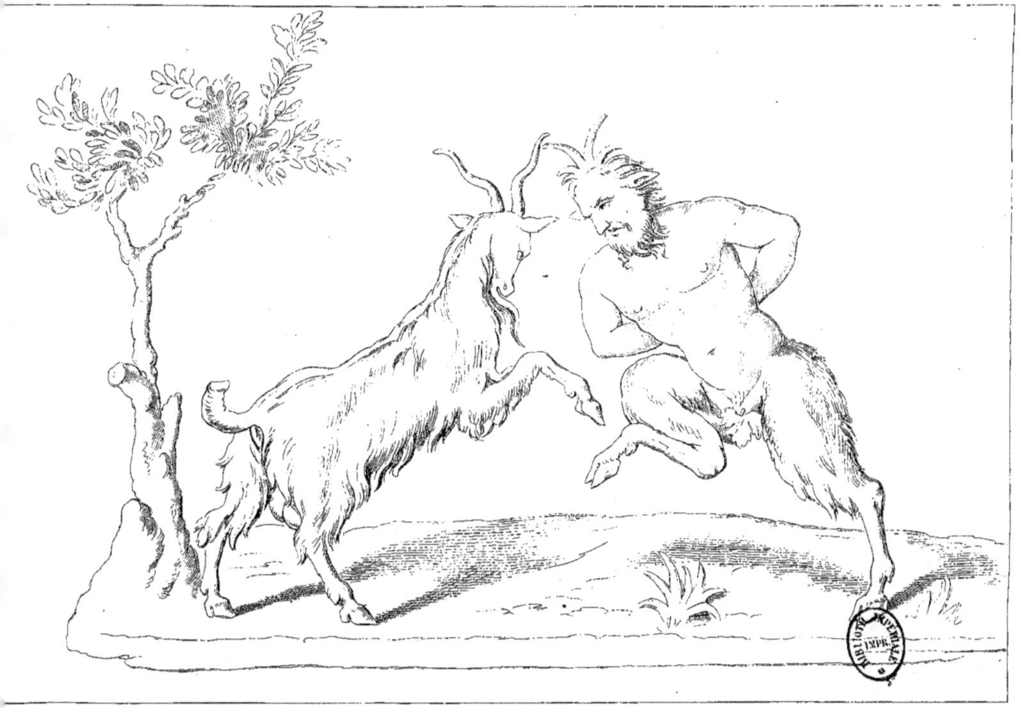

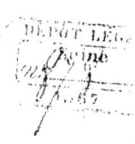

SATYRE DANSANT AVEC VNE CHÈVRE

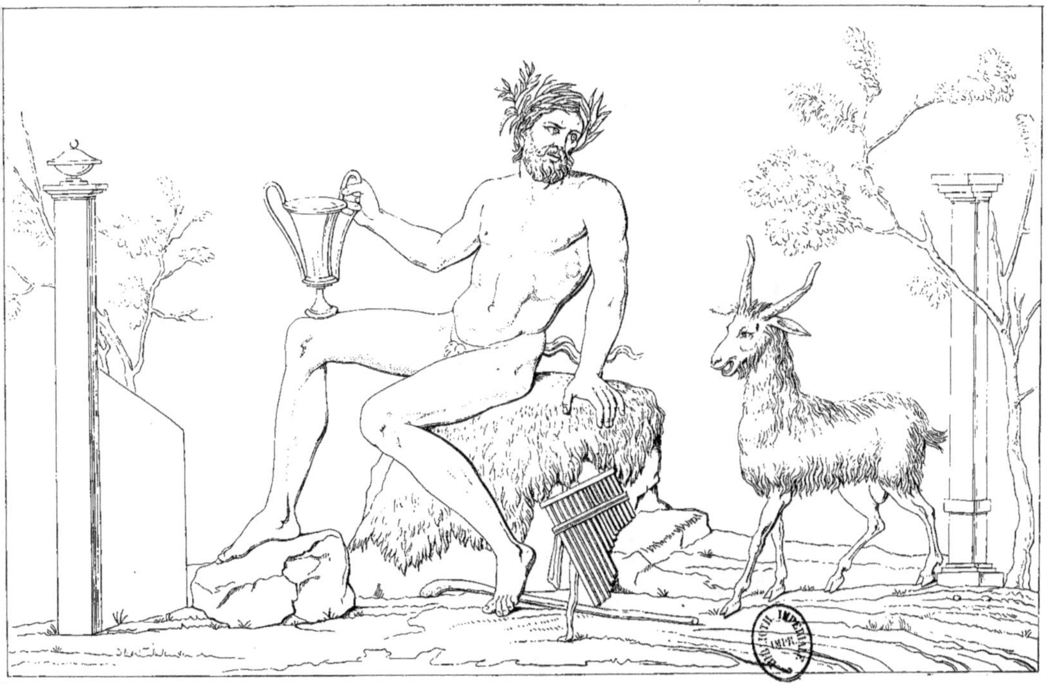

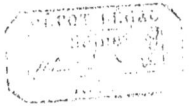

FAVNE

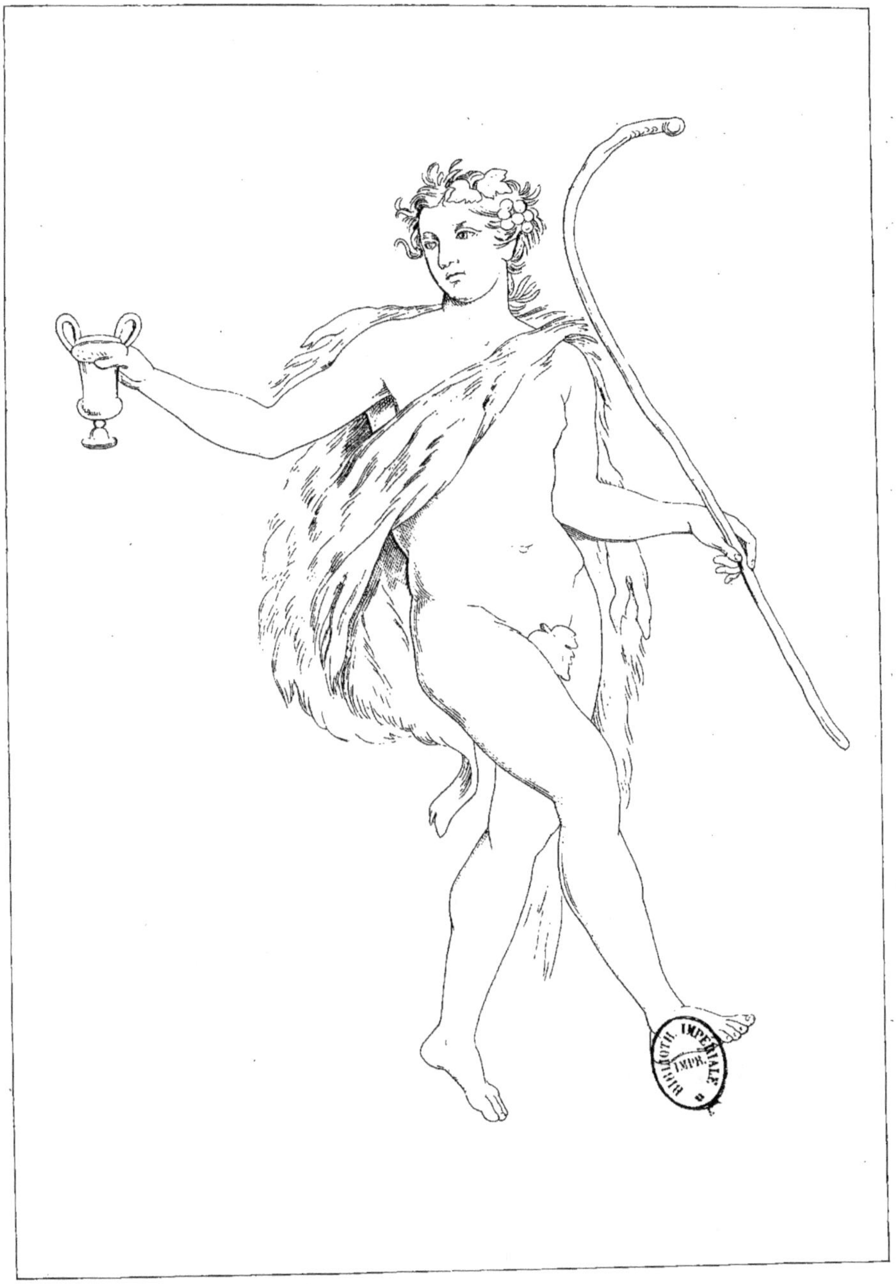

FAVNE

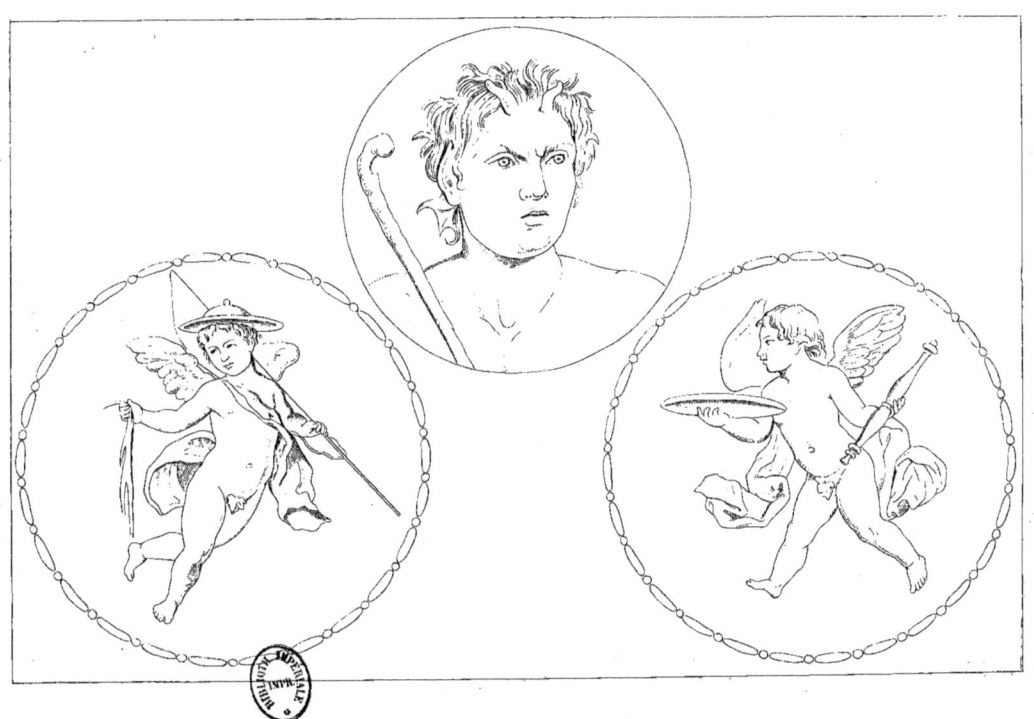

Tête de Faune et Génies

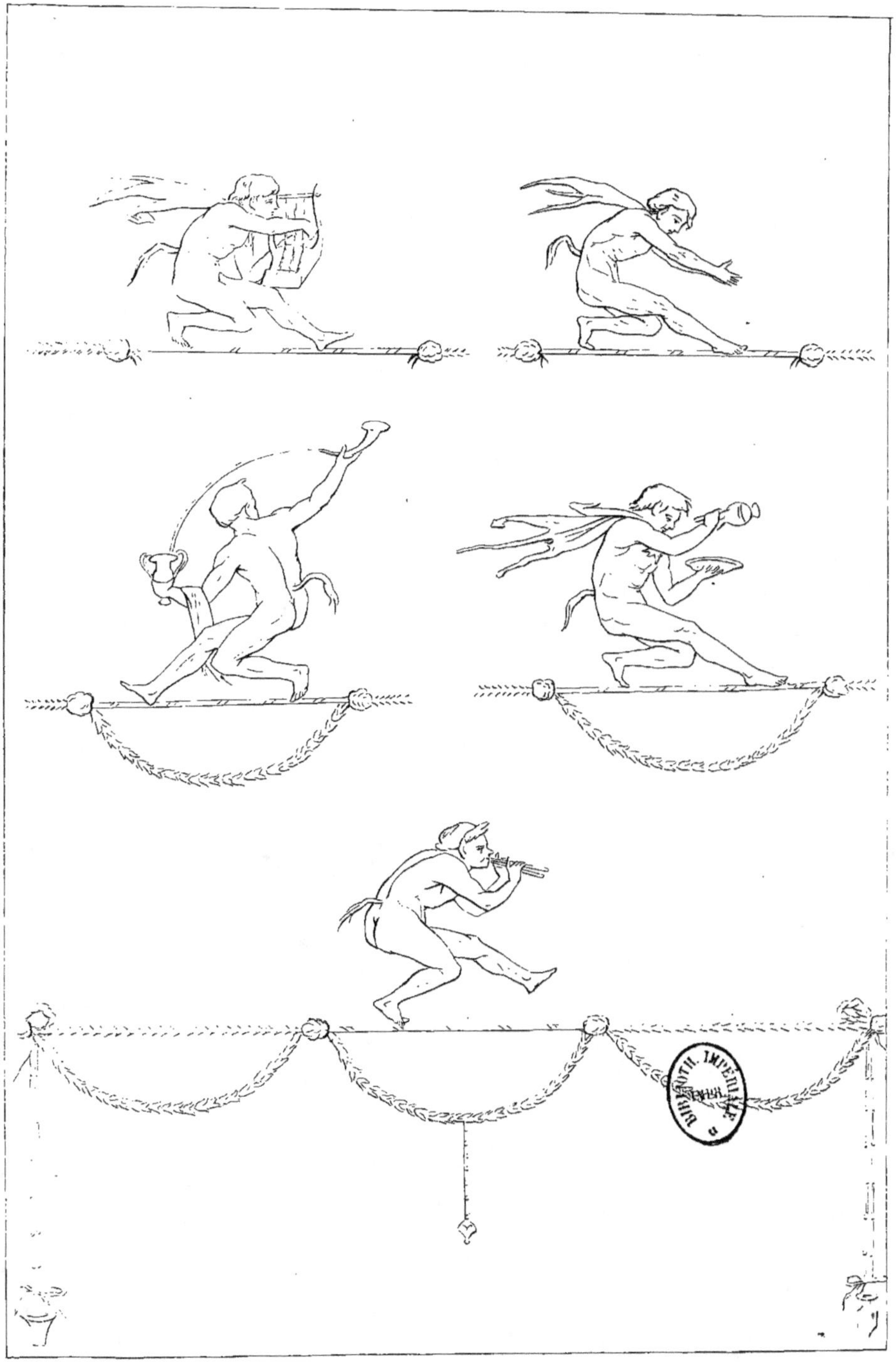

FAVNES DANSANTS

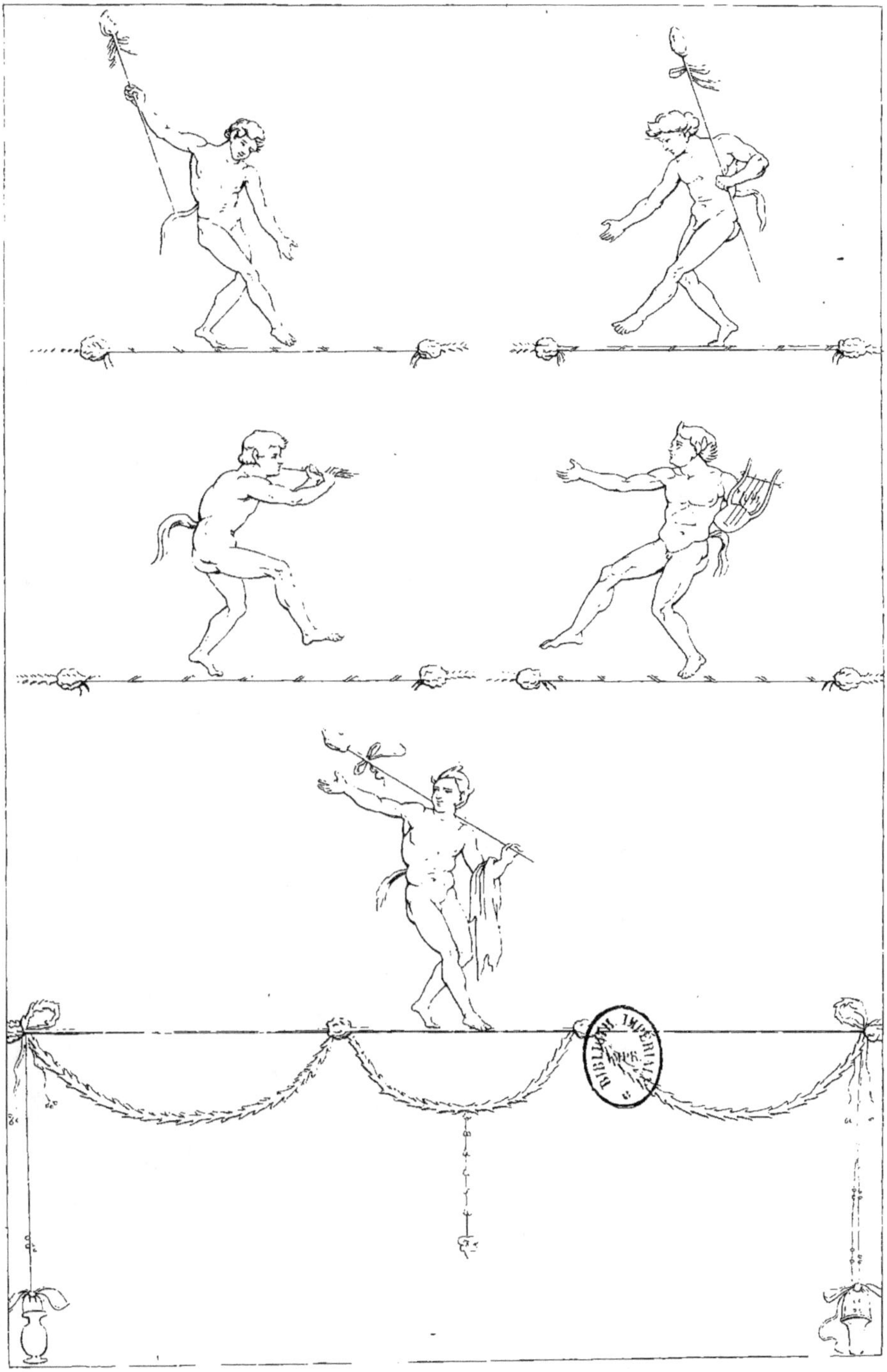

Chefs-d'Œuvre de l'Art Antique — Vol. 1 (2e Série)

Pl. 93

FAVNES DANSANTS

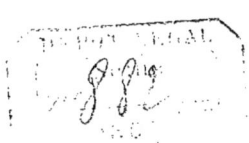

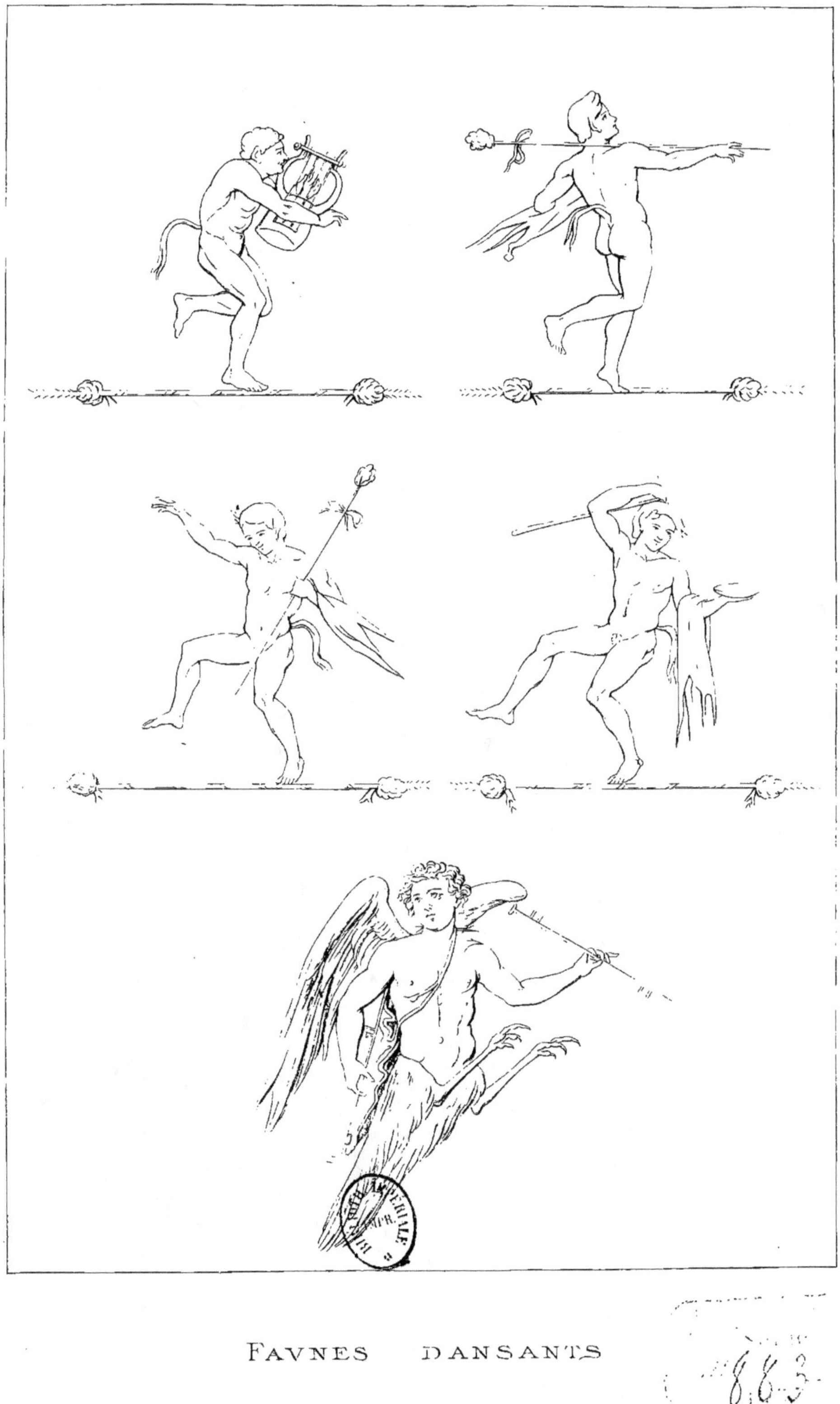

FAVNES DANSANTS

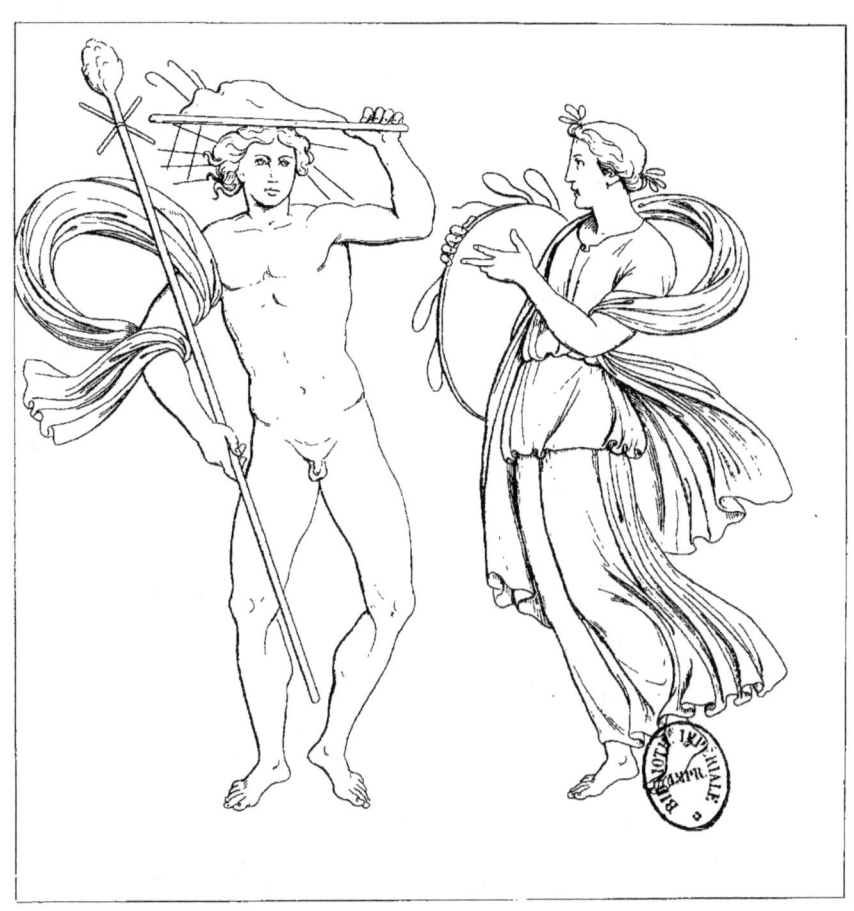

FAVNE ET BACCHANTE

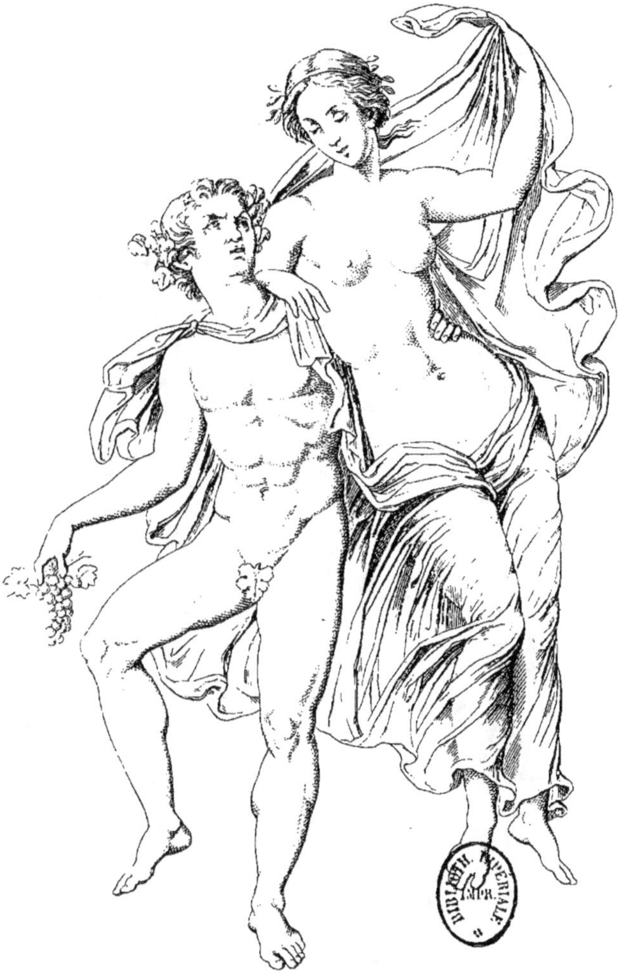

Chefs-d'Œuvre de l'Art Antique VOL.1 (2ᵉ Série)   PL.96.

FAVNE ET BACCHANTE

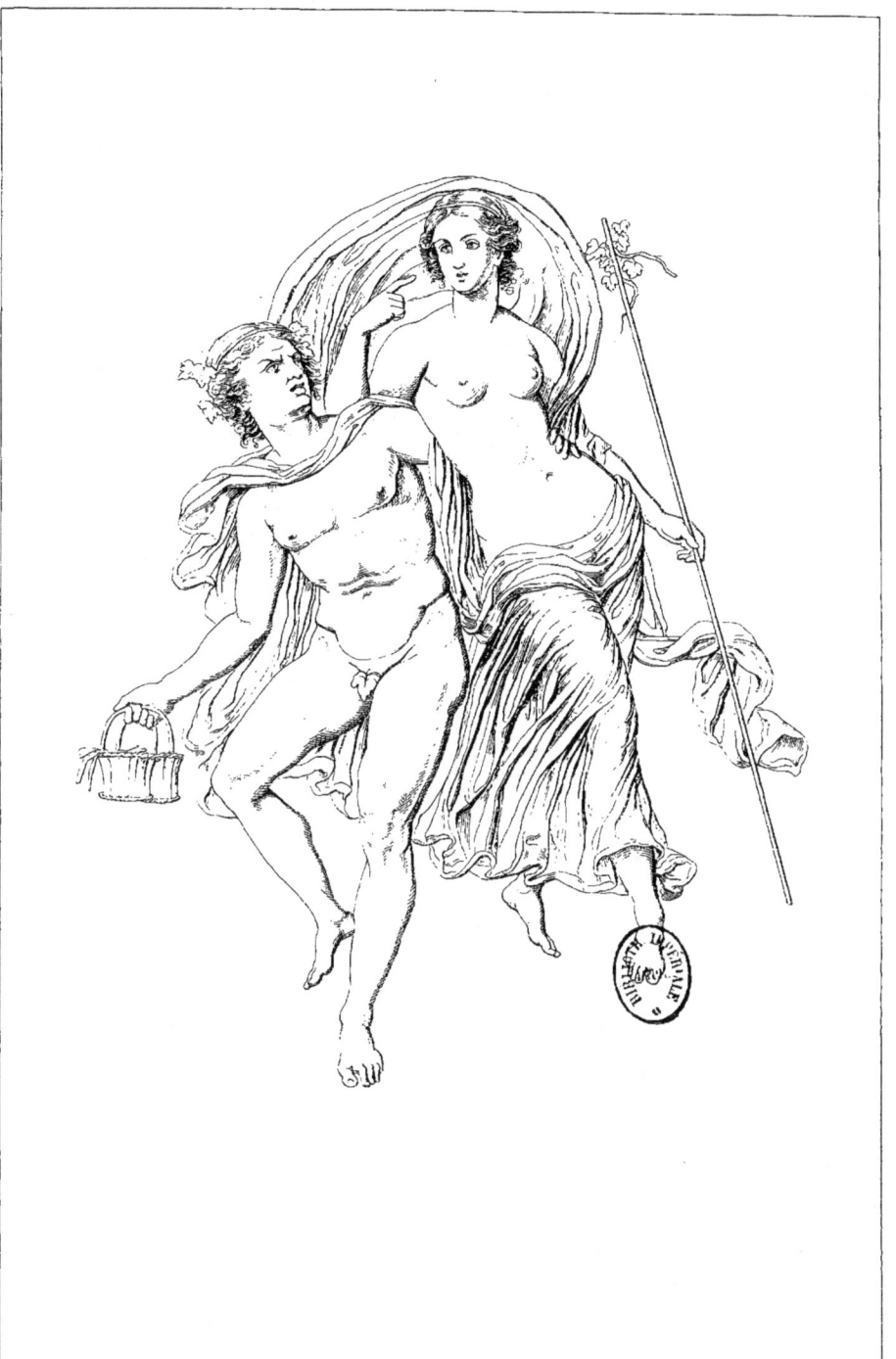

FAVNE ET BACCHANTE

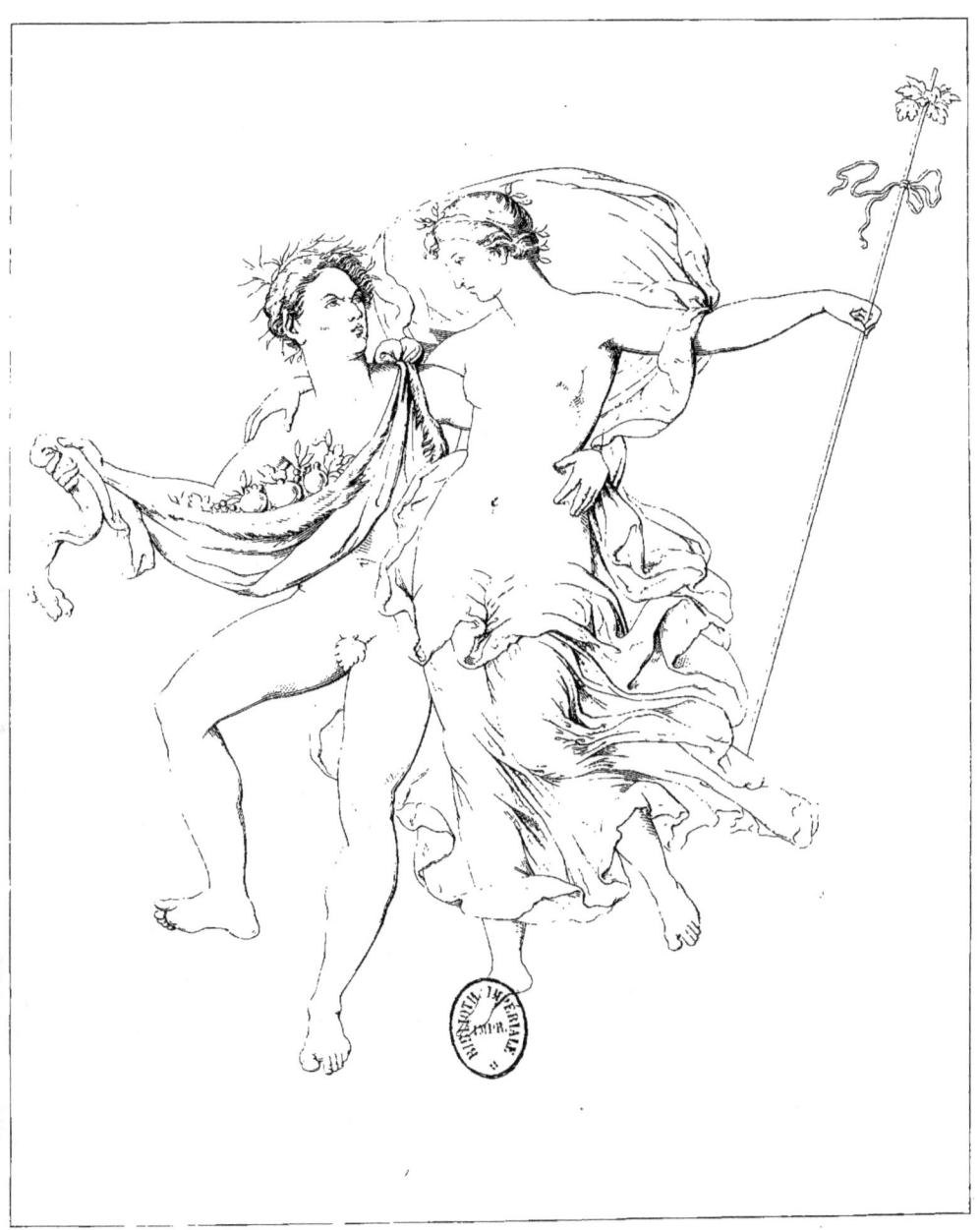

FAVNE ET BACCHANTE

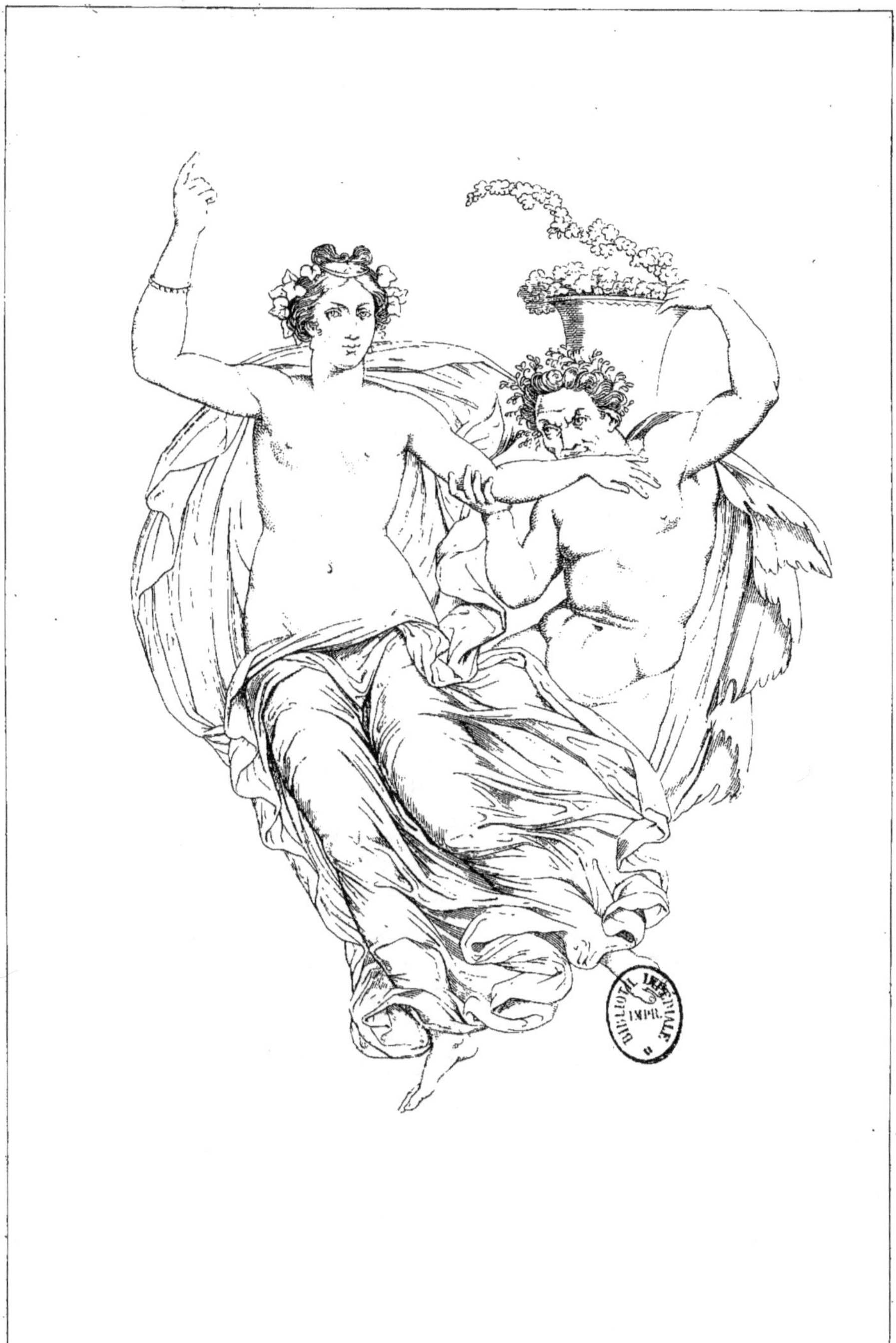

FAVNE ET BACCHANTE

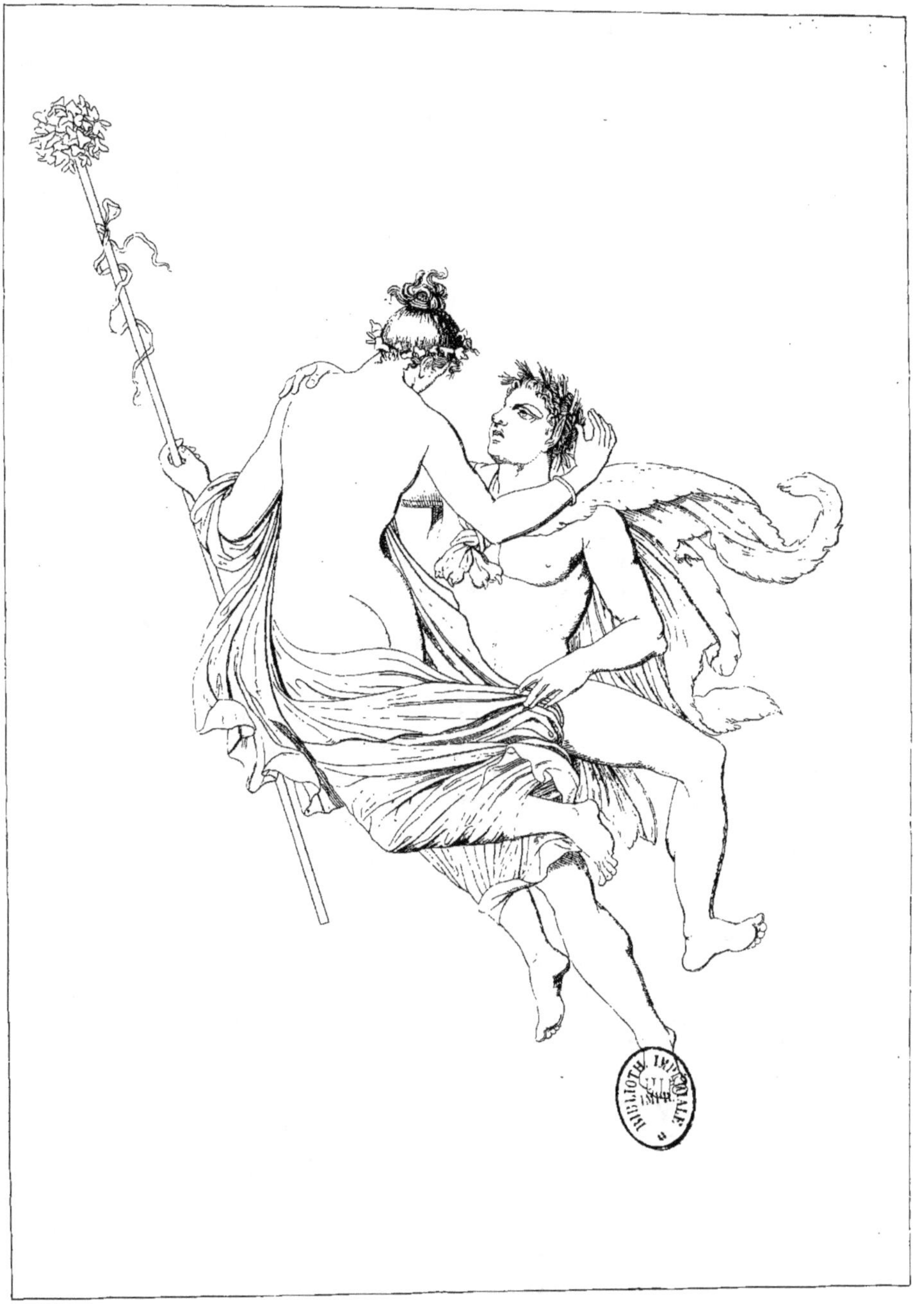

Chefs-d'œuvre de l'Art Antique VOL 1. (2e Série)  PL 100.

FAVNE ET BACCHANTE

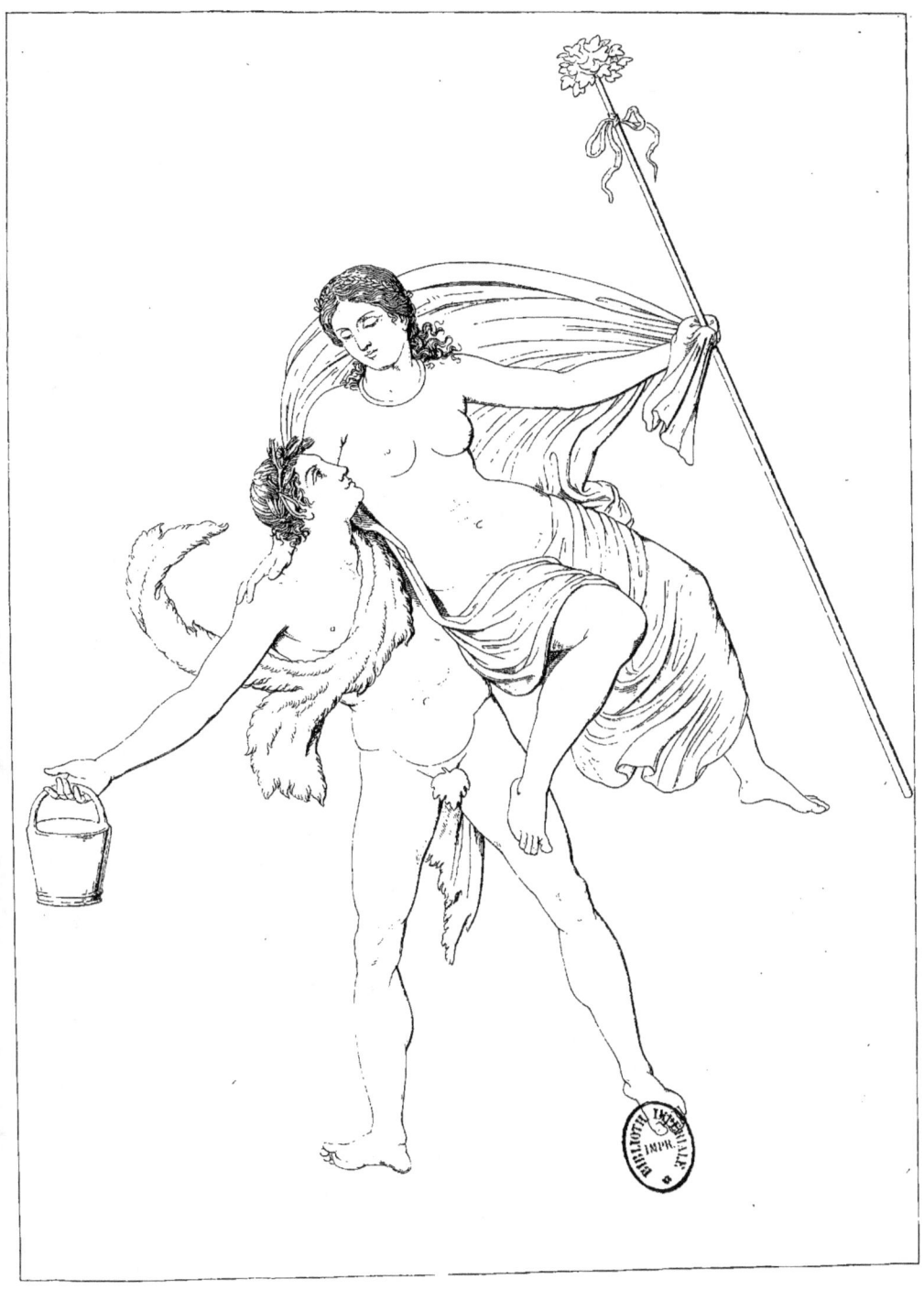

FAUNE ET BACCHANTE

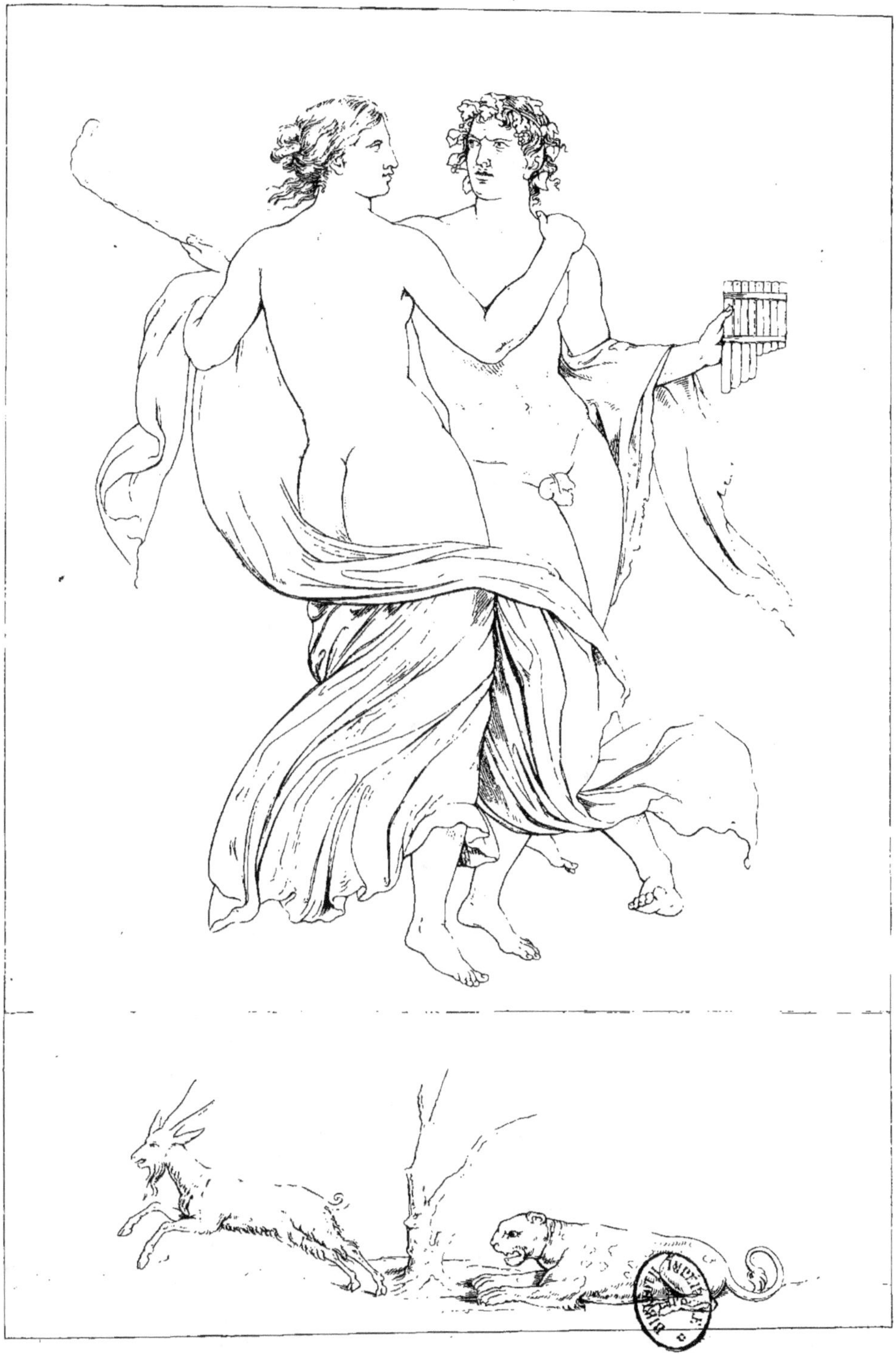

FAVNE ET BACCHANTE

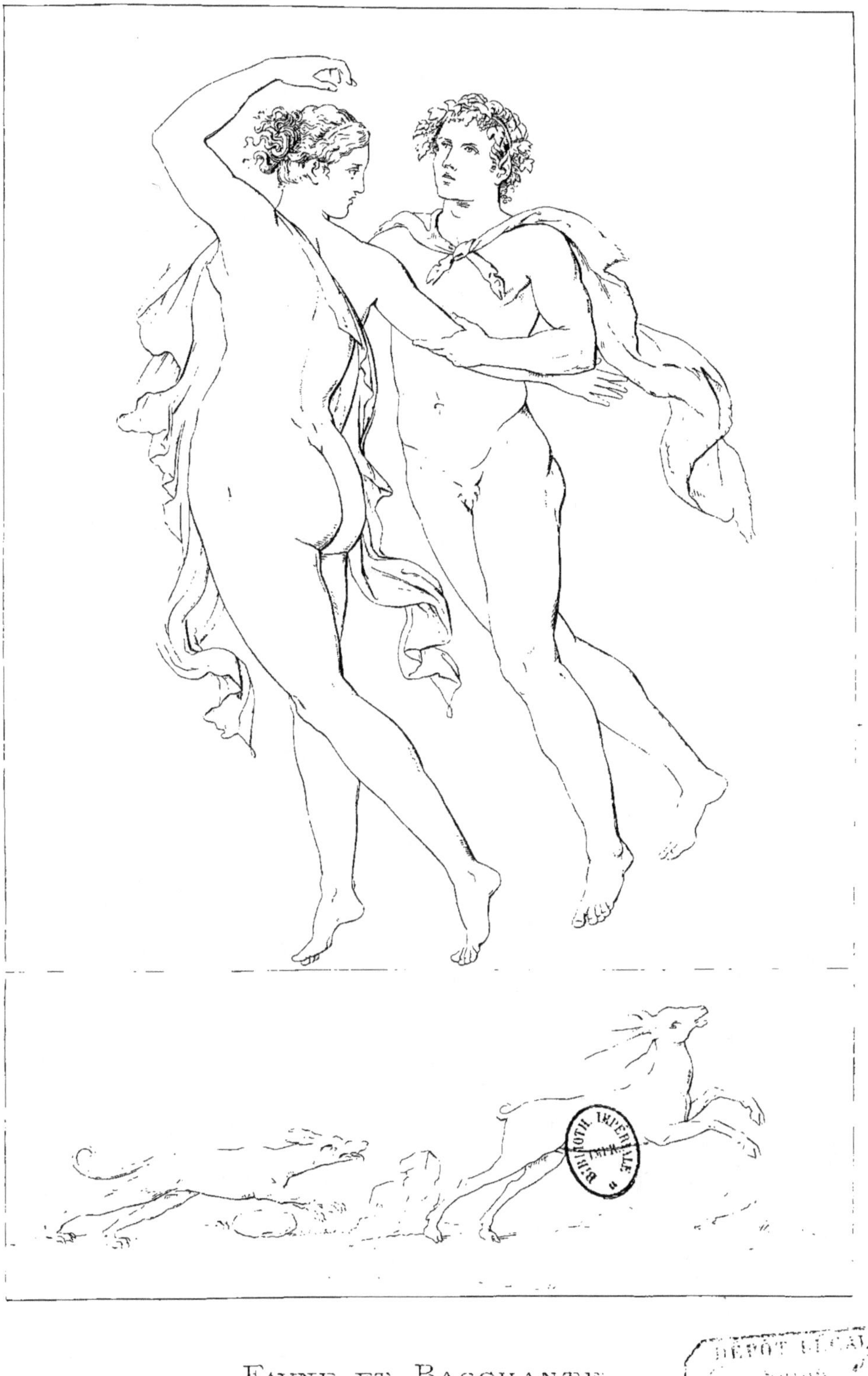

Chefs-d'Œuvre de l'Art Antique. VOL 1. (2e Série)  PL. 103.

FAVNE ET BACCHANTE

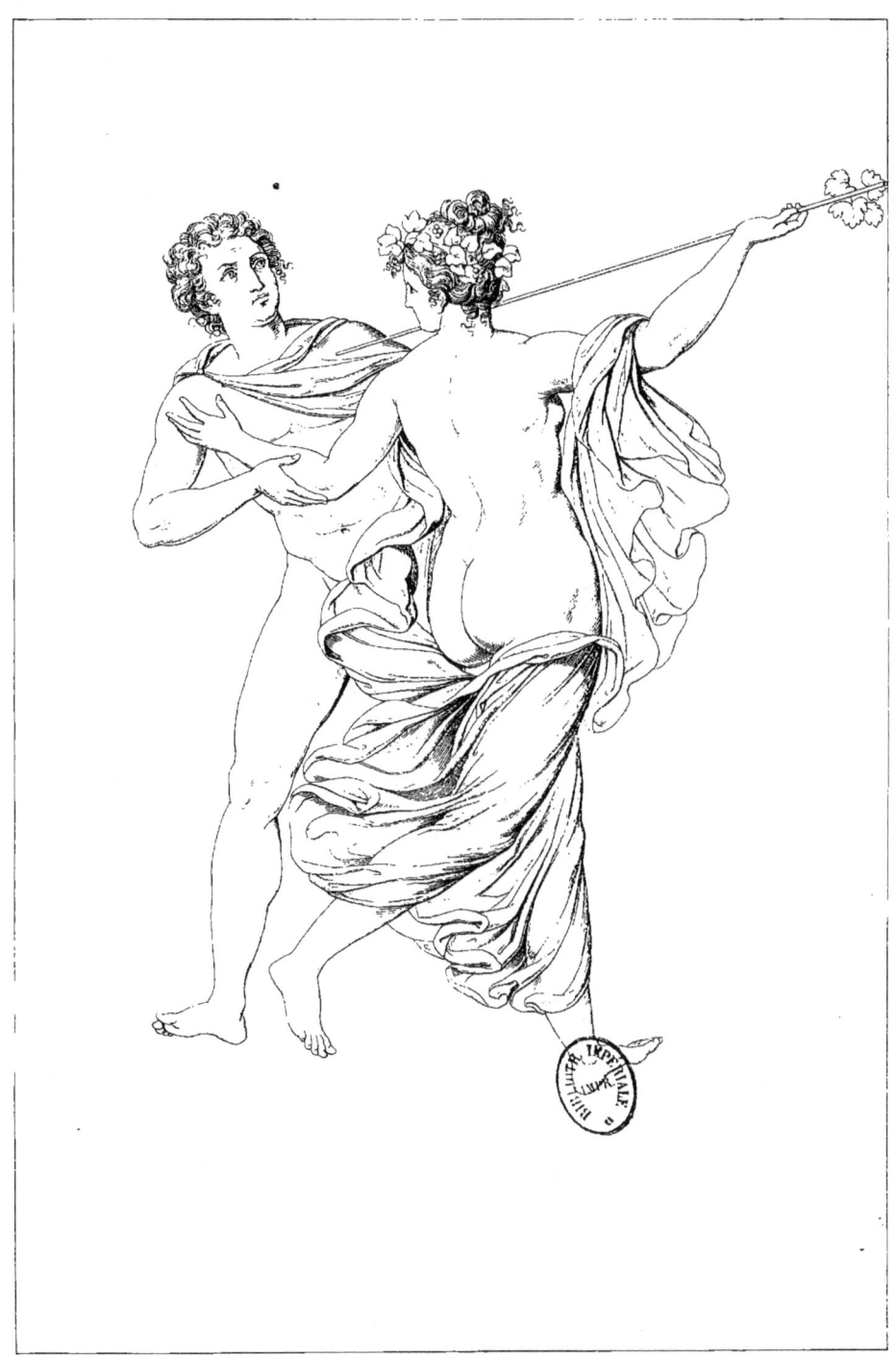

FAVNE ET BACCHANTE

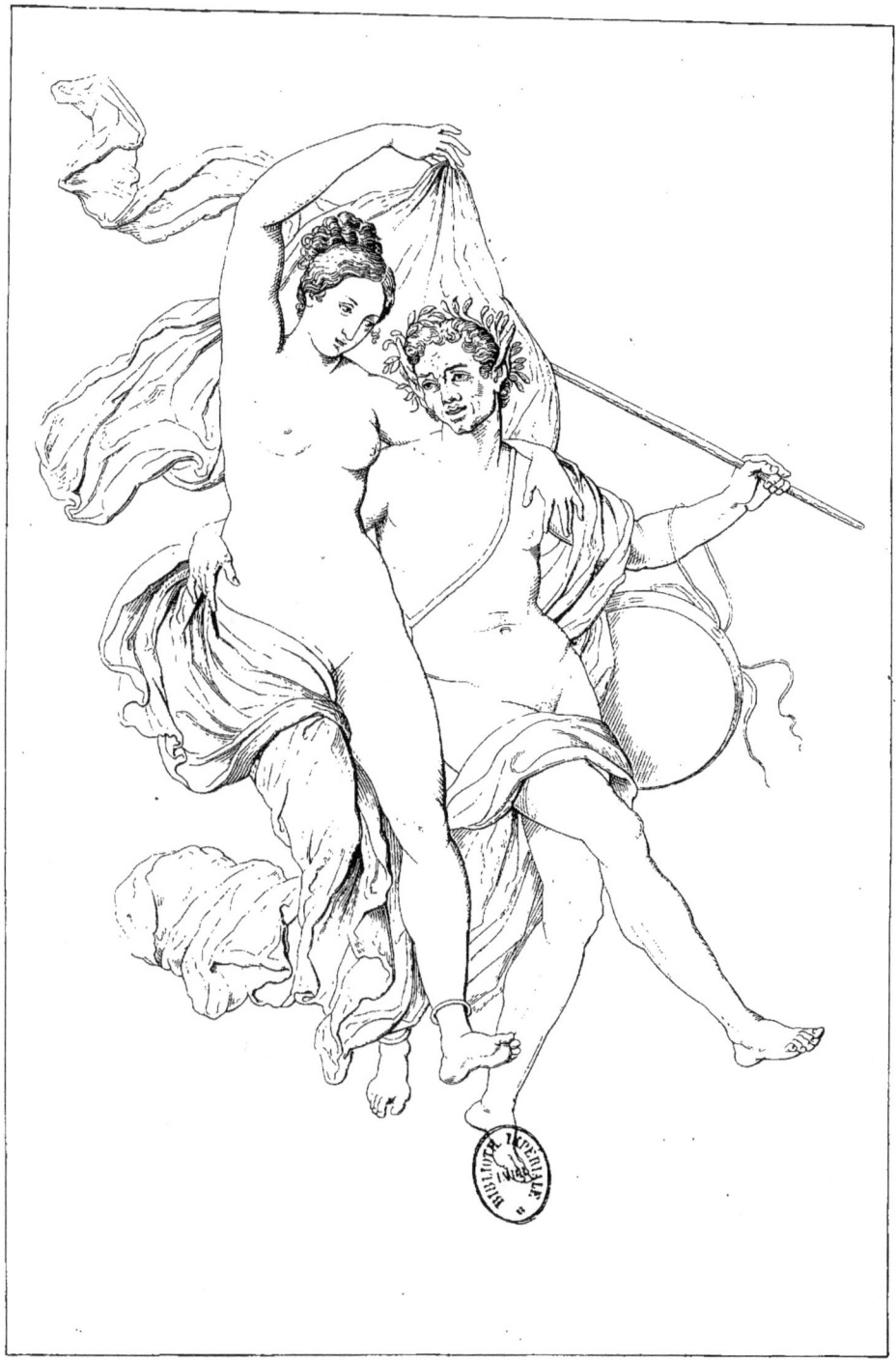

FAVNE ET BACCHANTE

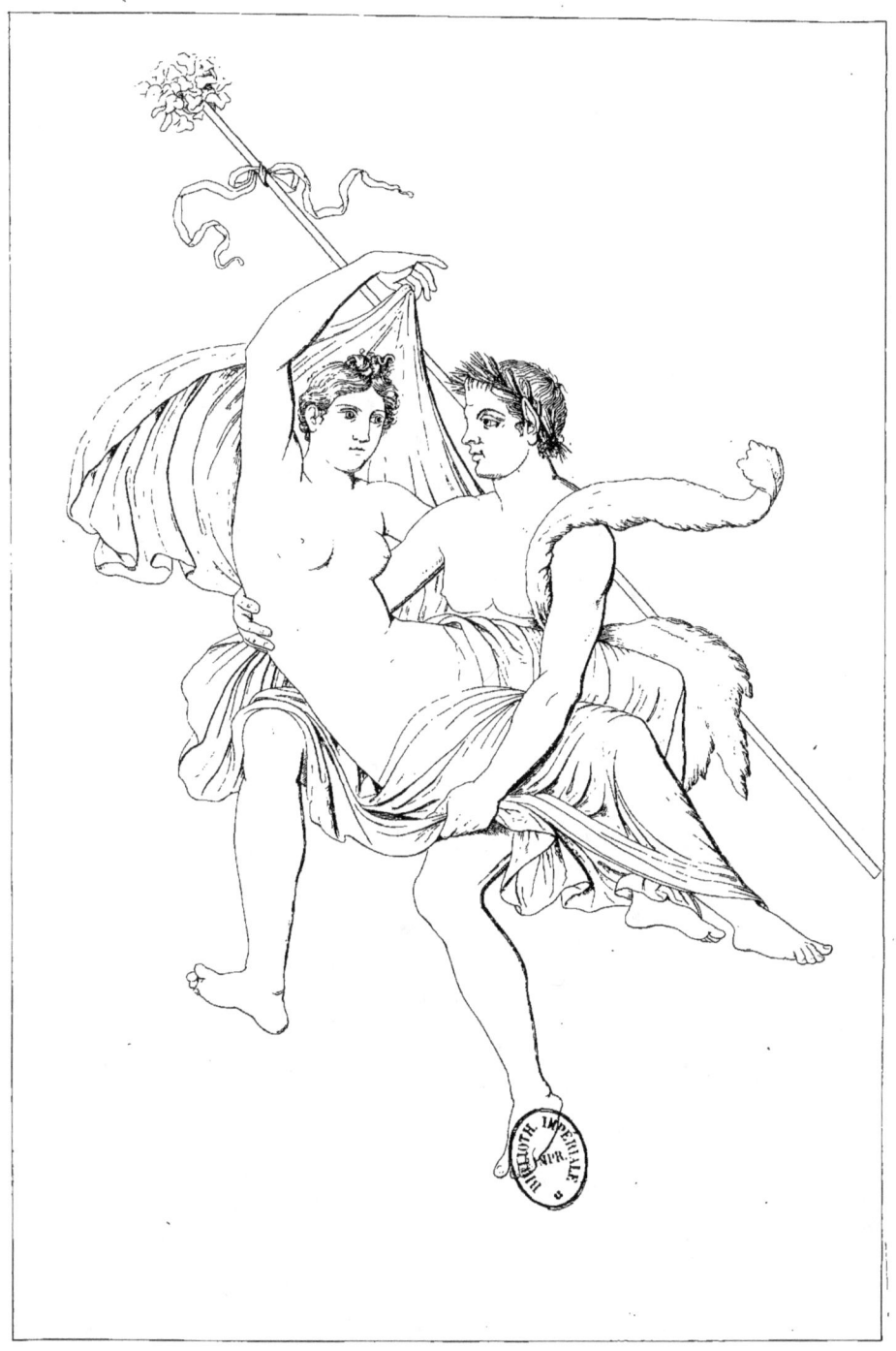

FAVNE ET BACCHANTE

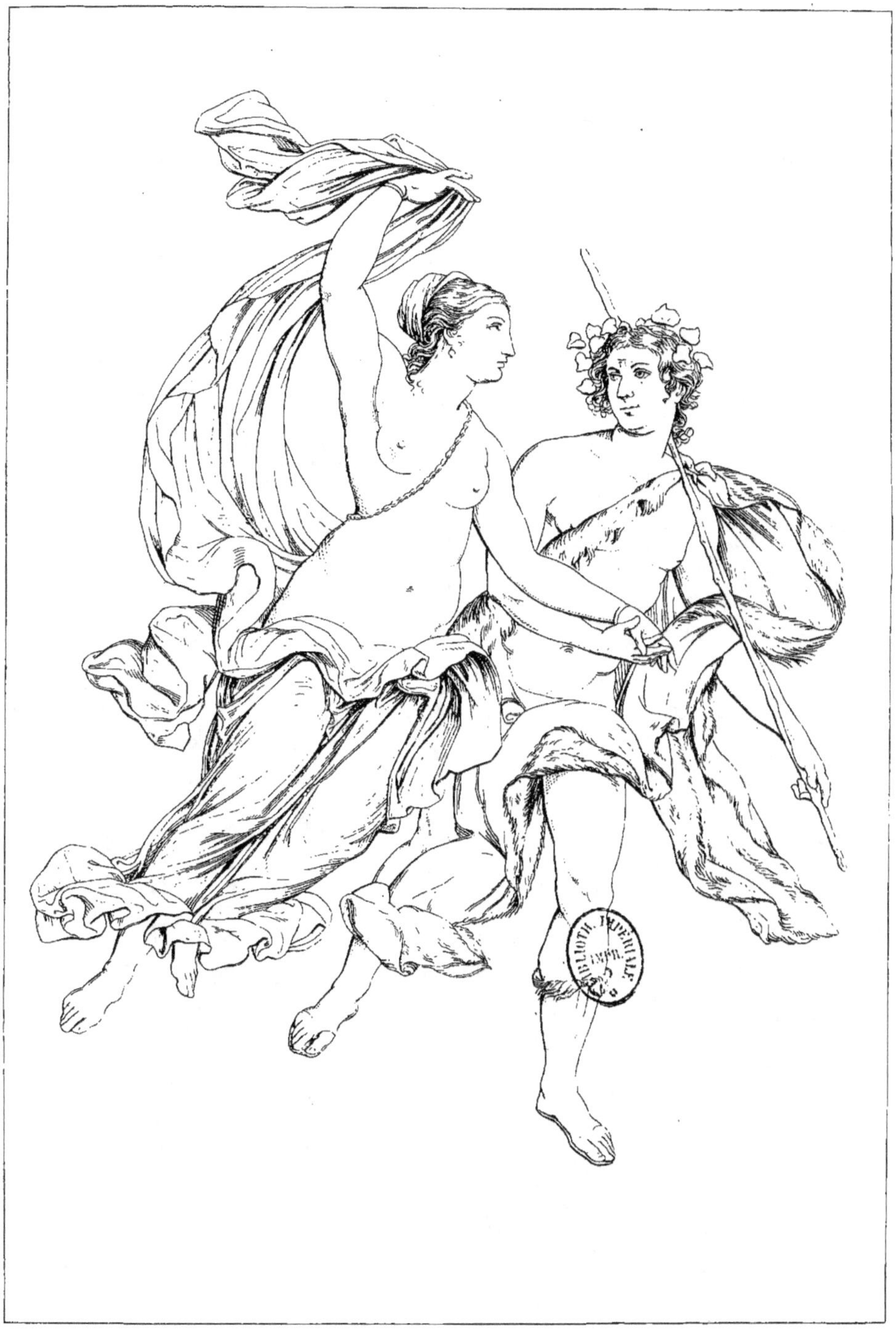

SVIVANTS DE BACCHVS

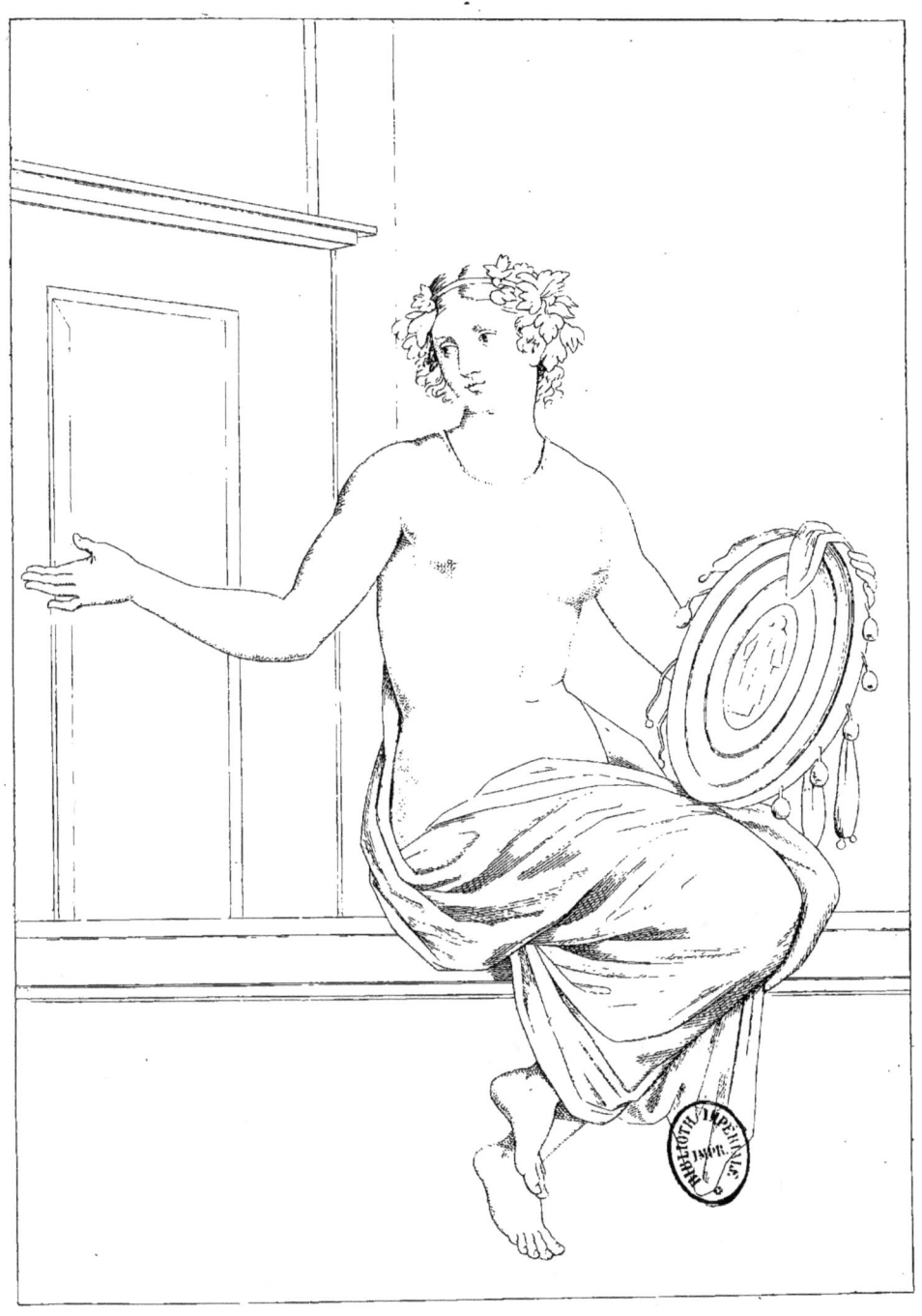

BACCHANTE

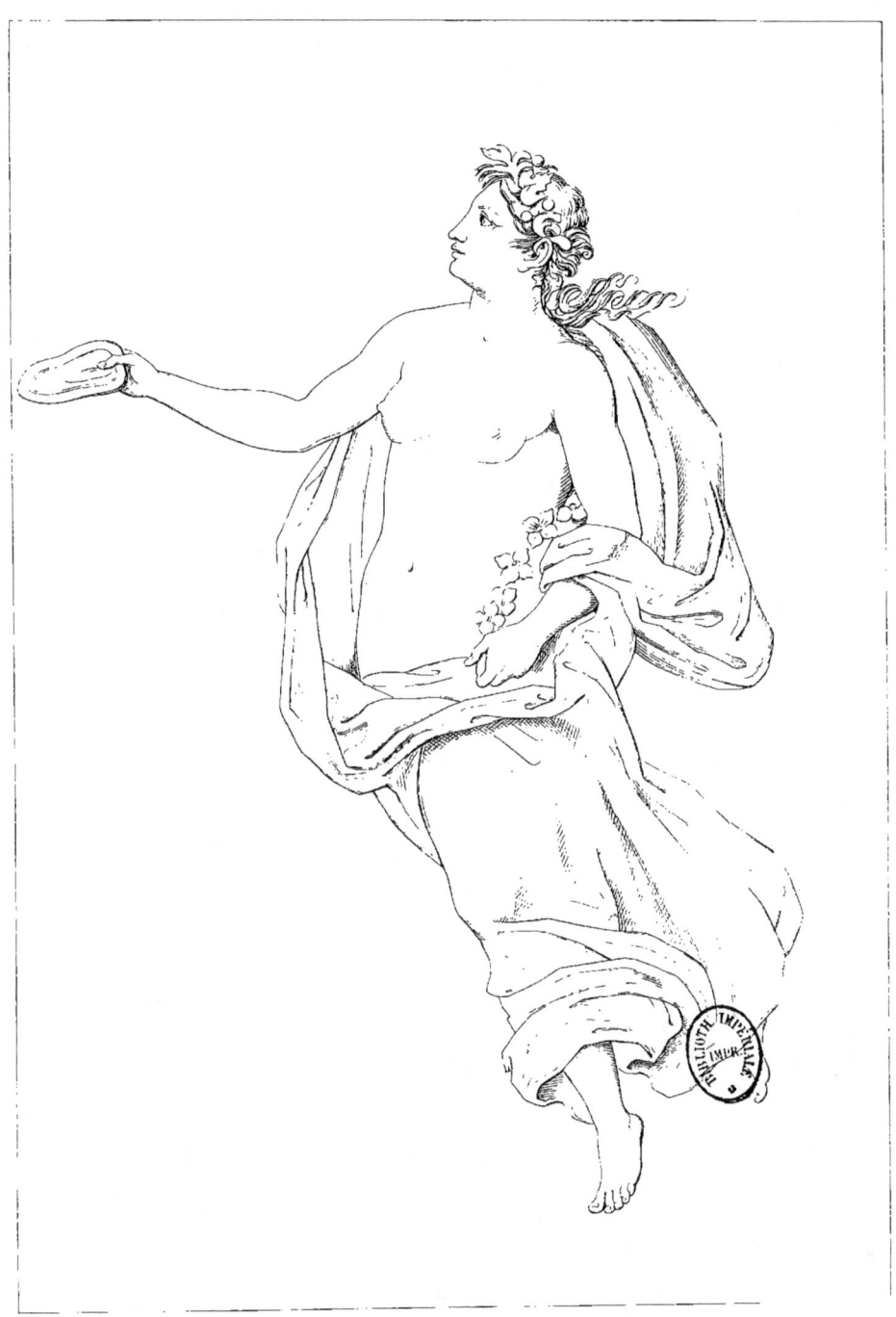

BACCHANTE.

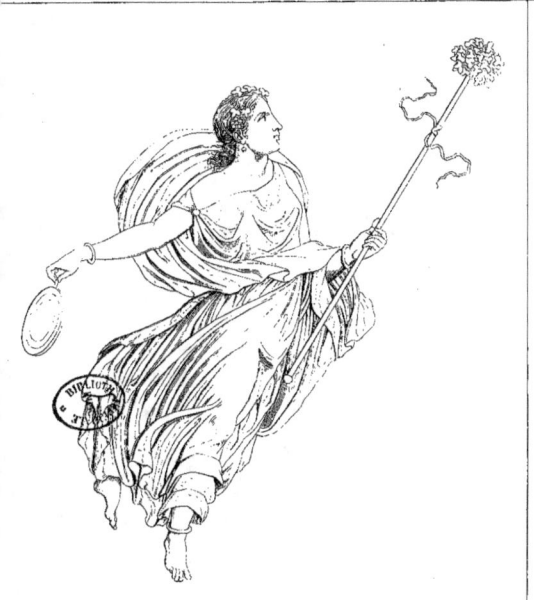
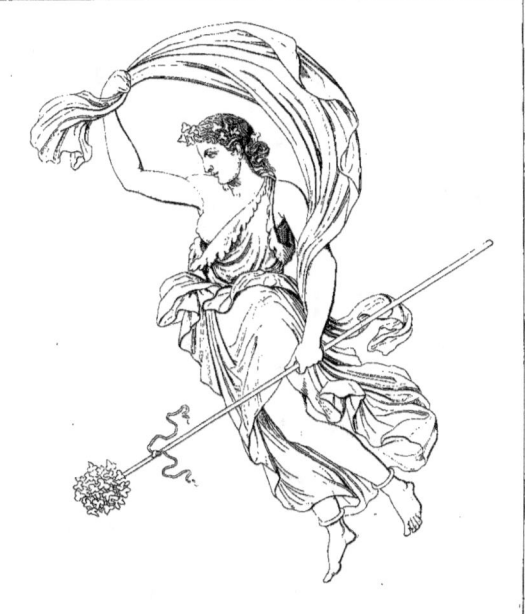

BACCHANTES

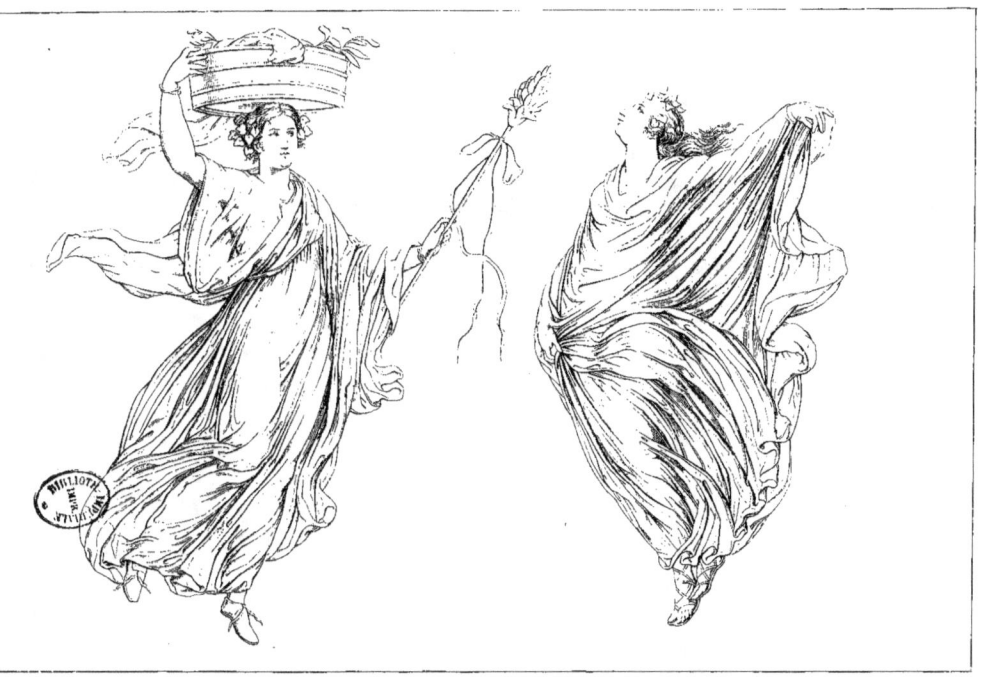

BACCHANTES

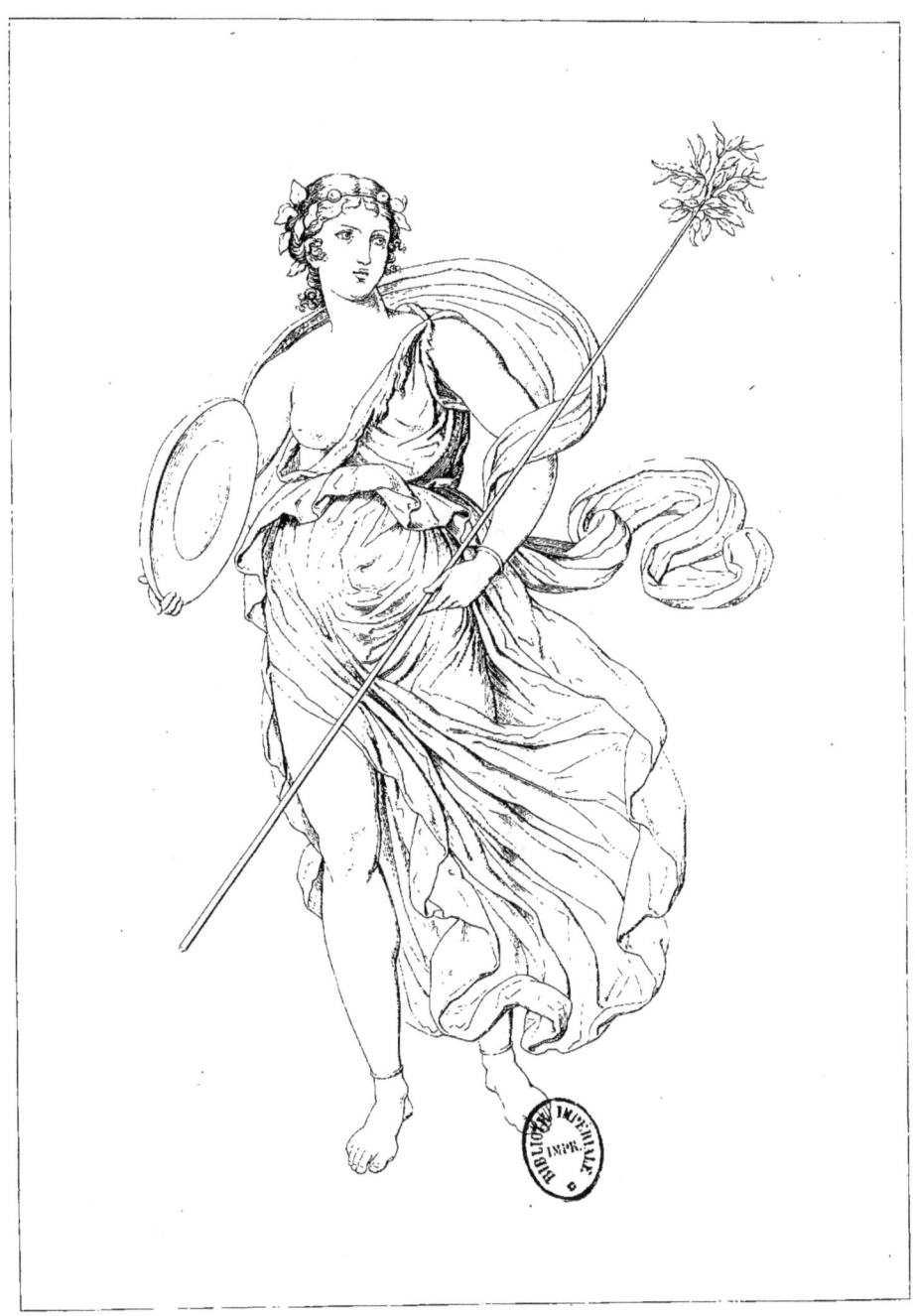

BACCHANTE

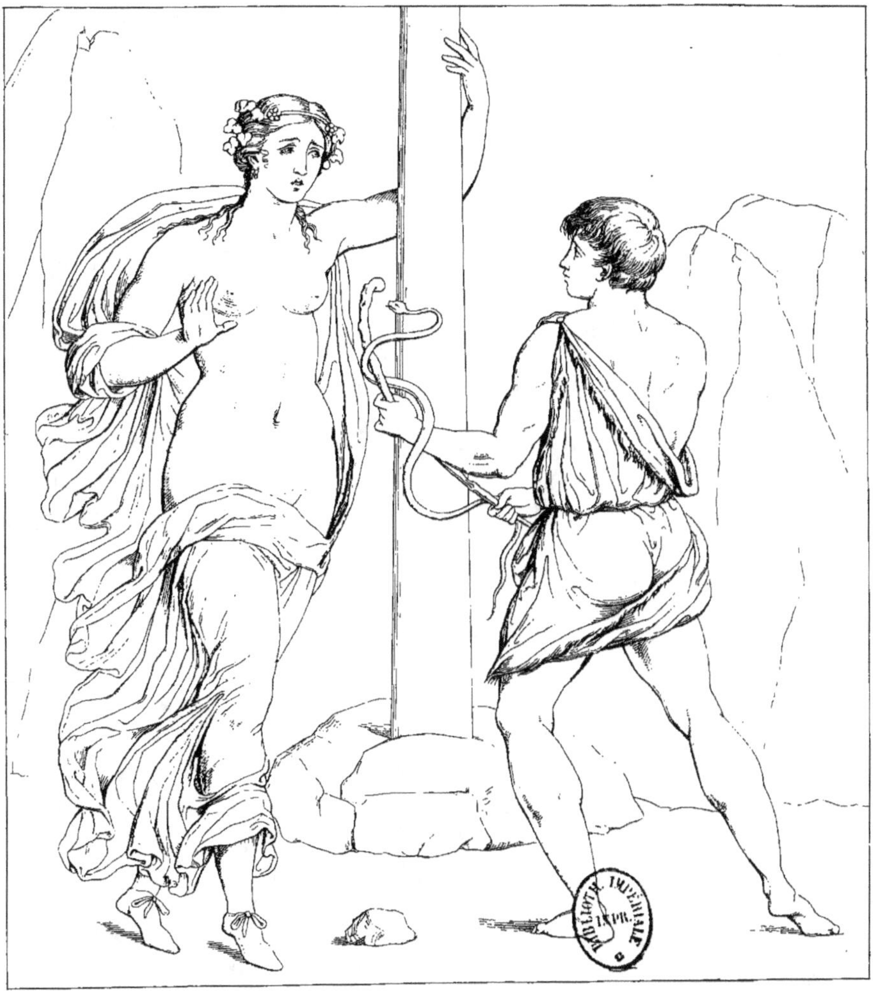

SUJET BACHIQUE

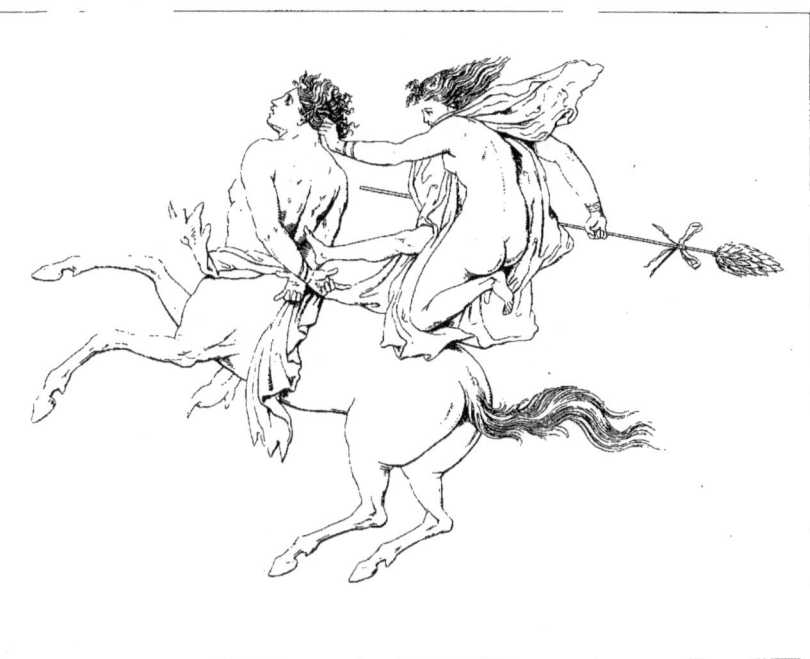

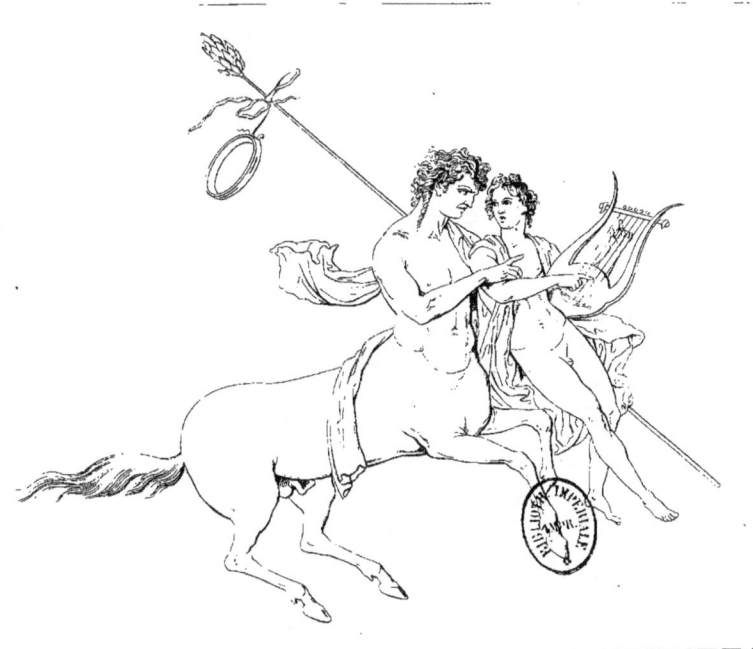

CENTAVRES ET BACCHANTS

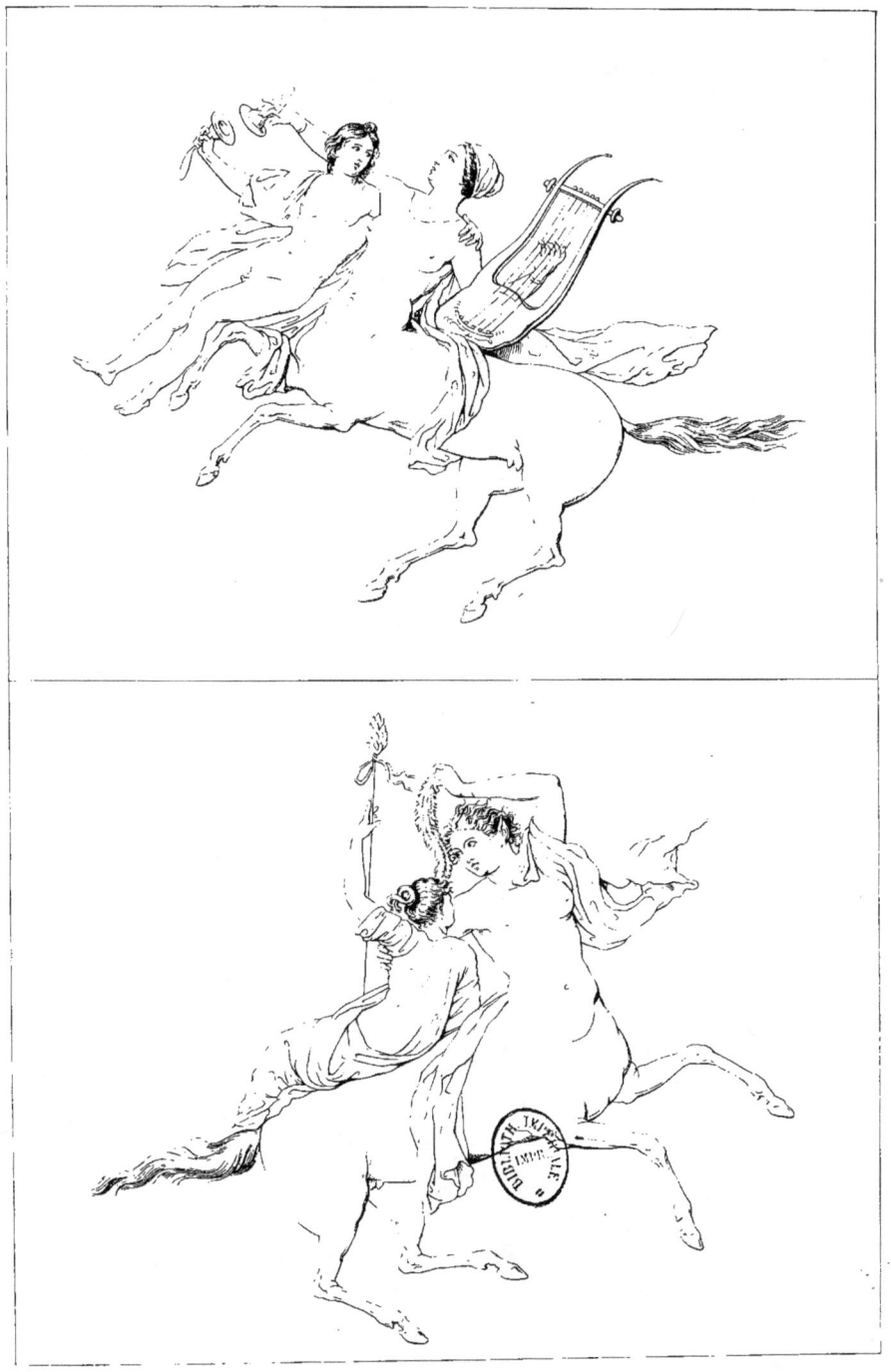

CENTAVRESSES ET BACCHANTS

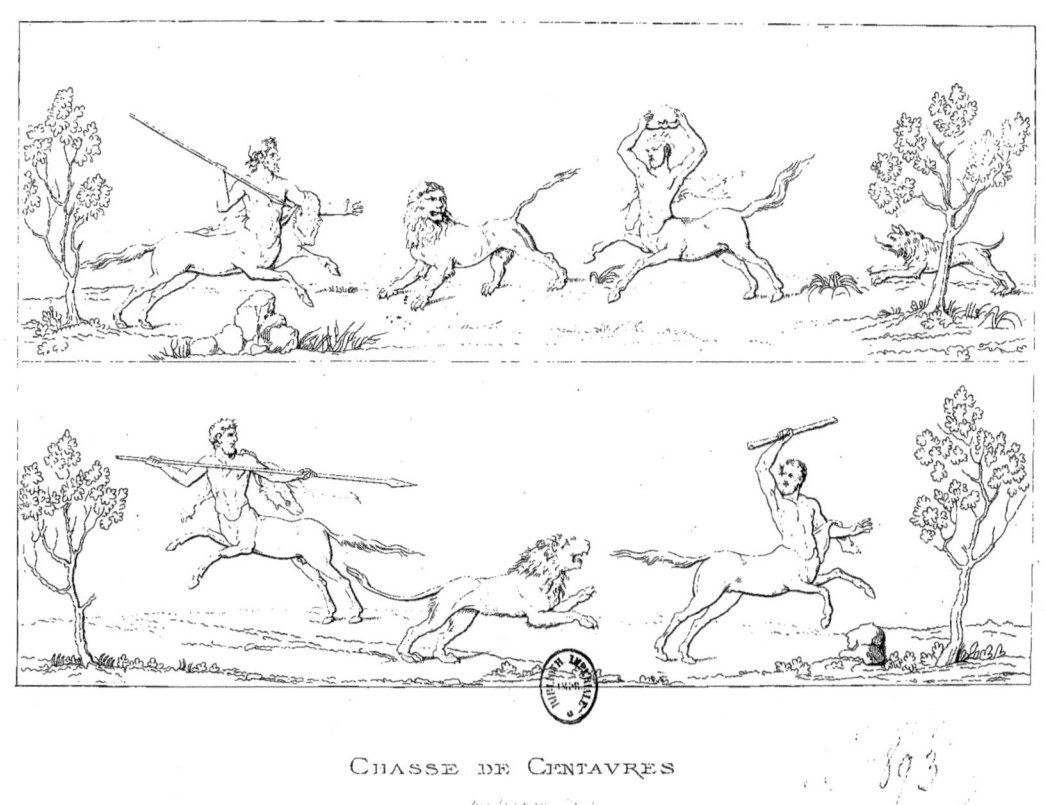

CHASSE DE CENTAVRES

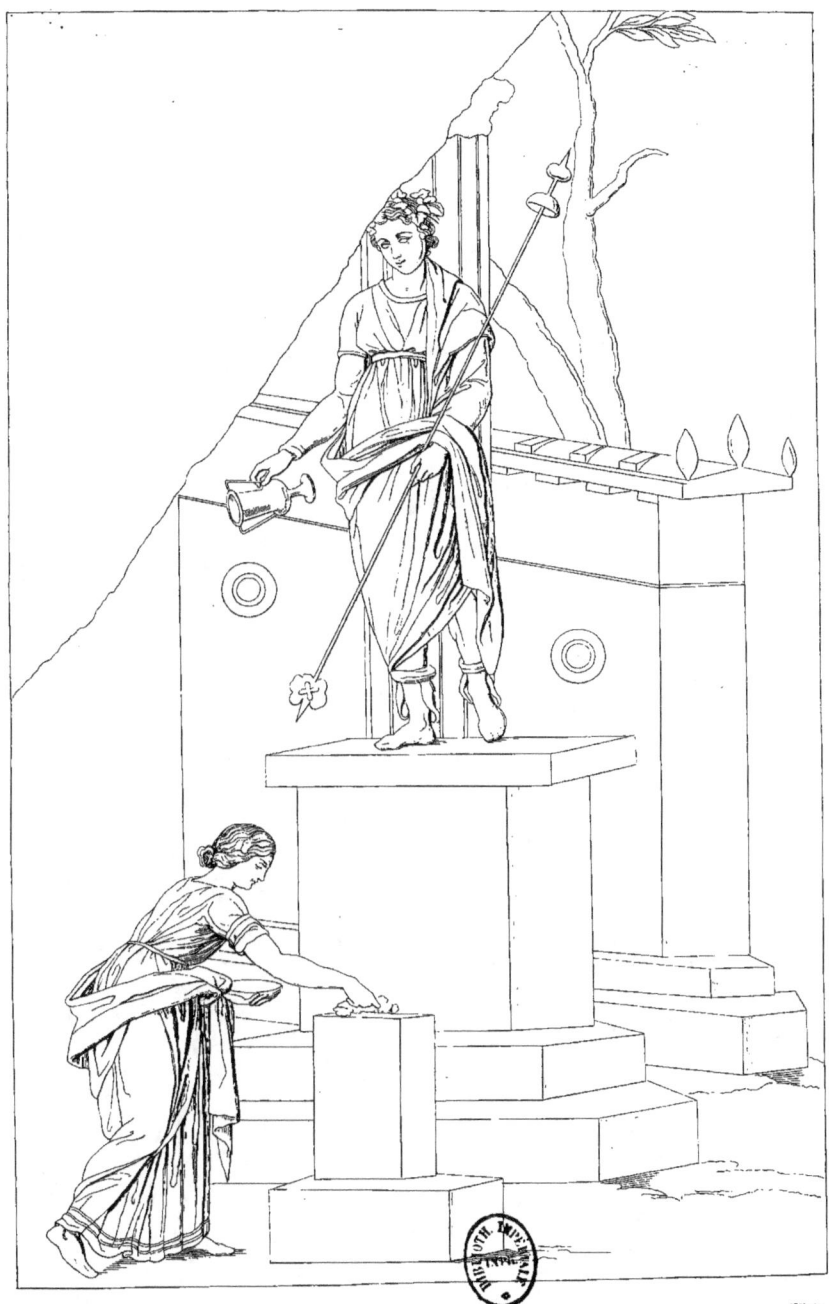

OFFRANDE A BACCHVS

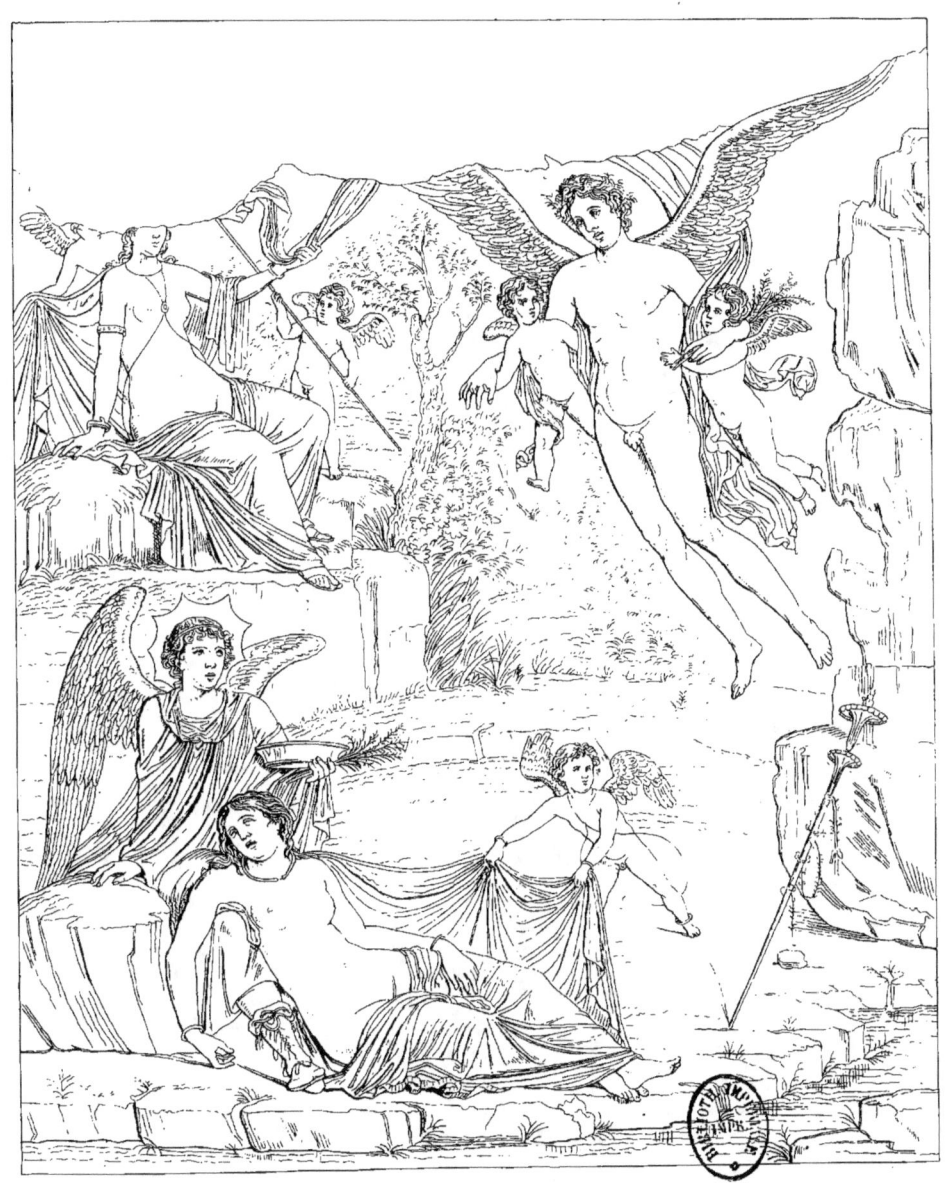

NOCES DE ZÉPHYRE ET DE FLORE

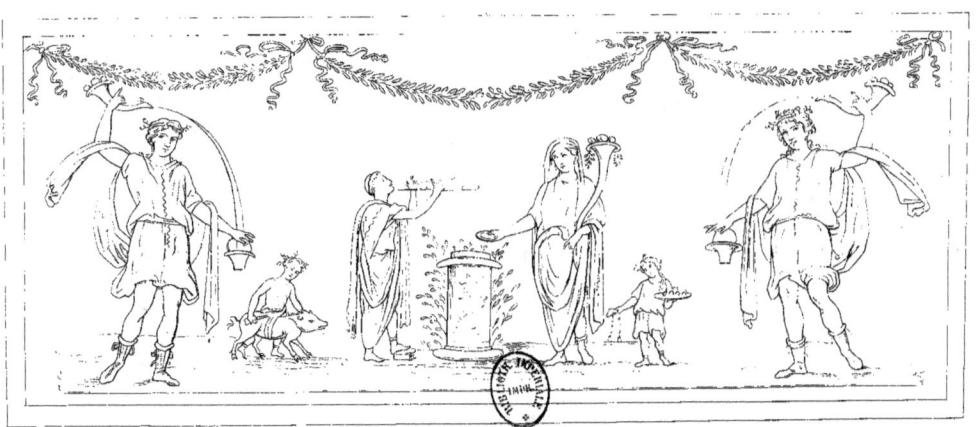

SACRIFICE À SYLVAIN

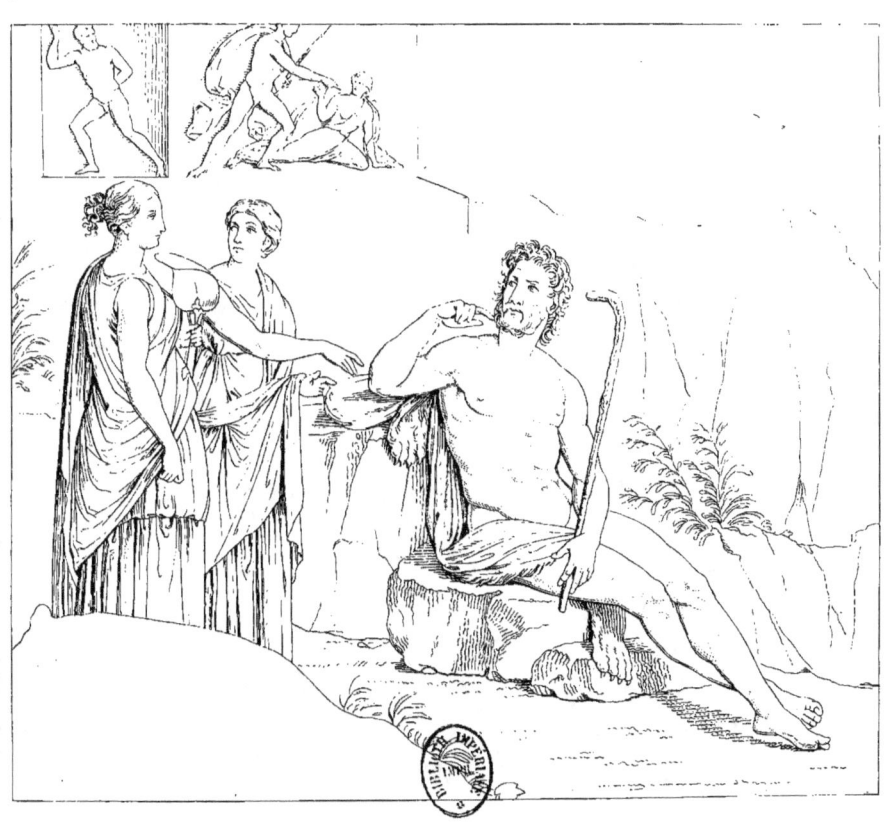

FAVNVS

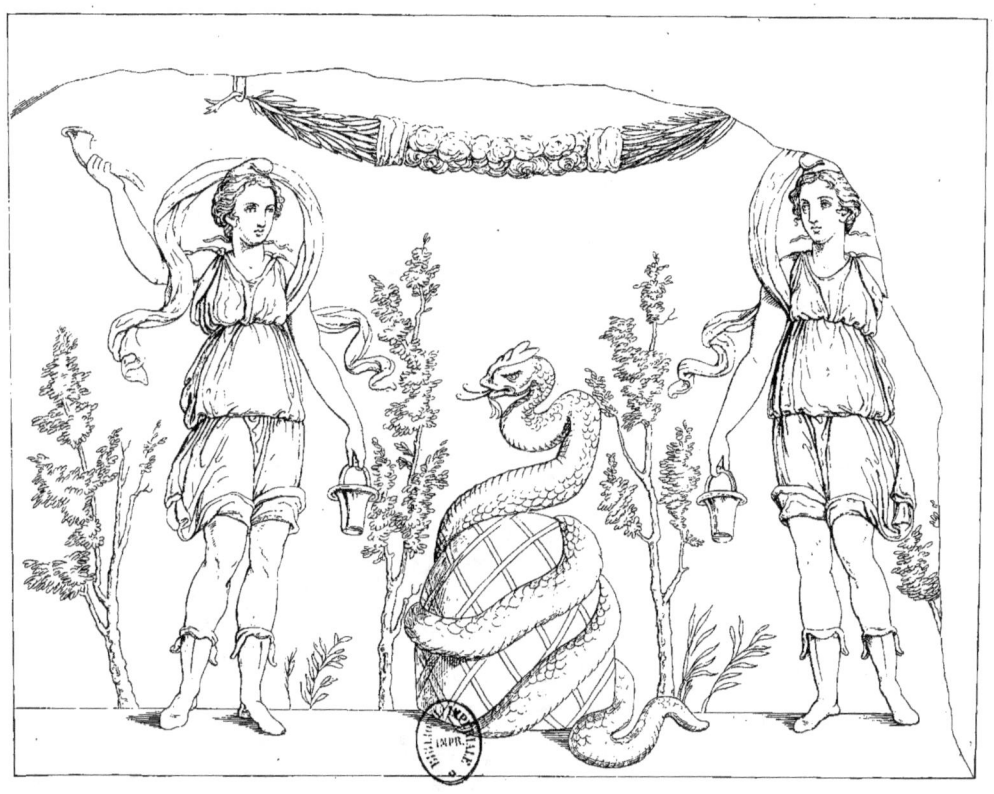

GÉNIE LOCAL

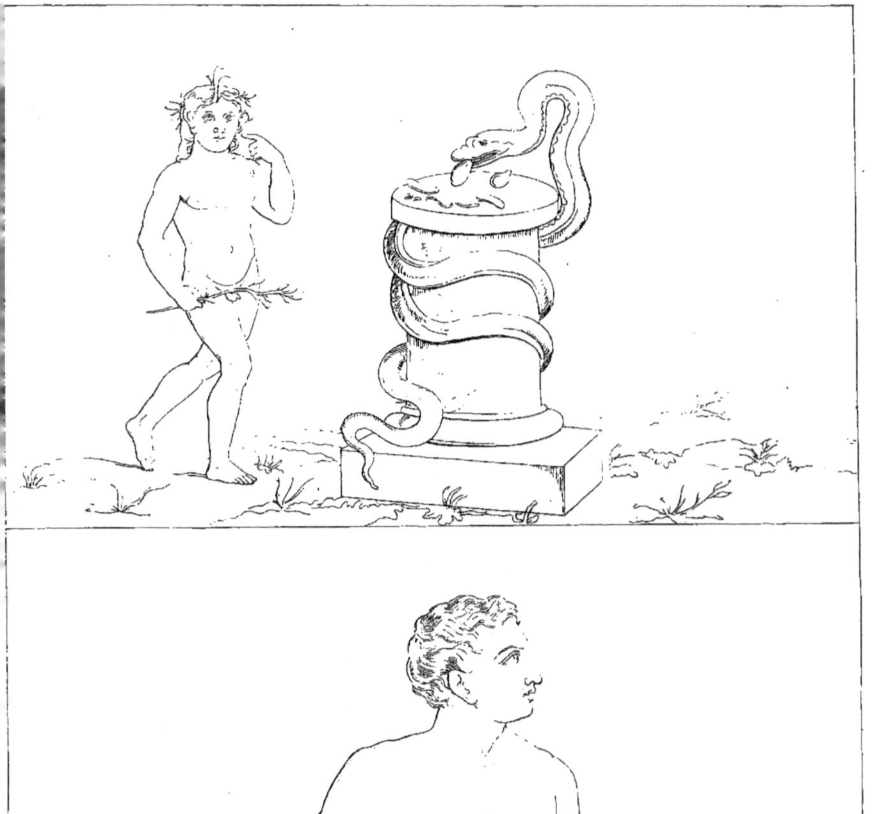

GÉNIE LOCAL, DISCOBOLE

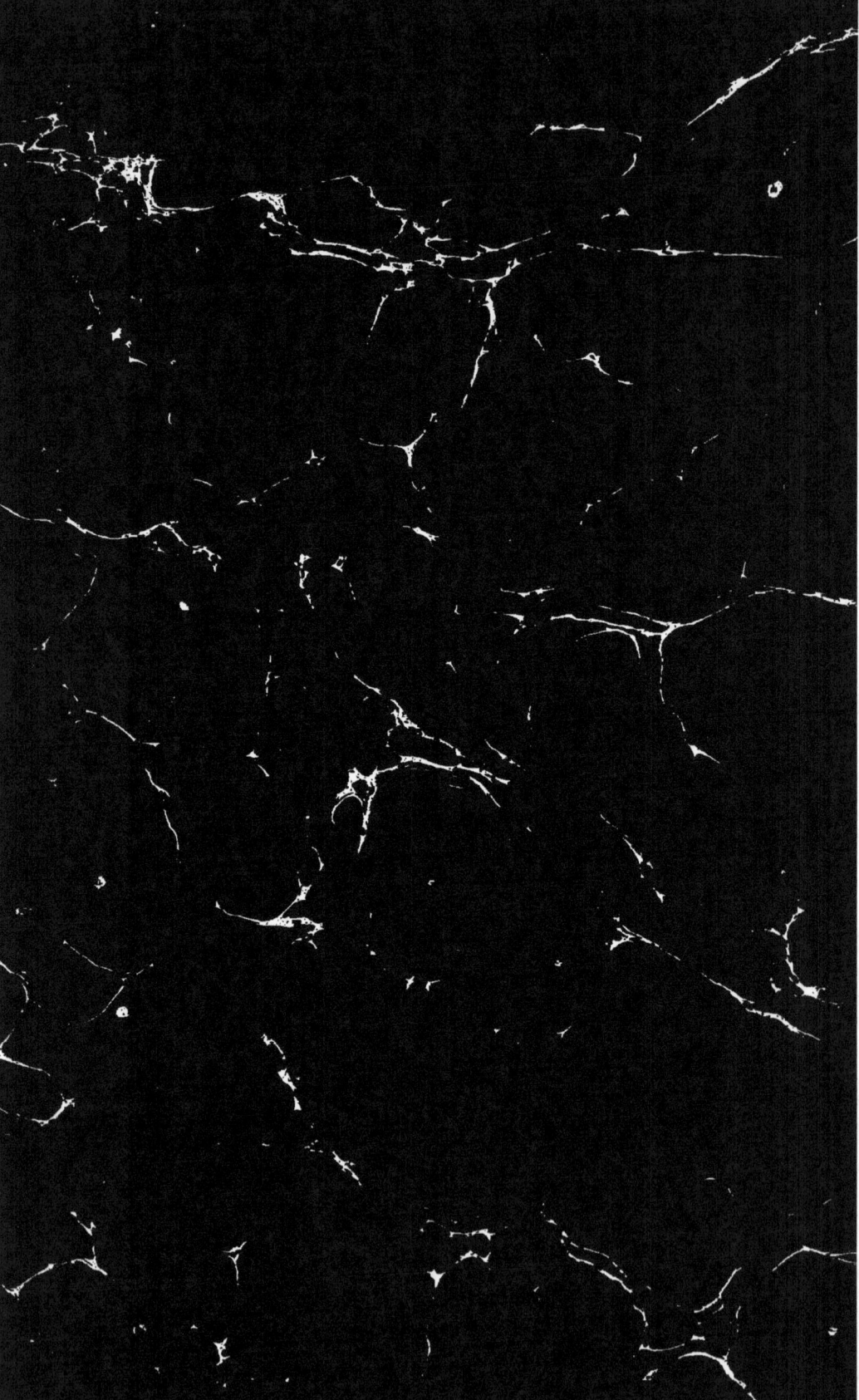

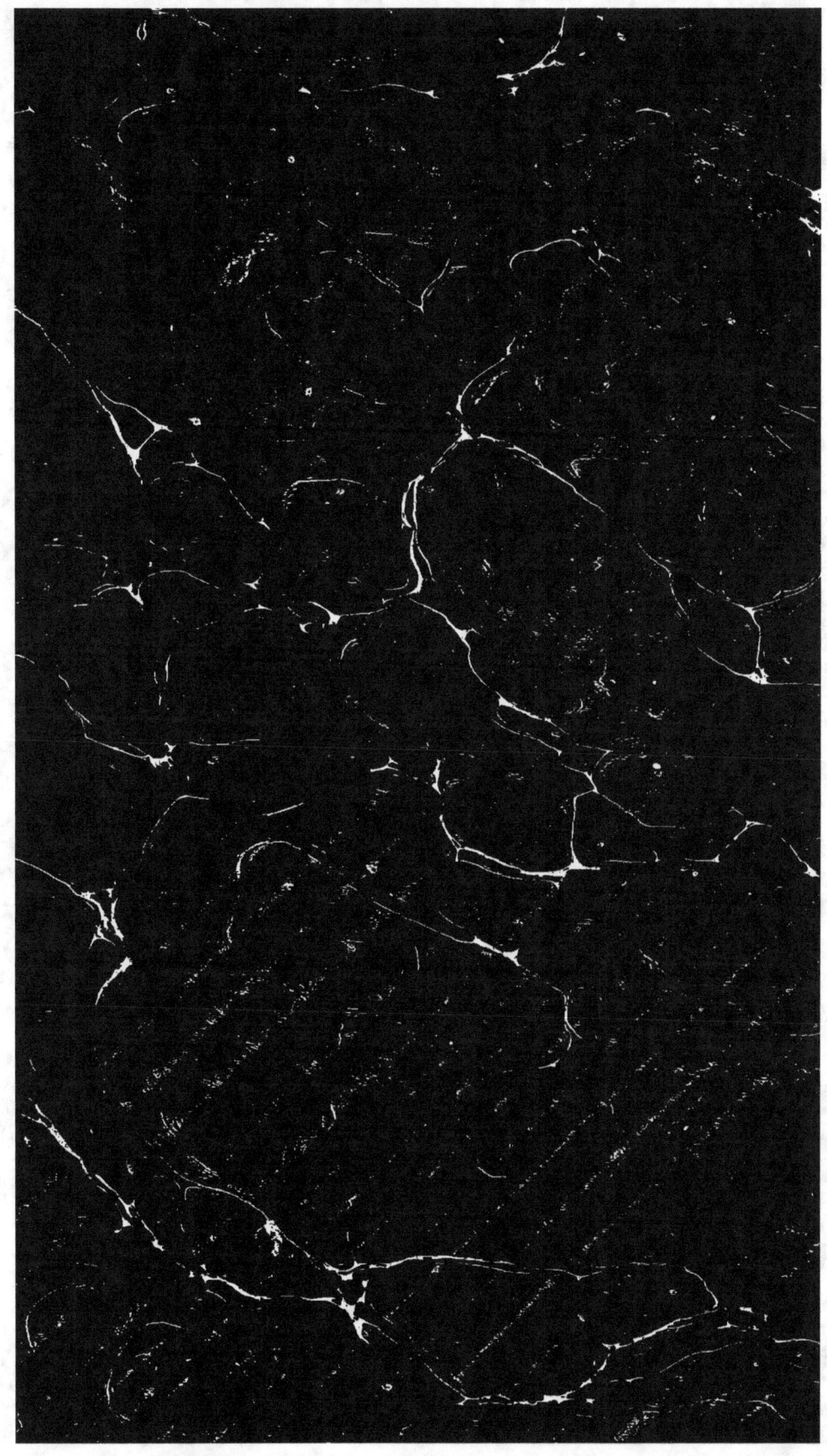

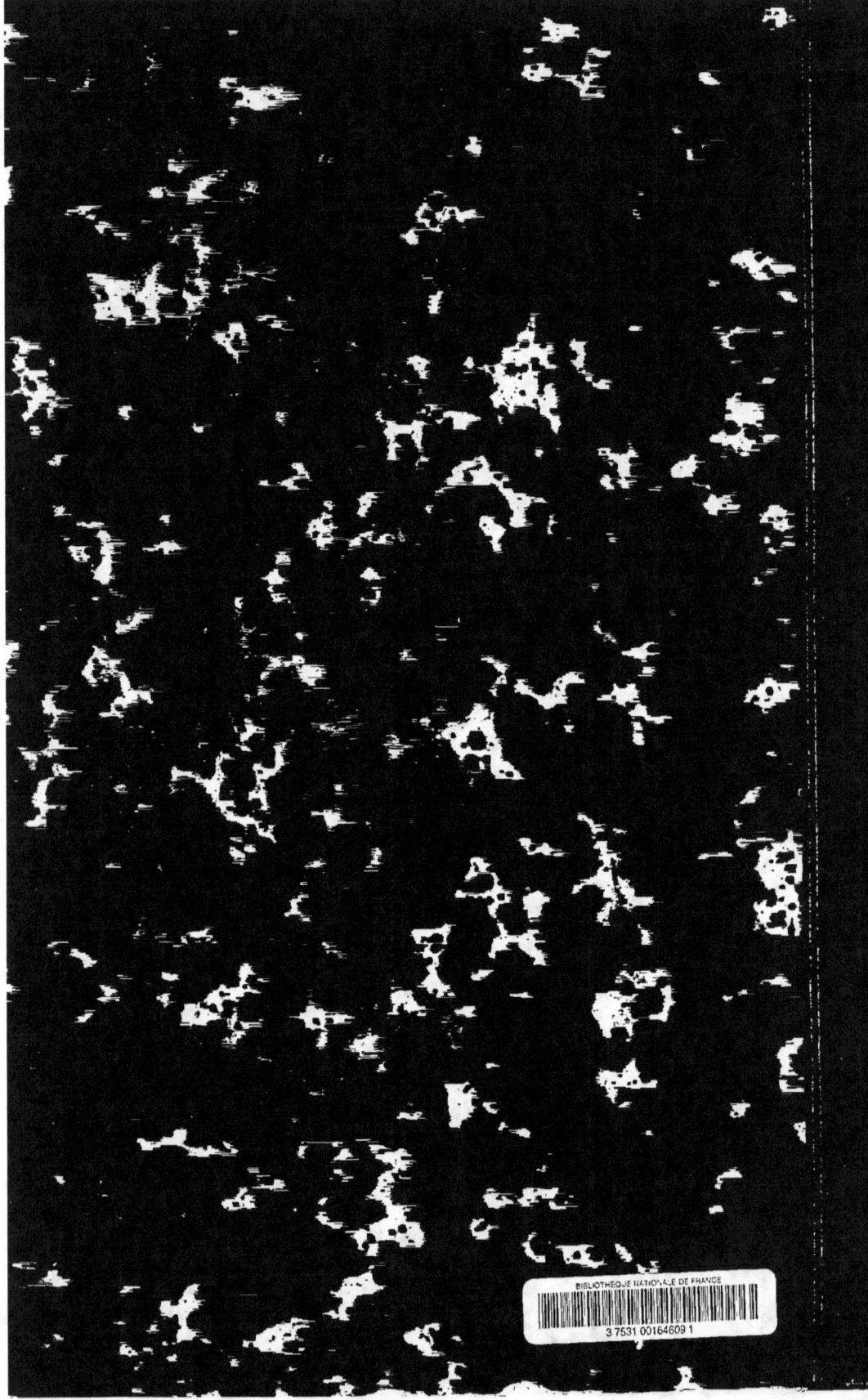